公共关系学新形态系列教材

公关策划学

（第二版）

蒋 楠 著

科 学 出 版 社
北 京

内 容 简 介

本书吸纳国内外公关策划学的最新研究成果，紧密结合中国社会最前沿的公关策划实践，以多年来对公关策划学理论的深入研究为基础，全面论述了公关策划的基本理论、策划实务与策划人才培养要求。本书特别提出了公关策划的特点、公关策划的思维类型、公关策划程序、六大公关策划类型等；书中所选案例绝大部分为近 1~2 年我国各级政府机构、事业单位、企业、社会团体等的精彩公关策划案例，非常便于学习与研究；每章后的理论研究题与实践演练题，贴近学习者的实际，便于在课下进行深入的自修和实践练习。

本书适用于各类公共关系学、市场营销、企业管理、行政管理等相关专业学生的学习，对各类组织的公共关系从业人员的自我研修、学习也能够提供专业的指导与帮助。

图书在版编目（CIP）数据

公关策划学/蒋楠著. —2 版. —北京：科学出版社，2016
公共关系学新形态系列教材
ISBN 978-7-03-050795-2
Ⅰ. ①公… Ⅱ. ①蒋… Ⅲ. ①公共关系学–高等学校–教材 Ⅳ. ①C912.31
中国版本图书馆 CIP 数据核字（2016）第 288732 号

责任编辑：王京苏 / 责任校对：张小霞
责任印制：张 伟 / 封面设计：蓝正设计

科学出版社 出版
北京东黄城根北街 16 号
邮政编码：100717
http://www.sciencep.com
北京凌奇印刷有限责任公司 印刷
科学出版社发行 各地新华书店经销
*
2013 年 5 月第 一 版 开本：787×1092 1/16
2017 年 1 月第 二 版 印张：16
2023 年 1 月第九次印刷 字数：367 000

定价：39.00 元

（如有印装质量问题，我社负责调换）

作 者 简 介

蒋楠，山西省大同市人，中国计量大学人文社科学院教授，长期从事公共关系学、市场营销学、管理沟通、危机管理、声誉管理、公关礼仪等领域的研究。出版《公关沟通艺术》《公共关系四步工作法》等著作，以及《实用市场营销学》《公共关系原理与实务》《公关策划学》等教材，其中《公共关系原理与实务》入选“普通高等教育‘十一五’国家级规划教材”和“‘十二五’职业教育国家规划教材”。主持完成多项省级科研与教改课题，发表科研论文 60 余篇。长期致力于公共关系学教育，获得“浙江省公关二十年公关理论创新成果奖”，并获得“中国高等教育学会公共关系教育专业委员会功勋会员”等荣誉称号。

第二版前言

《公关策划学》第二版终于与大家见面了，作为笔者，既感慨，又感谢！

《公关策划学》是笔者集二十多年的教学经验而凝结成的一部教材，第一版出版之后，得到了很多老师与学生的认可，对此，笔者一直心怀感恩，诚惶诚恐！当尊敬的编辑王京苏提出修订的建议时，我快速响应，很快启动了修订工作。

《公关策划学》整体构架是经过反复思考构建的，但这次修订，仍然对它做了“手术”，即对原来第三篇的“公关策划人才培养”的主要内容进行了修改完善，以单独一章列于全书最后，是为收尾，这样使全书结构显得更加紧凑与浑然一体。笔者在本次修订过程中，对有关策划理论的论述的修订不敢有丝毫的怠慢，逐字逐句进行了审读，不放过一句话、一个字、一个标点，尽量做到无限接近于无瑕疵；而对于原书的案例，则进行了大刀阔斧的更新，除了几个经典案例之外，几乎全部做了更换，更新后的案例主要选择的是近 3 年，特别是 2016 年的案例，以便使读者与教师能够在课堂中直接触摸到近期发生的公共关系事件，最快速地链接到火热的公共关系社会环境中，从而更好地体悟公共关系思想的真谛；本书在引文的处理上，继续秉承一贯的清晰、准确的做法，把个别语焉不详的内容再做核实与确定，同时也及时吸纳国内最新出版的公共关系学方面的译著、权威著作、主流媒体报道等的新思想、新做法，努力使之更加全面地体现公共关系学及公关策划学最新研究成果与实践技巧，使本书能够满足公共关系专业人才在知识与能力等方面的培养要求。最后，本书增加了一个附录“历届中国大学生公共关系策划大赛获奖名单”，以备教学过程中提醒师生关注这个由中国国际公共关系协会每两年举办一次的大赛，在教学的同时积极参与竞赛，不断提升大学生公共关系专业的素质，满足社会对公共关系人才的要求。

最后，感谢科学出版社，特别是王京苏编辑、徐榕榕女士的辛勤工作，他们使本书在质量上不断进步，在师生中受到欢迎！他们不断追求精品的品质在今天的社会是极其难得、极为宝贵的，向他们致意！

蒋　楠

2017 年 1 月 5 日

目　录

第一篇　公关策划理论

第二篇　公关策划实务

第一篇　公关策划理论

第一章　公关策划学概述

第一节　公共关系四步工作法之公关策划

一、公共关系四步工作法的提出

公共关系学形成于19世纪末期、20世纪初期，美国新闻记者出身的艾维·李引领公共关系成为经济领域中的一个新型职业，他提出的《原则宣言》以及公共关系信条，被后来所有公共关系从业人员奉为基本职业守则。爱德华·伯内斯出版的《舆论的结晶》与《公共关系学》教科书使公共关系学走进了学术的殿堂，并最终使之成为一门多学科、综合性、实用性的科学。

公共关系学与比较完善的市场经济相共生。在竞争激烈的市场态势下，公共关系工作被越来越多的各类组织所重视。第二次世界大战结束之后，公共关系学传播到世界各地，公共关系学理论体系进一步丰富、成熟。1952年《有效的公共关系》①第一版问世，该书全面阐述了公共关系学的基本理论内容，特别是提出了公共关系工作原理亦即程序——四步工作法，进一步完善了公共关系学理论体系，进而为公共关系的科学实践提供了重要支持。

四步工作法的主要内容包括：在组织开展一项公共关系工作时，需要先从科学、精细的调查入手，在获取充分的一手与二手资料的情况下，进行富有创意的公关策划工作，之后依据策划方案，进行公共关系活动的实施，活动实施结束后，对活动效果进行科学的评估。简而言之，四步工作法即调查、策划、实施、评估。

这个思想的提出具有重大的意义。

第一，它为公共关系工作人员开展公共关系工作提供了极为重要、正确的思路，使公共关系工作摒弃原来随意、感性的工作思路，进入严谨、科学的工作程序上来，明确了公共关系工作的具体步骤，对公共关系实践具有极大的指导作用，把公共关系理论和实践推进到了一个程序化的轨道，具有划时代的重大意义。

第二，它首次明确了在进行公关策划工作时，先要进行大量、深入的调查工作，要对公共关系对象——公众进行了解，对组织自身情况进行摸底、分析，对公共关系活动开展时的宏观形势与微观态势以及时机选择等进行详细的了解，这样，就为公关策划的成功准备

---

① 英文书名为*Effective Public Relations*，也被翻译为《公共关系教程》，作者斯科特·卡特李普、艾伦·森特等，该书迄今已出到第11版。

了重要的铺垫。

第三，它将公关策划活动作为核心内容，对之进行了深入的论述，凸显了公共关系活动的主要工作——开展策划活动，即通过策划活动，组织以创造性的行为吸引公众，提供组织向社会公众展示自身的机会，帮助各类组织实现其公共关系目标。

第四，它将公共关系实施工作作为一项必需的步骤列于策划活动之后，使公共关系工作具有连续性和鲜明的实践性，公共关系实施与公关策划活动既联系又相互独立的工作划分，为公共关系工作做出了明确的分工，使公共关系人员摆脱了简单的咨询与顾问的狭隘的角色定位，为公共关系工作人员开辟了广阔的工作领域。

第五，它极富创造性地提出公共关系活动效果的评估，并将其作为公共关系活动的一项重要内容。公共关系效果评估对公共关系活动的开展有重要的归纳、总结和校正作用，是公共关系活动的必要条件。这一理念的形成为公共关系工作的效果管理及责任承担做了重要的控制，对未来公共关系行业的健康发展铺设了正确与可持续发展的道路。

在《有效的公共关系》一书屡次修订并不断出版的过程中，四步工作法这部分内容始终是公共关系学的核心主干，并成为公共关系学界重点关注的内容。

二、公关策划在四步工作法中的作用

在公共关系四步工作法中，公关策划占据着核心的位置。公共关系调查是公关策划的铺垫，公共关系实施是对公关策划的运用，公共关系活动效果评估是对公关策划的检验。公关策划本身是一项十分复杂的工作，也可以说是一项系统工程。

一般来说，公关策划分为小型活动的策划和大型活动的策划。面对一项大型活动，需要进行周密的计划与安排，也需要动用大量的人力与物力，活动往往影响某一区域的大量公众，并通过大众传播媒介予以传播，影响更多的社会公众。因此，公关策划对组织具有重要的意义。活动组织得好，有良好的效益，就会对组织未来的发展产生长久的影响力，活动搞得不好，带来了不好的影响，则会很快波及组织的各个方面，对组织今后的工作产生不良的、甚至是深远的影响。

同时，公关策划又离不开四步工作法中其他内容的配合。

在公关策划之前，必须要进行周密的调查研究，调查进行得深入细致，会对公关策划起到重要的指导作用，也决定了公关策划的创意及其策划活动的效果，如果调查工作进行得粗糙、肤浅，则有可能导致对策划活动的目标公众判断失误，也会直接影响公关策划活动的议程安排，使其活动形式不恰当或出现偏差，由此带来的后果可能不堪设想。

公关策划的结果往往表现在公共关系文案上，活动是否可行，还得看公共关系活动的实施。公共关系活动实施与公关策划是两个不同的阶段，公共关系活动的实施不是简单地将策划方案放到实际工作中去，而是对公关策划方案的再创造。一个优秀的公关策划也需要一流的实施者将之恰当地应用到实际工作中去。公关策划主要是对组织活动的框架、内容、程序、形式等进行规定，但具体的现场布置、人员安排、计划落实、物资调度以及突发事变、临时机动等问题，都需要公共关系活动实施来完成。

公共关系活动效果的评估，则是对公关策划的最好检验。虽然影响一项公共关系活动最后效果的因素有多种，但是，溯源起来还是与公关策划有直接的关系，公共关系效果的评估，会对下一次的公关策划有重要的指导与警示作用。如果没有科学的活动效果评估，那么，公关策划的质量就无法得到检验与评价，组织开展公共关系活动的意义也就难以得到体现或引起必要的重视，由公关策划活动而带来的组织收益或持续的利益回报就可能被忽略；如果没有评估，也可能会使组织的劣势持续暴露，而不足始终难以得到弥补，甚至反复犯同样的错误，这对一个组织的发展是非常不利的。因此，公共关系效果评估实际上为公共关系活动画上了一个圆满的句号，形成了一个相对封闭的良性循环，推动组织螺旋式地上升，在公众中不断提升自身的声誉。

三、公关策划学的研究内容与研究方法

（一）公关策划学的研究内容

本书主要包括两部分内容。

第一篇主要论述公关策划的基本理论，包括公关策划学概述、公关策划原则、公关策划思维和公关策划程序。通过对这些内容的介绍，阐述了公关策划与其他领域、其他类型策划的鲜明差异；开展公关策划时必须遵循的原则；在进行公关策划活动时，策划者的思维活动怎样进行，策划思维能力怎样培养；一个完整的公关策划活动的基本程序是怎样的；前期调研、公关主题的重要性；如何最大限度地发挥策划者个人及其小组策划的创意能力，以及完整的公共关系方案需要哪些基本要素；等等。

第二篇主要介绍了公关策划实务。本部分根据多年来公共关系在组织中的广泛运用及大量策划方案的出台，并综合国内外最常见的公关策划的形式，把公关策划划分为六种类型，即日常型公关策划、交往型公关策划、庆典型公关策划、公益型公关策划、展会型公关策划和危机型公关策划。

（1）日常型公关策划主要包括组织在日常工作中一般由公关部独立完成或主持完成的工作，如撰写并安排落实新闻稿，编辑发行组织自身的宣传资料及信息沟通资料等，定期召开新闻发布会（业界也称媒体通气会），设计制作公关广告，开展全员公关教育，进行组织识别（corporate identity，CI）的设计与传播推广，进行常规性的组织公关调查，提供关于组织社会环境与生存环境的咨询意见，设计制作组织的专题片、广播稿、网页内容或其他有效的宣传形式，对组织内部人员特别是组织领导人进行整体形象设计，等等。这些活动是一些常规性的工作，也是组织公关部应该完成的主要工作内容。

（2）交往型公关策划是一个组织十分常见的公共关系活动形式。组织与组织的交往，在现代社会非常频繁，已经成为组织开展公共关系活动的主要形式。交往型公关策划主要包括两个层次，即不同组织领导人之间的交往或组织与组织重要工作人员间的交往，这两个层次间人员的来往，对组织的公共关系工作会产生不同的作用，但均具有重要的价值。

（3）庆典型公关策划也是组织在开展公共关系活动时常见的表现形式之一。有些

组织甚至认为，公共关系活动主要表现在大型庆典活动中。社会上常见的庆典活动主要有开业（上市）庆典、节日庆典、周年庆典、庆功庆典、领导人来访庆典、重大政治活动庆典、重要会议庆典等。这些庆典活动时间短、影响大、活动规模大、对组织在社会上产生的影响也很大，组织决策层往往高度重视，因此对庆典型公关策划必须予以认真研究。

（4）公益型公关策划是近年来组织高度重视的一种公共关系活动，它秉承着回报社会、宣传自身、影响公众、关注民生的基本理念，通过公共关系活动来实现组织的公共关系管理目标。其主要包括以下活动形式：对文艺、教育、卫生、体育等的赞助活动；对大众传播媒介的赞助活动；对公共设施的赞助活动；对灾变贫弱的赞助活动；等等。特别是在今天，政府、媒介、企业等各类组织，纷纷利用公共关系的手段开展一些进步理念的宣传活动，以实现自身的最终目标，如政府交通部门宣传公交优先、文明行车，利用媒介推动环保与低碳生活等。这样的活动在策划时丝毫不可马虎，如果策划活动不周密，活动出现明显瑕疵，则可能将好事变成坏事，花钱办了坏事。

（5）展会型公关策划也是组织在一些特定的工作阶段需要开展的活动，主要有大型展览、重要会议、重大的展销会等，这些活动不是组织经常要开展的工作，但一旦举办，就需要组织高度重视、精心设计与布置。这些活动的举办往往成为当地公众关注的热点，组织在策划这些活动时，要格外注意出新但不出格，展示亮点而切勿制造麻烦。

（6）危机型公关策划是近年来的一个热点话题，这是基于近几十年来全球危机加深的大环境而形成的，危机不论是人为的还是不可抗力导致的，都会给组织的生存与发展带来极为重要的影响。如何应对危机之下公众对组织的看法或评价，如何将组织的危机从舆论漩涡中成功地摆脱出来，甚至可能把坏事变成好事，这是危机型公关策划的重要使命。

第二篇最后阐述公关策划人才培养问题，这是一个合格公关策划人员今后努力的方向，主要包括思想道德修养、文化积淀修炼与社会实践锻炼三个方面。作为一名将要从事公关策划的专业人员，在思想道德修养方面，应该确立正确的价值观，具有高瞻远瞩的视野，拥有严谨自律、独立思考的操守；在文化积淀修炼方面要广泛涉猎文史知识，深度了解专业动态，广泛感知民情风格，留心收集经典策划案例；在社会实践锻炼方面，应该主动经历一些游历与自然探险，积累职业工作的经验与教训，为今后的公关策划工作打下扎实基础。

（二）公关策划学的研究方法

公关策划学是一门集理论性与实践性于一体的新崛起的科学。它要求学习者具有较为深厚的公共关系学方面的知识，同时，能够学习与领会公共关系实践工作中大量鲜活的策划案例。公关策划学有以下几种研究方法。

1. 理论研究法

公共关系在中国的实践应用中，长期被社会上的一些人误解，将公共关系与拉关系、行贿、网上造谣、操纵舆论、专业删帖甚至色情活动等挂钩，致使很多人对公共关系缺乏正确的认识，认为公共关系没有多少理论性，只是搞搞关系、发发新闻稿等，甚至认为与公共关系紧密联系的公关策划学也仅是研究如何策划一些文娱活动或举办宴会活动等小技巧而已。

实际上，公共关系学的运用要求公共关系人员必须具备十分深厚的管理学、社会学、传播学等的重要理论知识，公共关系工作是一项专业性很强、能力要求极高的专业工作。开展公共关系工作，核心的内容是做公关策划，一个公共关系人员如果没有公共关系学的知识做铺垫，要想做好公关策划的工作，几乎是不可能的。学习公关策划学，必须要进行深度的理论研究工作，要对公共关系的理念、公共关系道德、公共关系工作程序有深刻的认识，不断追踪理论研究前沿动态，在研究中推进实践，在实践中提升理论，在理论探讨中进行实践创新。

公关策划学具有很强的综合性，打好基础十分重要，在基础理论方面，要重点掌握传播学、管理学、社会学、新闻学、经济学、心理学等科学，在技巧知识方面，要学习人际关系学、沟通学、舆论学、市场营销学、口才学、礼仪学、思维学、谋略学等。理论是实践的指导，没有扎实的理论研究，实践活动就是无源之水、无本之木，公共关系的创意就只能是虚无缥缈和苍白无色的。公关策划学在历经一个世纪的以公共关系学为基础的发展之后，已步入成熟时期，学习公关策划学需要对公共关系实践进行不断的提升与总结，需要对公关策划的基本原理进行深入钻研，进一步研究、创新公关策划的新方法、新思路，及时归纳总结公关策划的经验与教训，不断提升公关策划的水平，提升公关策划学的学科特色及其科学性和严谨性。

2. 案例分析法

在学习公关策划学的过程中，要通过典型案例分析，发现公关策划的普遍性与规律性，从中了解与认识公关策划的特点，掌握公关策划的基本程序与活动特点，学习公关策划的创意思路与策划手段，特别是公关策划方案的形成，以便能够学会开展公关策划活动。今天，企业、政府及事业单位等大量开展着各种公关策划活动，组织公关策划活动几乎存在于其日常活动的所有方面。在学习公关策划学的过程中，要善于收集案例样板，不断增强自身能力，学以致用、活学活用。

3. 实地参与法

在现实生活中，公关策划活动经常呈现在某一城市的广场之上、超市之内、单位之中等等，见习这样的过程就是在向最好的老师学习。只要仔细观察，就可以学习如何策划一起出色的公关策划活动，如果能够直接去策划一些小型的活动或作为参加者参与其中，那么，对公关策划的学习就会更快。要学习好公关策划学，非常重要的一点是积极投身公关策划实践。在平时的学习中，要积极创造条件，开展一些具有公共关系意义的小型策划活动，不断锻炼自身能力，寻求挑战自我的机会，将课堂学习与课下练习、校内学习与校外实践相结合，逐渐积累经验，提高创意能力。

第二节　历史上的各种策划

策划自古有之。在几乎任何事情上都有策划的存在。不同领域的重大事件的策划给我们留下了宝贵的精神财富。

一、政治策划

政治策划是指在政治争斗之中对立的一方使用非常高明的手段，战胜对方或置对方于死地的计谋。从古至今、从中到外，在国家建立、王朝更迭、权力博弈、利益争夺之中，策划常常是被高频率使用的手段。善于使用策划手法，可以使争斗中的一方以最小的付出，获得最大的回报。

经典历史故事

“二桃”杀三士

春秋时期，齐国有三名勇士公孙捷、田开疆、古冶子，皆万人敌，曾为国家立下许多功劳。但这三个勇士自恃功劳过人，非常傲慢狂妄，就是国君也敢顶撞。当时晏婴在齐国为相，对这三位勇士很是担心。因为他们勇武过人，又没有什么头脑，对国君也不够忠诚，万一受人利用教唆，则必成大患。晏婴便与齐景公商议，要设计除掉这三人。

一日鲁昭公来访，齐景公设宴招待，晏婴献上一盘鲜美的大桃子。宴毕，还剩下两个桃子，齐景公决定将这两只桃子赏给三位勇士。三勇士各摆功劳，互不相让。公孙捷说，自己曾空手制服野猪、捉住老虎；田开疆说自己曾手持长矛两次杀退一队敌人，于是二人均拿了一个桃子。古冶子急了，说自己曾跟随国君横渡黄河，大鳖咬住车左边的马，拖到河中，自己潜到水里，逆行百步顺流九里，才抓住大鳖将它杀死，带回左骖之马，人称为河神。这样的功劳，难道不应该得到桃子？！公孙捷、田开疆面对此景，惭愧地说：“我们勇敢不及您，还与您争功，拿桃子也不谦让，只有以死一洗羞愧。”于是，他们二人都交出了桃子，刎颈自杀。古冶子看到这种情形十分自疚，道：“他们两个都死了，唯独我自己活着，这是不仁；用话语去羞耻别人吹嘘自己，这是不义；悔恨自己的言行，却又不敢去死，这是无勇。他们两个人若是同吃一个桃子，我独自吃另一个桃子，也是应该的。可现在只有以死相报了。”说完也刎颈自杀。齐景公派人给他们穿好衣服，放进棺材，按照勇士的葬礼埋葬了事。

资料来源：改编自曹峰：《先秦政治中的智慧和谋略》，浙江人民出版社，1991年，第65-67页

齐国宰相晏婴仅仅用两个桃子就将国家的心腹大患除掉，不能不说这一政治策划的精妙。关于政治策划，其主要的特点有以下几点：

（1）政治策划的发起者为政治团体或意欲维护或夺取权力的某几个人。政治斗争，是

一个国家或地区最高权力集团之间进行的力量博弈，斗争的双方往往在几个人之间进行。例如，策划篡夺王位——赵高唆使李斯杀害秦始皇继承人扶苏，推胡亥继位；设计将专横的奸臣除掉——康熙亲政后除掉专权的鳌拜；将政权中的危险因素消除——晏婴与齐景公二桃杀三士；等等。政治策划往往十分隐秘，参与政治策划的人数量非常有限，整个策划过程即使事后也不会公开。因此，政治斗争历来被认为是十分残酷的。

（2）政治策划的目的是将权力的威胁者打倒或制服。政治策划具有明确的目的，就是将权力的威胁者或争夺者消灭，因此，策划使用的计策往往无所不用其极，策划者会精心准备，一切以将对方制服为目的，如伪造诏书、苦肉计、美人计等。历史上为肃清对立者的政治影响力，往往会因之株连成千上万的人。

（3）政治策划采取的手段是宫廷内外的攻心与小规模的武力配合。在政治策划中，采取的手段主要是攻心之术，活动区域围绕政坛内外展开，往往还要配合一定的武力支持，如指鹿为马、杯酒释兵权、玄武门之变、康熙灭鳌拜等。因此，政治斗争易于演化为军事的较量，或需要动用武力来配合解决。

（4）政治策划的结果只对政权更迭有影响，与社会公众的生活没有直接关系。政治斗争是在涉及权力争夺的人之间进行的博弈，基本不影响普通百姓的生活，对于社会公众来说，只有结果对他们有意义。因此，公众是政治斗争的旁观者或评说者。在政治争斗的最后，赢家往往是解释争斗原因与结果的唯一发言者，但时间却成为最终结果的无情评价者。刘少奇曾说："好在历史是人民写的。"其意即在此。

二、军事策划

军事策划可以说是政治策划的延伸，因为军事是政治的继续。军事策划又被称为战争策划，主要体现在一些重要战役上。军事策划的事例是指军事指挥者通过借助外在条件在战场上排兵布阵，以高超的战略战术，投入较少兵力战胜较大敌对军事力量的战例。在古今中外的战争史上，曾创造了无数辉煌的军事战例，而善于进行军事策划的一些优秀的指挥家也往往最终赢得了政治上的权力，成为国家的领导人或重要功臣，这样的例子举不胜举。

经典历史故事

奥斯特里茨战役

1804年3月波旁王室的安茹公爵被法国政府以叛国罪处决，英国和俄国对法国极为不满。同年4月，英国首相威廉·庇特和俄国沙皇亚历山大一世签订《圣彼得堡协议》，结成新的反法同盟。奥地利因不满拿破仑·波拿巴的做法也于翌年7月加入此同盟。第三次反法同盟形成。

大战拉开序幕。反法同盟的主攻方向是巴伐利亚。1805年8月底，俄奥大军向巴伐利亚的乌尔姆地区进逼。拿破仑迅速调遣部队，在乌尔姆包围奥军，迫使奥军投降。俄军闻讯仓皇撤退，法军乘胜追击，兵不血刃占领奥地利首都维也纳。撤退的俄军摆脱追击，与俄奥增援部队会合，兵力超过法军。法军此时远离后方，后勤供应紧张。因此拿破仑需要迅速歼灭俄奥联军，一举确立胜局。11月21日拿破仑率领三个军53 000人进驻奥斯特里茨，面对85 000名俄奥联军，决定采取一系列迷惑手段诱使对方进攻。拿破仑先是在谈判中故意示弱，接着让部队做出准备撤退的假象，最后又走出了大胆的一步：主动放弃位于战场中央的战略要地——普拉钦高地，将自己的右翼彻底暴露在联军面前。与此同时，另外法国增援的两个军正在路上，他们一旦到达，法军总兵力将达到73 000人，足以和联军匹敌。12月2日凌晨6点，奥俄联军在弥漫的大雾中开始移动。激战首先在南线爆发，5 000名奥军组成的左翼前锋部队进攻塔尔尼兹村，被法军击退。随后，联军趁混乱又发动反击，再次攻下塔尔尼兹村。与此同时，22 000名俄军也先后投入了对索科尔尼兹村的进攻。索科尔尼兹村反复易手。在北线，13 000名俄军与4 600名奥地利骑兵进攻桑顿山。联军发动了数次猛烈的攻势，但在法国步兵、骑兵和炮兵的协同防守下，都被打退，上午10点30分，法军发动反击，一举将联军赶出北方战场。

在南线和北线展开激战的同时，16 000名法军借着浓雾的掩护，推进到普拉钦高地脚下静静潜伏，等待着进攻的信号。上午8点半，由24 000名俄奥联军组成的第四纵队开始离开普拉钦高地，加入对南线的攻击，南线吸引了超过5万人的联军主力。中央的普拉钦高地变得兵力空虚。上午9点，拿破仑下达了进攻的命令。此时，红日终于透出云层，驱散了浓雾。蛰伏已久的法军精锐士兵敲着鼓点，挺着刺刀，一举冲上普拉钦高地。法军轻易地粉碎了驻守俄军的抵抗，占领了高地。11点30分，法军完全控制了普拉钦高地。随后，拿破仑将大本营移到了普拉钦高地，同时命令北线增援。沙俄近卫军做了孤注一掷的反攻。战局一时呈胶着状态，但拿破仑手下还有完整的一个军，到下午2点，普拉钦高地上尸横遍野，拿破仑完成了他分割联军的计划，联军的中路彻底被击溃。自此大局已定，联军的溃败已成不可逆转之势。下午法军反击开始，联军各支部队纷纷夺路而逃。挡在联军撤退线路上的是冰封的扎钱湖，奥俄士兵试图从结冰的湖面逃离。炮弹呼啸而下，落在湖面，数千人葬身湖底。更多的联军士兵只能在湖边等待被俘。奥斯特里茨战役以法军的辉煌胜利告终。

奥斯特里茨战役中，联军损失超过26 000人，其中15 000人战死，超过10 000人被俘。法军伤亡8 500人，损失1面团旗。1805年12月4日，奥法会谈达成停火协议。12月27日，奥地利和法国签订《普雷斯堡和约》。奥地利退出反法同盟，弗兰西斯二世取消自己“神圣罗马帝国皇帝”封号。至此，第三次反法同盟瓦解，拿破仑成为欧洲霸主。

恩格斯在《奥斯特里茨》一文中曾这样评价奥斯特里茨会战和拿破仑的才能：“奥斯特里茨被公正地认为是拿破仑最伟大的胜利之一，它最为有力地证明了拿破仑无与伦比的军事天才。因为，尽管指挥失误无疑是同盟国失败的首要原因，但是他用以发现同盟国过失的洞察力、等待过失形成的忍耐力、实施歼灭性打击的决断能力和迅速摆脱失败困境的应变能力——这一切是用任何赞美之词来形容都不为过的。奥斯特里茨是战略上的奇迹，只要还存在战争，它就不会被忘记。”

资料来源：改编自陆原：《奥斯特里茨战役》，http://news.xinhuanet.com /mil/2008-12/02/content_10445180.htm，2008年12月2日

军事策划体现了与政治策划不同的特点：

（1）军事策划一般有一个以英明的领导人为主的策划团队。每一次的军事行动，都需要进行认真、周密的策划布置，否则，必然逃脱不了被对手消灭的命运。在重要的军事行动中，必然会有一个类似司令部的机构来总体设计、指挥整个战事的进行。而创造青史留名的战例，往往仰仗个别十分英明、果敢的指挥官，其别出心裁的布局，会为战争的胜利发挥极为重要的作用。例如，法国的拿破仑，中国汉代的韩信和张良、三国时期的诸葛亮、唐朝的李世民、元朝的忽必烈、清朝的努尔哈赤、现代史上毛泽东和朱德等。在战争中，技高一筹会鲜明地体现在双方的胜败博弈中。

（2）军事策划内容会在小范围内布置。战争的策划，不像政治策划那样诡秘，而是需要事先在主要指挥官层面上进行酝酿与谋划。战争的行动贵在神秘与突然，但策划的过程会在小范围内充分讨论与思考，直到认为方案比较周全。因为一旦确定策划方案，往往涉及成千上万士兵及居民的生命安全，也影响到指挥官自己甚至国家政权的安危。所以，军事策划的周密性事先要得到充分的论证。

（3）军事策划涉及大规模的兵力调动。军事策划主要体现在兵力的调遣上，尤其是经过精心策划的军事行动，更涉及大范围的兵力调遣，类似于“明修栈道，暗度陈仓”“七百里驱十五日，赣水苍茫闽山碧”等，因此，军事策划的战场往往在很大的范围内，局外人很难看懂，双方投入的兵力动辄上万人或几十万人，战争常常处于胶着或拉锯式的状态中，其激烈与残酷是其他策划无法比拟的。例如，著名的淮海战役，我方投入兵力 60 余万人，国民党一方投入 80 万人，战争在辽阔的江淮平原上展开，最后以我方歼敌 55 万人之众而结束。

（4）军事策划的进行以情报作为基本的前提。军事策划依据重要的情报来源，情报的准确性在策划中占据着决定性的作用，也可以说，没有情报支持的战争，几乎没有任何胜算。“知己知彼，百战不殆”，是对战争情报重要性的深刻概括。然而，军事策划时的情报工作会处于高度机密的状态，除了极个别人知道外，可能会成为永远的秘密。因此服务于军事策划的情报工作受到极端的重视，情报管理也会被最高领导人高度关注。

（5）军事策划的成功与否会以战事的结果表现出来。对军事策划成与败最基本的考查是战争的结果。不论其中付出的代价有多大，在敌我双方力量的较量中，彼此军事策划的成与败会体现得清清楚楚，甚至不需要用语言表述。一次成功的军事策划对士气的鼓舞是无形的，与双方之后的行动有密切的关联性，甚至影响到敌我双方的政治与经济走向，因此军事策划的意义重大。纵观古往今来的各种军事策划，其对政坛的影响都具有深远的意义。

三、经济策划

经济策划主要是指通过设计一种或一套切实的经济政策来干预社会发展的运行轨迹，影响当地民生，意欲推动社会快速地向前发展与变化。成功的经济策划会对一个国家或地区的社会生活产生重要的影响，有效而积极的经济策划，会给一个地区或国家带来长久的繁荣与兴盛。回顾中外历史，几乎每一个经济繁荣的时代，都无一例外地依赖于恰当的经济策划。

当今中国，影响最大的经济策划，应属于20世纪70年代末期开始、至今仍在进行中的改革开放。三十多年来，中国经济发展速度惊人，对全世界政治与经济产生的辐射力强劲而深远，中国一跃成为经济总量世界第二的大国，甚至被誉为推动世界经济前行的引擎。因此，这场经济策划的功绩不管怎样评价都不为过。

改革开放的鸿篇巨制要归功于总设计师邓小平先生，在他的全面设计与推动之下，经济改革在古老的中国全面铺开。邓小平先生性格坚毅，处事灵活，观念开放，思路缜密，始终秉承实事求是的辩证唯物主义价值观，在20世纪最后的20年里，将一个人口庞大的中国带进了世界现代化的行列。

经典历史故事

邓小平与改革开放

1976年10月，中国结束了持续十年的“文化大革命”，经过两年的政治徘徊，1978年3月，被“打倒”的邓小平出任全国政协主席，随后，3月18日至31日，全国科学大会在北京召开，大会有6 000人出席，群贤毕至，人才荟萃，这是我国科学史上的空前盛会。大会通过了《1978—1985年全国科学技术发展规划纲要（草案）》，邓小平在会上明确指出“现代化的关键是科学技术现代化”，“知识分子是工人阶级的一部分”，重申了“科学技术是生产力”这一马克思主义的基本观点。这次大会的召开，就如春雨润泽了神州大地，带来了我国科技事业的全面复苏，也使人们开始挣脱桎梏思想的精神枷锁。5月11日《光明日报》发表《实践是检验真理的唯一标准》的文章，由此，关于真理标准问题的大讨论，宛若一场思想风暴席卷全国，也成为一场影响当时中国的最伟大的思想解放运动，打破了过去长期盛行的个人崇拜和教条主义的精神枷锁，在全社会展开了惊心动魄的思想大交锋，为未来30年的改革开放事业奠定了基调。同年11月中央工作会议召开，邓小平发表了《解放思想，实事求是，团结一致向前看》的著名讲话，又进一步提出学习西方、对外开放的具体做法：“在全国的统一方案拿出来以前，可以先从局部做起，从一个地区、一个行业做起，逐步推开。”这时，对于中国改革开放的思路已基本形成。1978年12月十一届三中全会召开，中国改革开放的大幕正式拉开。

改革从沿海特区的示范建设、农村土地承包责任制的全面推行在全社会层层辐射开来。1979年7月15日，中央批转广东、福建省委关于在深圳、珠海、汕头和厦门试办经济特区的文件。1982年1月1日，中央批转《全国农村工作会议纪要》，肯定农村实行的各种责任制是社会主义集体经济的生产责任制，由此突破了实行多年的“一大二公”“大锅饭”的旧体制，使农民生产积极性大增，极大地解放了农村生产力。1984年10月，党的十二届三中全会提出有计划的商品经济，明确了改革的基本目标和各项要求，为打破计划经济体制创造了条件。1986年全民所有制企业改革启动，1987年党的十三大确立了“一个中心、两个基本点”的基本路线，为深化改革开放做了政治上的支持与强化，1988年“科学技术是第一生产力”的提出，揭开了全面科技体制改革的序幕，极大地促进了经济和科技的结合以及由此而生的中国多领域跨越式进步。1992年党的十四大确立了社会主义市场经济体制的改革目标，党的历史上第一次明确提出了建立社会主义市场经济体制的目标模式。由此社会主义基本制度与市场经济结合起来，正式建立了社会主义市场经济体制，这是一个了不起的创举。1993年开始，国家相继批准建立现代企业制度，进行分税制改革和金融体制改革，特别是分税制改革，这是新中国成立以来政府间财政关系方面涉及范围最广、调整力度最强、影响最为深远的重大制度创新。1994年以来外贸体制、医疗、住房市场化改革、外汇管理体制改革大幅度相继铺开，1999年中央提出西部大开发战略，推动经济结构的战略性调整，促进地区经济协调发展。2001年中国正式成为世界贸易组织成员，加入了世界性经济竞争的大圈子，成为影响世界经济发展的不可忽视的重要力量。2003年振兴东北地区等老工业基地战略提出，2004年起，国有商业银行相继开始进行股份制改革，2005年年底十届全国人大常委会十九次会议通过《关于废止〈中华人民共和国农业税条例〉的决定》，中国农民从此彻底告别了缴纳农业税的历史，一个在中国延续两千多年的税种宣告终结。2006年中央作出构建社会主义和谐社会的重大决定，标志着作为改革开放这个经济策划的主体——中国共产党，开始把经济策划延伸至全社会生活品质的提升方面，中国社会进入全面繁荣时期。

历时三十年、历经三代领导人、现在仍然在进行着的改革开放事业，对中国社会发展的影响作用是不可估量的，大致看来始终坚持的是“渐进式”的改革方式，相继攻克了价格改革、国有企业改革等一系列难关，初步建立了社会主义市场经济体制；妥善处理了发展中的各类矛盾，坚决排除了各种错误思潮、错误倾向的干扰，沉着应对了国内外的突发事件，始终注意协调改革的力度、发展的速度同社会可承受程度的关系，努力兼顾各方面群众的利益，不断加强法制建设，为改革和发展创造了良好的环境，避免了由于举措不当而出现的经济严重衰退、社会矛盾激化和社会剧烈动荡等情况的出现，实现了持续30年的经济高速增长，不断解放和发展生产力，人民生活水平不断提高，全社会充满活力、和谐稳定，经济实力达至世界第二位。

资料来源：改编自杨凤城：《中国共产党历史》，中国人民大学出版社，2010年，题目为著者加

经济策划的特点包括以下几方面：

（1）经济策划的内容主要是变革社会不恰当或不合理的经济痼疾。纵观古今中外的经济策划，起因往往是由于社会存在着不尽合理的一些经济问题或现象，严重影响社会的发展与进步。例如，中国历史上著名的商鞅变法是为了确立新兴的封建统治，发展先进的封建经济；王安石变法是为了改变北宋积贫积弱的困顿局面；张居正变法是为了挽救明朝行将没落的封建专制制度。又如，罗斯福新政是为了摆脱美国20世纪二三十年代的大萧条危机，等等。当然，当一个社会面临严重的经济问题、导致社会处于不安与动乱之中时，未必都会有恰当的经济策划来应对，因此，在历史上，影响较大的、成功的经济改革性的策划并不多见。

（2）经济策划常由政府主要领导人支持、推动，众多人参与、完善而成。经济策划不像其他策划较多依靠一个人的智慧来完成，重大的经济策划往往是由主要领导人积极支持或

直接推动，同时结合其他人的经验、特别是地方的试点而展开的。当今中国的改革开放，既有邓小平战略思想的高瞻远瞩，又有地方民众大胆尝试、探索的经验推广，如安徽凤阳小岗村村民进行的家庭联产承包责任制的突破、广东省委提出的在沿海建立出口加工区的大胆构想（特区的雏形）等。邓小平将之称为“摸着石头过河”。而古代或其他国家的经济改革策划也都不是空穴来风，而是有着较为成熟的实践基础。因此，经济策划在推行中常常体现出边推进改革、边充实改革策划内容、使之日臻完善的特点。

（3）经济策划通过出台一个或一系列的经济政策表现出来。经济策划由于涉及全社会大范围的社会生活，因此其出台总是以系统政策的形式推出，在国外则体现在一系列法律、法规上。例如，商鞅变法推出废井田、开阡陌、重农抑商、奖励耕织、统一度量衡等一系列的经济与政治策划；王安石变法以青苗法、农田水利法、募役法、市易法、方田均税法为主；张居正的改革则结合政治上的革除弊端，通过清丈全国土地，抑制豪强地主，改革赋役制度，因而推行“一条鞭法”等；美国罗斯福新政则表现为大量法律制度的出台等。

（4）经济策划结果会影响一个国家或地区的几乎所有民众。对于一个成熟的经济策划来说，它的推行将会影响一个国家或地区内的每一个民众，会影响民众的生活内容、生活节奏，甚至会由此改变社会民众的思维方式、生活方式等，由经济策划带来的这种改变有些会十分深刻，影响深远。回顾人类文明进步的历程，必然包含着无数大大小小由经济策划所引发的社会变化与制度创新，而成功的经济策划对民众生活的影响往往持久而深刻。

（5）经济策划的实施会导致地区或国家政治、军事实力及公众生活的较大变化。经济策划从来就不是简单地在经济领域里进行，它必然涉及政治及意识形态领域等多方面的联动，因此，重大的经济策划，它的推行会迅即影响到政治、文化、思想等全社会的各个方面，因而，成功的经济策划所带来的成果，会很快改善百姓的生活状况，调整社会发展的着重点，推动社会经济的恢复与发展，也会极大地增强国力，提升国家的军事实力，实现国富民强。中国古代常把因实行适合社会发展的经济政策而带来的社会繁荣称为“治”，即“平稳、繁荣”之意，在“文景之治”“贞观之治”“康乾盛世”的历史时期，均不乏良好的经济策划，而商鞅变法、王安石变法、张居正变法、当代的改革开放等所带来的社会经济变化，历史也自有公论。

四、文化策划

文化策划是社会文明发展中涌现的必然现象，社会进步必然伴随着文化的繁荣，文化的繁荣常由人们有意无意地策划而成。因此，文化策划是指对某一文化作品或文化运动进行有意的推动而形成社会一定的文化繁荣或作品甚或学术流派的流行。文化策划有大有小，大者形成全社会对某一文化现象的热衷，如五四时期的新文化运动，小者形成对某一作品或流派的热衷，如乐坛上对美国歌手迈克尔·杰克逊的长期追捧等。

职场案例观摩

《哈利·波特》效应

《哈利·波特》（*Harry Potter*），是英国女作家乔安娜·凯瑟琳·罗琳的系列魔幻文学作品，故事的灵感是1991年她在从曼彻斯特到伦敦的火车上萌发的。作品描写的是主人公哈利·波特在霍格沃茨魔法学校七年的学习生活及冒险故事。书中也有很多有关道德方面的内容，随着正义和邪恶的对抗不断激烈和明显化，一些人物面临着重要的选择，人性的阴影也被展现出来。书中的成年角色刻画深刻，次要角色也都活灵活现，作者精心设计了天衣无缝的情节，创造出了在幻想世界中令人信服的故事。该系列书共有七本，几乎每年出版一本，特别是第七本，曾在出版24小时之内在英美两地卖出1 100万本，突破全球销售纪录，成为史上销售最快速的书籍。该系列书现已被译成62种语言，出版10年来在全球累计销售达到3.25亿本。美国华纳兄弟电影公司已经把前四部作品拍摄成电影。前三部的电影票房收入都在7亿美元以上，历史总票房排名在前15名。1988年，乔安娜·凯瑟琳·罗琳被《书商》杂志评选为年度最佳作家，1999年又被评为英国年度图书奖得主。可以说，她已成为目前世界上最负盛名的儿童文学家。

《哈利·波特》在市场的成功带动了一系列相关文化内容的开发，包括：游戏，目前《哈利·波特》的前四部小说已经有相应的游戏，另有许多小游戏在网上流传；主题网站；道具，如巫师帽、文化衫、巫师袍、魔杖等物品；相关书籍，如《我与哈利·波特的真实故事》《哈利·波特的魔法世界》等。一些出现在书中的物品被带进了现实世界，如在一些国家，出现了叫做“柏蒂全口味豆”的糖果、魁地奇球衫和家庭小精灵制作的袜子等。

资料来源：改编自贺寿昌：《文化创意产业案例分析》，《上海戏剧学院学报》，2007年第1期，第30-37页，内容有删节，题目为著者加

文化策划的特点如下：

（1）文化策划的内容为鲜明的文化变革或创新。文化策划在内容的表现上一般为对文化的变革，尤其是文化的运动或思潮，如欧洲中世纪的文艺复兴，中国近代史上的新文化运动、改革开放初年的国外各种思想流派的兴起等，都是对旧有思想理论束缚的挣脱与对立；对于某一文化作品的热衷也恰恰反映出作品对这一领域文化现状的批评或对立，如迈克尔·杰克逊摇滚歌曲的流行、周杰伦歌曲及表演形式的广泛模仿，以及《哈利·波特》系列小说的全球热捧等，都是对传统存在的艺术表现内容或形式的重要突破。当然，文化策划的内容及所期待的结果，不是在事先全部设计好的，但文化策划内容所包含的对事态走向的推动是明确的，因而，文化策划往往给人耳目一新的思想冲击力。文艺复兴、新文化运动等均体现了鲜明的对文化的变革与创新。

（2）策划者原来多是普通的文化人。文化策划与政治、经济、军事策划不同，其策划人基本上不是政府领导人或国家重臣，往往只是一个普通的文化人。在某一特定的历史时期，他们较早或最先喊出了时代的心声，将新思想或新的表现形式传递给社会大众，激起无数人的呼应，因而引发一场较大规模的运动或热潮。虽然，由文化人引发的新文化现象，在开始时是其本人始料不及的，但其作品或观点本身却是经过深思熟虑、精心

设计的，文化策划的发轫者又常常深受由自身激起的文化运动或思潮的影响，主动将之推进与深化，引发这一运动或现象的持续，使文化的策划看似自发形成，实则是积极主动推进的产物。当然，文化策划涉及的层面比较宽泛，持续的时间较长，因此，策划者看似是一个人或几个人，实际上可能是一些人或一群有直接相关性的人。文艺复兴、新文化运动等均是一批非常优秀的艺术大师或思想先哲在推动，而在现代，某些作家和艺术家则除了他们自己之外，在后期会有出版商、唱片商、经纪人公司等与他们一起来推动某场文化运动的繁荣。

（3）文化策划的出发点仅为表达文化人自己的心声。正如乔安娜·凯瑟琳·罗琳所说："我从没想过为孩子写书——儿童书选择了我。"[①]几乎所有的文化人，在创作自己的作品时，都是基于自己的好恶，并没有事先背负重大的社会使命，他们只是直抒胸臆，随心所欲，但他们的作品得到某一阶层人群的高度认同，激发了社会较大层面的集体响应，因而产生了较大的社会影响。米开朗基罗的绘画作品，五四时期的胡适、陈独秀等，超级歌星迈克尔·杰克逊等皆是如此。当然，随着文化人的成名成家，他们会主动关注由自己的思想或行为而带来的社会影响，在今后的作品中融入一定的社会教育内容或其他元素。

（4）文化策划的运动或作品多被文化人关注。文化策划引起的反响，多被文化人所关注，这也是十分独特的现象。不论某一文化领域发生怎样巨大的突破与影响，对于非文化人或非本领域的人来说，常常是不关痛痒、无动于衷的，甚至圈外人会以诧异的眼光看待这一切。因而不同领域人群之间对某一文化现象的反响往往迥异。例如，2005 年由湖南电视台发起的超级女声评选活动，在相当一部分的大学、中学及某些参赛选手的家庭中，激起巨大反响，形成了持续相当一段时间的追星梦的热潮，超级女声第一名的投票数达到 35 万余张，但对不关心或不了解这一活动的人们来说，反而感到这一活动十分夸张，甚至有些滑稽。所幸文化的普及，使更多的人愿意融入文化运动的圈子中去感知与了解，因而，文化策划越来越多地被人们关注。

（5）文化策划活动会对社会文化生活产生深远影响。一项成功的文化策划，会对这一国家或地区甚至周边国家乃至全世界产生较大或深远的影响，影响所至主要表现在社会文化生活方面，如思考的角度、思考的内容、表现的方式方法等。这种影响不是以急风暴雨的方式表现出来，而是潜移默化地体现在受影响人们的语言、行事方式、文章、表演、著作等方面，这种默默的与偶然的显露，通常体现的是一种不可忽视的力量，较为深远地影响着一个国家或地区乃至全世界人们的思考与行为方式，甚而改变这个国家或地区的战略决策。历数人类历史上的文化运动或现象，其对人类文明的推动作用都或多或少做出了贡献。

总之，在人类历史上，无论政治、经济、文化活动及战争，都不是自然而然、随意形成或出现的，它们均是精心策划的结果，是主动选择的结果，是人为作用的结果。策划在人类历史的发展过程中占据着重要的地位，只是有时我们不去刻意强调罢了。认识与了解不同策划的特点，有利于清晰地区分不同领域的策划特性，对于学习公关策划具有重要的意义。

---

① 赵武平：《为自己写作——J.K.罗琳访谈录》，《南方周末》，2011 年 11 月 5 日。

第三节　公关策划的含义与特征

一、公关策划的由来

何谓策划？策划即谋划之意，是指对某一事件有创新性的一种想法或安排。关于公关策划，曾有不同的表达方式：或认为可称公关计划，如在我国最早的公共关系学著作《塑造形象的艺术——公共关系学概论》中，明安香把公共关系工作程序的第二步称为公共关系计划[①]，汪秀英在早期所著的《公众关系学原理与应用》中，也认同这样的提法[②]；或认为可称公共关系规划，如王乐夫主编的《公共关系学》中，称公共关系程序的第二步为“形象规划”[③]，但廖为建主编的《公共关系学简明教程》中则使用了“公共关系策划”的说法[④]，《卓越公共关系与传播管理》的译者卫五名等认为将“plan”译作“规划”更合适些[⑤]，在台湾地区则常称公关策划为“企划”。

从字面意思来看，使用“策划”一词显得具有功利性，但是，“策划”准确地体现了主体明确的目的性与鲜活性，这一点恰恰体现了公关策划的内涵，反映了公关策划的特色，美国总统艾森豪威尔说得更加直接：“计划无足轻重，策划就是一切。”[⑥]使用“计划”一词在中文的语义上显得比较具体，缺乏一种创新性的内涵，用“规划”一词则又显得时间跨度长，规模有些宏大。因此，称公关“策划”似比较恰当。

二、公关策划的含义

公关策划是公共关系学的主要内容之一，了解公关策划的含义，应从公共关系学的理论高度去诠释。

1. 公关策划是组织为营造其生存环境而进行的一项战略性活动

公关策划是组织在发展过程中，为营造自身更好的生存与发展的社会环境，由专业的公共关系人员经过认真、精心的计划与设计，慎重推出一项或一系列活动的过程。公关策划的目的是，组织通过公共关系的活动，期望引起社会公众对组织的关注，促进公众对组织的了解与好感，使组织处于被公众接纳或信任的氛围之中。因此，公关策划是组织的一项重要战略性管理工作，这项工作目标明确、安排有序，一旦实施，会对组织有重大影响。

---

① 明安香：《塑造形象的艺术——公共关系学概论》，中国科学普及出版社，1986 年，第 215 页。
② 汪秀英：《公众关系学原理与应用》，中国商业出版社，1991 年，第 195 页。
③ 王乐夫：《公共关系学》，辽宁人民出版社，1986 年，第 198 页。
④ 廖为建：《公共关系学简明教程》，中山大学出版社，1989 年，第 121 页。
⑤ 詹姆斯·格鲁尼格等：《卓越公共关系与传播管理》，卫五名等译，北京大学出版社，2008 年，第 4 页。
⑥ 格伦·布鲁姆、艾伦·森特、斯科特·卡特里普：《有效的公共关系》，明安香译，华夏出版社，2002 年，第 312 页。

2. 公关策划是组织与目标公众进行的有目的的沟通活动

公关策划工作是组织在发展到一定阶段时，希望通过某些行为或一些活动，引起社会公众注意、增进社会公众对组织了解的一项主动性工作。公关策划主要围绕着与公众进行的沟通活动而展开。现代意义上的公共关系，最核心的目的就是实现与公众的沟通，达到彼此真诚了解、坦诚相见。在一个组织的发展过程中，十分需要主动创造条件与目标公众进行沟通、逐渐实现认同，如此，才有可能构建组织良性的生存环境或发展环境，因此，公关策划的工作内容应紧紧围绕与公众的沟通而展开。

3. 公关策划是组织利用专业人员设计的一项智力工作

公关策划工作不是一件普通的工作，它是组织通过专业公共关系人员精心的设计谋划、选择恰当的时机、慎重而隆重推出的一项重要举措，这项工作在大部分情况下是一项智力工作，需要进行创意、设计、规划、安排，活动的目标是社会公众，活动对组织在公众中的印象、对组织的声誉会产生重要影响。当然，如果组织内部缺乏恰当的专业人员，可以委托专业的公共关系公司来代理业务，这在今天已是常见做法。

综上所述，公关策划是指组织利用专业的公共关系人员，通过创意、筹划等智力性工作，为实现与目标公众的双向沟通、营造组织生存发展的良性社会环境而进行的一项方案设计活动。

三、公关策划的性质

公关策划，从性质上来说，是组织在寻求一种有效而恰当的沟通方式以与自己的目标公众实现相互交流的谋略活动。这项活动往往难度非常大。

在公共关系实践活动中，人们对公关策划的认识存在着如下误区：

（1）认为公关策划只是组织的一次宣传活动。一些组织在开展公共关系活动时，容易将一项精心策划的公共关系活动，理解为只是一种宣传活动，这样就大大降低了公关策划的作用。虽然公关策划在许多方面表现为一种宣传活动，如较密集的新闻发布、大型活动的报道、现场的表演、向公众发放传单或宣传资料等都是宣传手法，但这只是公关策划的表现形式，而不是公关策划的目的。公关策划的目的是通过这样的活动吸引社会公众的关注，主动让公众了解组织自身、努力让公众认识自身，最终实现公众与组织的相互认同。因此，如果认为公关策划仅是组织的自弹自唱，那么，组织在开展公关策划时，就会自以为是地自吹自擂，不管公众的感受与接受程度，这样公关策划的效果就会被工作人员的不良行为销蚀掉。

（2）认为公关策划是组织（主要是企业）的一种促销活动。一些组织，特别是企业，在开展公关策划时往往希望搭车进行产品促销，尤其是一些重大活动，组织的营销人员希望在开展某些社会公益型活动时，通过赠送新产品等形式，把产品宣传出去，为市场营销服务。这样做的结果，就是公共关系活动最终演变成一次产品的宣传与促销活动。一般意义上，公关策划对企业的市场营销有重要的影响，在大部分情况下，成功的公关策划会有利于企业产品的销售。但是，公关策划不是组织的促销活动，它的主要作用是为组织的生存与发展服务，它着眼于组织的长远利益与发展环境，关注目标公众，希望获得与组织发展相关性极强的重要公众的好感或信任。因此，公关策划不是直接为组织的产品销售服务的，甚至在很多时候，公共关系几乎不涉及产品销售的话题。因此，有些企业急功近利，总在公关策划活动中加入产品的销售，结果容易使组织为长远发展而开展的活动变成产品的介绍与宣传，使公共关系活动的目标跑偏。

（3）认为公关策划是组织花钱买热闹的一件事情。有些单位在开展公关策划活动时，为了赶时髦、应景，只是想着把钱花完了事，而并非真正将之作为一次组织与目标公众进行双向沟通的重要机会，因此，活动关注的是花钱、送钱、报道、上媒体等，并非扎扎实实把这一活动搞好、搞深入，因此，一些组织对贫病灾变的资助比较浮躁，往往简单地搞个仪式热闹一下就完了。只要记者报道了，钱花出去了，就认为公共关系活动搞完了，至于赞助的对象怎么样、资助的结果是否到位、公众的反应如何、组织的声誉是否真正确立，可能就不大关心了。这样，公共关系活动变成了组织的一件只花钱不赚钱的事情，最终对组织未来的发展难以产生应有的影响。

对公关策划应认识到以下三点：

第一，公关策划的本质是要解决与公众沟通交流的问题。公共关系是组织针对目标公众开展双向沟通的战略性活动，公关策划是公共关系的核心内容，公关策划全部的关注点是公众，即组织要用心了解公众，也创造机会让公众了解组织，因此，公关策划所设计、安排的各种活动，都是为了让公众对组织产生兴趣，增进其了解组织的愿望，加深其对组织的认识，努力实现其对组织的内心认同。在公关策划的活动中，组织必须全力以赴地去实现这个目标，否则公关策划活动的进行就没有意义。

第二，公关策划的根本是实现双向平等沟通。在公关策划活动中，需要确立基本的前提，即对公众的尊重。组织不能居高临下或自以为圣人似的对公众发布信息，绝不能把自己的观念与看法强加于公众身上，进行单向传播，这种姿态的公关策划是注定要失败的。即使是通过免费赠送新产品的方式取悦公众，让公众产生好感，也会被公众对立性地应付过去；纵使通过赞助的方式让公众感恩，公众也会付之一笑，不予珍惜。组织只有将自己放在平等的位置上，以真诚的态度，通过提供公众接受或喜爱的活动让公众对组织逐渐产生了解与认识，甚至在活动过去之后，仍然能够对组织留下美好的印象，这样，公关策划活动的进行才有意义。

第三，公关策划的所有活动都要为实现双方的沟通而服务。公关策划很多时候是直接面对公众来进行的，不管活动大还是小，所有的活动都应该为实现与公众沟通的目的服务，因此，参加公共关系活动的每一个人，都要认真研究公众、真诚地对待公众，努力让公众对自身以及组织产生好感、赢得信任、实现永久的信赖，因此公关策划设计的出发点就应该为这一目的服务，绝不能带有功利心甚至欺骗心。否则，耗资巨大的公共关系活动就可能适得其反，变成沽名钓誉的丑闻。这是组织在进行公关策划活动时必须要注意的。

四、公关策划的特征

公关策划与上述的政治、军事、经济、文化策划有很大的不同。

1. 公关策划具有市场经济特色

公共关系是市场经济的产物，是在比较健全的市场竞争环境下企业为寻求良好的社会声誉而青睐的，因此，公共关系广泛运用于其他各类组织。公共关系被组织运用的前提是公众受到重视，组织尊重公众。虽然在古代、近代都可以找到类似于公关策划的一些举措的痕迹，但这些行为既没有明确的公共关系目标，也不是常规性、职业化地开展，更缺乏与目标公众的平等交流，所以，只能算是类公共关系的活动，而不是真正意义上的公关策划。只有在市场经济的条件下，公关策划才会被高度重视，才会形成一个被很多人看好的职业，才会给组织带来巨大的经济效益与社会效益。

2. 公关策划具有社会公益特色

公关策划从其诞生时起，就体现了社会公益的特色，如企业开展社会慈善、扶危解困，主动承担社会义务，积极进行新观念的宣传等。这与政府发起的政治性、经济性、军事性的策划有截然的不同，也与文化人开展的作品性策划有明显的差异。即使在前者的活动中有一些看似公关策划的活动，也与现代意义上的公关策划有根本的不同，因此，不能将公关策划泛化。

3. 公关策划具有服务公众的特色

公关策划主要围绕公众展开，公众是一个没有政治色彩、阶级区分、等级要求的群体，在大部分情况下，对公众的划分以组织发出的行为导致公众面临同样问题为标准，公众是针对组织而存在的，公众是公共关系活动的对象。公关策划是以服务社会、惠及公众为基本宗旨，它的出发点没有短期追逐利益的功利性。因此只有真正尊重公众，才能将公关策划做到位。

由此可知，公关策划的主要特征如下：

（1）公关策划主体可以是任何一个组织或其代理机构（如公关公司）。公关策划是组织主动发起的以期与目标公众达成相互了解的谋略活动，这个组织可以是国家或某一地方政府，可以是军队、团体，更多的是企业或者事业单位，等等。只要以组织的名义在筹划着特定的传播沟通活动，就可以称为公关策划活动。今天，社会关系的网络变得复杂而纵深，一些个人可以随时成立一个公司式的组织，如开网店等，一个家庭也有可能演变成家族公司，这样，原来的朋友关系、亲人关系，就可能成为买卖关系、合作伙伴关系。因此，开展公关策划是任何组织都可以进行的一种活动。

（2）公关策划以柔性手法打造组织生存与发展的社会环境。从古至今，每一个组织都十分关注自己所面临的生存与发展环境，这个环境是一种软环境，是一种似有似无、又极其重要的社会环境。当组织的社会环境处于良性状态时，组织的发展会十分顺利；当组织处于对立或排斥的环境时，组织的发展就一定不顺利。营造组织生存发展环境的手段有很多种，在以往的情况下，组织惯于使用比较生硬的手法，如政治压服、战争、欺骗、讹诈、强行灌注观念、不对等的商业谈判、自卖自夸等。而公关策划则以通过柔性手法来达到营造组织良好社会环境为目的。其主要表现为：平等的交谈、交流，主动展示自身，快速公开事情真相，深入了解目标公众，等等。这种方式看似缓慢而低调，但它是组织长久而深入地建立与目标公众良好关系的最有效的方式。公共关系被誉为“随风潜入夜，润物细无声”的活动，公关策划则是努力谋划或设计这一效果的过程。

（3）公关策划以建立、矫正或扩大组织社会声誉为根本目的。公共关系的目的是什么，这个问题随着实践的深入，逐渐地清晰起来。公共关系注重与目标公众的沟通，着力构建与组织关联度密切的各类公众的良好关系（社会环境）。其根本目的，不是讨好公众，也不是简单地给公众留一个好印象，而是在竞争激烈的环境中建立组织自身的声誉。声誉的建立是一个长期的过程，也是一个真正让公众认可的过程，这不可能靠一两次哗众取宠般的宣传活动来实现。有效的沟通活动、恰当的沟通方式，会让组织走进公众的内心，使公众对组织产生长久的良好印象。这是完全可以实现的。当一个组织遭遇一时的问题或突发的事故时，组织主动地与目标公众进行见面、对话、解释或真诚地承担责任时，组织的声誉就会得到挽救，组织就可能较快地从灾难中走出来，甚至将坏事变成好事。在现代社会，对任何一个组织来说，声誉就是生命，失去组织的声誉，就等于失去组织的生命。建立、维护、矫正、扩大组织的声誉，是公关策划的根本任务。

（4）公关策划重在使用多种传播手段，关注传播效果。开展公关策划，主要就是研究如何使用最有效率的沟通手段，以及如何达到最佳的沟通效果。今天，组织仍会大量使用传统的人际面对面的沟通手法，但同时，大众传播媒介、网络媒体、个人移动媒体等，已在更大范围内发挥着更具效率的作用。公关策划关注的是如何选择这些沟通手段，针对自己的目标公众，实现最佳的沟通目标。在各种各样的策划活动中，可能没有哪个策划活动如此注意研究沟通手段与沟通效果。因此，公关策划研究的重点也就延伸到对公众沟通习惯、公众对沟通媒介使用状况、媒介被公众认知程度等问题上来。这是公关策划的突出点。

通过以上分析可知，公关策划在公共关系学理论的指导下，针对目标公众，使用尊重公众沟通习惯且具效率的沟通方法，有利于营造组织自身的生存与发展环境，缔造组织的良好社会声誉，推动组织更好、更快地发展。

研究与演练

一、理论研究

1．公关策划学与历史上形形色色的策划活动的最大区别在哪里？

2．公关策划学的特征是什么？

3．试讨论：公关策划与同学的生日活动策划有什么区别？

二、实践演练

1．到商场、理发店、政府机关走走，看有没有正在进行的公关策划活动？看看它们是怎样进行的？

2．如果把同学的生日活动做成公共关系活动，怎么策划？

第二章　公关策划原则

第一节　创新性原则

公关策划是一项缔造组织声誉的富有吸引力的活动，对一个组织的生存、发展有着重要意义，有时甚至是决定性的意义。因此，在策划公共关系活动时，首先要遵循创新性原则，即必须设计富有新意的主题思想及活动内容，在目标公众中引起一定的注意，吸引他们的关注，进而唤起公众内心的认同感，这是组织保证公共关系活动成功的基本前提。如果组织提出的主题与策划的活动没有新意，无法引起目标公众的注意，那么，组织通过活动影响公众的目的，就不可能实现。公关策划的创新性表现在多个方面，如立意、主题、观念及活动手法等。

一、立意新

在设计公关策划活动时，立意是非常重要的。

立意主要是指确立策划的起点或策划所体现的社会意义。公共关系活动是组织向社会公众寻求相互沟通的一项重要的工作，这一工作由于要面对大量的群体——特别是通过大众传播媒介来沟通的话，面对的公众范围将更为宽广——组织所开展的活动就具有了一定的社会意义，相应地也就要担负起一定的社会责任。因此，组织要策划的公共关系活动应该具有较高的立意，通过活动，要传播与阐释的是具有推动社会进步的思想、理念、风尚等，或者是影响公众建立一种好的习惯，培养一种文明或健康的行为等，因此，要保证公关策划的成功，就需要富有新意的想法，站在认识问题的高度，拥有引领理念的新思维。现在一些组织常会在策划公共关系活动时立意在爱国、环保、敬老、善心、运动等方面，但公关策划的立意必须是从这些内容中阐述出新的宣传角度来，从中挖掘更深远或更新颖的社会意义。

二、主题新

策划公共关系活动时，要有一个主题，它是这一活动的纲领或者灵魂，所有活动的内容都要为这一主题而服务。主题如同一篇文章的题目，必须新颖、独特、引人注意，使人过目不忘，并具有极强的表现力，既体现出活动组织者的高远立意，又能让活动的参加者有积极的想象空间。所以，在实际的公共关系活动时，主题往往表现为一句口号，简洁、明确。既能够清晰地阐释公共关系活动的内容，又能让公众感到有认同感。因此在设计主题时，需要求新、求变，让公共关系活动的组织者与参加者感到好记、上口，能准确地理解其内涵，提升所有人的境界，唤起最大多数目标公众的认可。例如，中国举办奥运会的宣传主题是“绿色奥运、科技奥运、人文奥运”，上海世博会宣传的口号是“城市，让生活更美好”（better city，better life），它们都是非常优秀的主题。

三、观念新

在策划公共关系活动的立意与主题时，总是体现着公共关系活动主体即主办方的一种思想或观念，通过活动，社会组织在积极地向其公众传递着它们希望获得的一种认同。因此，在策划公共关系活动时，主办方的观念应该是先进的，向公众传递的信息内容应该是新颖的与进步的。这种观念应该具有一定的超前意义，能够起到提升全社会文明观念与推动社会进步的作用。特别是在公众现有观念的基础上，能够将之进一步推动与提升，则对公关策划活动赢得目标公众的关注与认同，有重要的作用。例如，北京万通实业股份有限公司举行生活节系列活动时，提出了“创造最具价值的生活空间”的理念，引导公众关注生活品质、关注内心感受，这一观念为活动的成功举办奠定了坚实的基础。

四、活动手法新

在策划公共关系活动时，活动手法也是要注意创新的。公共关系活动如何展示，以什么形式表现出来，使用什么样的道具或媒介等，是影响公众的一个重要方面。公众不只关注组织活动传播的思想是否具有时代引领性或启发性，更关心活动是否具有吸引力、趣味性等。公众的心理需求是公关策划工作的最大动力，要吸引公众，就要让公众处于预期新鲜、刺激、感动甚至震撼的情感中，使其获得一种意外的满足感。因此策划公共关系活动时，表现手法如果落入俗套、拾人牙慧，甚至东施效颦，则投入再多的资金、规模再大，恐怕也要落得一个无人喝彩的境地。因此，公共关系活动的创意就显得非常重要了。

职场案例观摩

向世界展示开放自信中国——2016年两会“部长通道”扫描

2016年的“两会时间”，人民大会堂北大厅“部长通道”成为一条“新闻热线”。

最多时达到500多人的中外媒体大军，带着全世界对中国的期待齐聚在此。各部委负责人40余人次先后在此亮相，坦诚与媒体互动，回应民众关切，向世界展示了更加开放自信的中国。

世界瞩目：百米通道开启观察中国窗口

3月16日，当国务院扶贫办主任刘永富回答完记者的提问，他成为2016年“部长通道”上最后一位在此发声的部长。

“由于广大媒体反复要求国务院扶贫办主任来这里和大家见面，我们就请刘主任来，这本是计划外的。”工作人员向记者们介绍说。

从2016年全国两会拉开帷幕的那一刻起，“部长通道”一次又一次汇聚海内外记者，吸引着世界目光。

这条位于人民大会堂北大厅的百米通道，是每年全国两会召开全体会议时，国务院各部委主要负责人进出会场的必经之地。由于记者可在这里与部长们“亲密接触”，捕捉到最新消息、听到权威声音，“部长通道”的称号从此流传开来。

“巡视为何要杀回马枪”“多校划片能否解决教育资源不均衡”……3月3日下午，全国政协十二届四次会议开幕前，列席会议的中央纪委副书记、监察部部长黄树贤，教育部部长袁贵仁等4位部委负责人主动在“部长通道”发声，揭开了2016年“部长通道”的大幕。

5日全国人大会议开幕，7位部长在此亮相；9日，10位部长在此相继发声；13日，更有11位部长先后回答了23个热点问题，创下自2007年“部长通道”开通以来的最高纪录。16日，全国人大会议闭幕前，又有6位部长在“部长通道”答问，开放力度空前……

跑了20多年中国两会的法国《阿尔萨斯最新消息报》驻京记者梅业表示，除了看政府工作报告和“十三五”规划纲要草案，来“部长通道”几乎成了他2016年观察两会的最佳窗口。

“能集中时间、面对面与中国部长们交流，简直太方便了。”

如此零距离接近部长，让很多国内“老记”也大呼过瘾。“跑两会十多年了，2016年各部委负责人接受采访的频率明显增加，部长们的回答很解渴，很接地气。”中国教育电视台记者邹德智说。

从最初记者“追逐围堵”部长采访，到2008年起在部长和记者之间拉起隔离线；从2010年起指定记者邀请部长在通道发声，到如今更多部长主动走上通道答疑，百米通道开启了世界观察中国的一扇重要窗口，也因越来越规范、有序、高效的采访环境得到媒体和部长们的广泛认可。

“部长们是主动发言，回答问题的时间很长。”《今日俄罗斯》通讯社记者罗佩卓说，他第一次来中国报道两会，感到“部长通道”简直就是媒体挖掘“硬货”的小型新闻发布现场。

《中国日报》记者杜娟表示，2016年的“部长通道”从形式到内容都有很大改变，部长们回答问题坦率真诚，有的还展现出幽默的一面。提问不设禁区，对敏感问题不回避。“我想这也是供给侧改革的体现。”

从“被拉被堵”，到主动向前；从只言片语，到反复沟通。百米“部长通道”上中国政府部门“掌门人”的变化，向外界充分展示了一个更加开放自信的中国。

“干货”问答：推动公众与政府良性互动

“部长！网上流传的延迟退休时间表究竟是不是真的？”

“农民进城了，农村怎么办？”

“一线城市房价暴涨，住建部怎么看？”

……

“火药味”十足的问题，是2016年“部长通道”最鲜明的亮点之一。记者粗略估计，各部委“一把手”们2016年在“部长通道”回答了记者轮番抛出的近百个问题，几乎个个切中中国经济发展和民生要害。

“我从2008年开始连续参加两会报道，2016年是‘料’给得最多的一年。”香港凤凰卫视记者陈琳如此感慨。

问不避讳，答不避难。在“部长通道”上，国家安监总局局长杨焕宁回应了深圳滑坡事故调查情况；国家税务总局局长王军回应了营改增进展计划；住建部部长陈政高回应了北上广深房价暴涨问题……

“‘部长通道’已经成为部委回应民生关切的重要‘发声地’。”中国传媒大学新闻传播学部教授杨凤娇认为，部委“一把手”从被动回应采访到主动发声，把重要的问题拿到台面上公开讨论，体现出他们对媒体重视程度不断增强，与公众沟通的意识不断增强。

部长和记者“零距离”交流，是一种公众与政府部门的良性互动，有助于提升政府的公信力，让人们对更加开放自信的中国充满了信心。

资料来源：新华社记者刘东凯、韩洁、罗沙报道，李汶羲、荣启涵参与采写，《人民日报》，2016年3月17日，第6版，内容有删节

第二节 公益性原则

策划公共关系活动，特别要体现出公共关系本身所应具有的公益性色彩，因为公共关系活动是组织针对社会公众所进行的沟通活动，不是功利性的促销活动，不是放长线钓大鱼的陷阱行为，而是真诚地寻求组织与公众的相互沟通，以实现不断的了解与理解。因此，组织应立足于主动展示自身、积极告知公众的角度，谋求与公众的进一步了解，让公众逐步地认识与感知组织，双方最终实现直接的沟通。要实现这一目的，需要做到以下几点。

一、关注社会公益

每一个组织都是组成社会机体的一个细胞，组织的行为具有一定的社会意义。组织应该清醒地认识到，合法经营、环保生产、关注社会发展与关注自身的经营具有同样重要的意义。组织应该主动地通过策划一些活动让全社会看到：组织是一个具有社会责任意识的社会单位，愿意主动承担必要的社会义务。同时，组织还可以发起一些有社会进步意义的活动，唤起社会公众的加入或合作，拉近与目标公众的距离，实现组织构建良好生存环境的公共关系目标。因此，在策划公共关系活动时，组织可以从这两方面入手，寻求组织与公众的认同点。如果组织策划的活动脱离了这个基点，那么，其所策划的活动就不是公共关系的活动了。

二、注重长远性

为实现上述目的，组织需要确立长远的经营意识，在策划公共关系活动时，要摈弃追求短期效应的眼光，从组织的长远利益回报着手。在策划活动时，组织首先考虑的不是立

即实现产品的销售额，不是马上获得公众的好感，而是扎扎实实地做些实事，真正能够为目标公众解决实际问题，以踏踏实实的行为让目标公众感受到组织的关心与帮助。这种“润物细无声”的手法，会随着时间一点点地体现出效果，组织的良好声誉才能在公众心中扎下根来。例如，有些企业在落后地区帮助百姓打井，坚持5~10年，帮助改变当地落后的生产发展条件，最终，企业的品牌就逐渐在当地深入人心。

三、唤起社会性组织合作

组织在策划公共关系活动时，为引起更多社会公众的关注，扩大影响，增强社会公信力，就需要发挥社会上一些公益性组织或群众组织的作用，与它们真诚合作，使策划活动产生更大的影响力，这也是策划公共关系活动时，需要讲究的操作技巧。既然组织的社会公益活动具有广泛的传播意义，开展的活动又往往关注社会公益事业，因而，组织在策划一些公共关系活动时，借助于社会的公益性组织或者其他社会团体一起开展该活动就顺理成章，由此也能真正体现组织的社会责任意识与活动的公益性色彩。

四、主动奉献资财

组织策划公共关系活动时，在很多情况下，为表明策划的公益性活动是一种真诚的付出，往往要求组织不仅要开展一些有助于社会文明风尚的传播、精神文明建设的大型宣传活动，还需要能够真正通过奉献资财，投入一定的人力、物力和财力，展示组织诚信的真心态度，如救助社会孤弱、增设环保设施、提供公益服务以及设立一定公益事业的基金等，只有真心付出，才能逐渐获得公众的内心认同。因此，策划公共关系活动时，要将主动奉献资财作为原则考虑进来。

职场案例观摩

履行社会责任，关注公共关系

106家央企，已有47家进入世界500强。经营业绩做大做强的央企，履行社会责任的状况如何？让更多人分享企业发展成果，央企又将从何着力？日前记者进行了采访。

截至2015年年底，所有央企都定期发布了社会责任报告。中国社会科学院发布的报告显示，央企社会责任发展指数持续增长，显著领先于其他企业。这让长期推动央企社会责任工作的国务院国资委副秘书长彭华岗深有感触，“10年前，国资委刚刚在央企全面推行社会责任时，只有4家央企发布年度社会责任报告，内容也限于公益慈善等几项”。

今天，央企履行社会责任的触角不断延伸，社会责任的内涵日益丰富。

企业是从事生产经营的经济主体，社会责任首先体现在企业于日常运营中与社会环境和谐相处、释放正能量。“诚信央企、平安央企、绿色央企”成为央企社会责任建设的基本内容。2015年，央企在利润下降的背景下，上交国家财政收入同比增长4.7%。“十二五”期间，央企万元产值综合能耗、二氧化硫排放量及化学需氧量排放量连年下降，降幅超过全国平均水平。央企安全生产状况不断提升，其中神华集团作为全球最大的煤炭企业，原煤生产百万吨死亡率从2005年的0.02下降为2015年的0.004，达到世界先进水平。

央企在维护国家经济安全、实现国家战略等方面更是主动作为，成为中国经济社会发展的“稳定器”。2011年利比亚撤侨，国航、东航、南航无偿组织包机，迅速投入撤离工作。汶川地震、玉树地震，央企第一时间奔赴抗灾一线，抢修电网、通信、交通设施，以最快速度打通“生命通道”。央企成为“中国创造”的核心力量。神九飞天、蛟龙下海、高铁奔驰……历年国家科技进步特等奖及绝大部分的国家技术发明一等奖均由央企获得。

更重要的是，央企履行社会责任的制度建立起来。2008年，国务院国资委发布了《关于央企履行社会责任的指导意见》，要求所有央企建立和完善履行社会责任的体制机制，做“依法经营、诚实守信的表率，节约资源、保护环境的表率，以人为本、创建和谐企业的表率，努力成为国家经济的栋梁和全社会企业的榜样”。同时，央企履责方面的表现纳入企业负责人经营业绩考核。制度的完善，使履行社会责任成为每个央企的分内之事。

社会责任不是负担，履行责任是多赢之举。“10年间，最大的变化还是企业社会责任理念的变化。”国资委研究局副局长侯洁这样认为。央企社会责任建设刚起步时，有人以为“社会责任就是多搞搞慈善、多捐款”，有人担心“搞社会责任会加重企业负担”。

“社会责任不完全等同于做慈善。”侯洁说。公益慈善是社会责任的重要组成，央企对此领域一直在投入，长年主动参与扶贫助教、慈善捐助，90多家央企定点帮扶着189个国家扶贫工作重点县。不过，央企运营的是国有资产，从事公益慈善，特别是直接对外捐赠，少了易被指责“没责任感”，多了容易引来“花国家的钱不心疼”的议论。为此，国资委专门出台相关规范性意见，明确了央企参与公益慈善要“统筹兼顾、专业科学”。统筹兼顾是指央企参与“救急难”等公益慈善事业，应在实现国有资产保值增值、提供优质产品和服务的基础上，合理确定公益慈善的内容和规模。专业科学强调央企合理选择慈善领域、项目和形式，鼓励央企设立慈善组织。目前央企已出资设立了10家非公募基金会。

要完善社会责任沟通机制，“既要做好，也要说好”。国资委提出，央企要建立社会责任信息交流平台，广泛利用微博、微信等新兴媒体，加强日常社会责任信息披露，传播企业社会责任理念、实践和成效，争取最大程度的认同。“更加强调社会责任，也是企业发展到高级阶段的标志。”侯洁说。

【延伸阅读】

国家电网公司发布的企业社会责任根植项目，有不少已经初见成效。例如，南京地区钓鱼爱好者众多，经常发生甩钓鱼竿碰上高压电线致人伤亡的事件，2013~2014年共发生29起，致25人死亡。国家电网南京供电公司的工作人员把钓鱼爱好者、渔具店、沿线企业、鱼农蟹农、巡线工等分片聚集到一起，在微信群里分享防范常识，相互提醒。2015年，再没发生过一起此类事故。

——国家电网公司新闻发言人王延芳

中国五矿集团公司有超过40%的资产在海外，在秘鲁的拉斯邦巴斯铜矿项目，给当地创造了大量就业岗位，为当地搬迁的居民建了现代化社区，大大改善了社区条件。社区里有3

个学校，1所医院，还修了教堂、赛马场和斗牛场，并提供技能培训，为每户人家至少提供1个就业岗位。

——五矿集团公司董事会秘书周巍

中国移动努力寻找自身业务专长和社会发展议题的最佳结合点，提出解决方案。例如，在贵州等省与卫生部门合作搭建新农合信息系统，借助覆盖至边远山村的移动通信网络，让农民在村卫生室就能直接实时获得国家新农合医疗补贴，实现小病不出村。农民可以省去到上级医院申请报销的路费和时间，国家惠农资金也可以得到全程、透明监管。

——中国移动发展战略部企业策划处副经理文雪莲

资料来源：记者蒋雪婕、黄超整理，人民网，2016年4月5日，内容有删节，题目为著者加

第三节　公众性原则

一、针对目标公众

在策划公共关系活动时，组织必须要把公共关系对象——公众作为最主要的内容考虑，始终围绕目标公众来展开活动。组织在进行公关策划前要开展大量、深入的调查研究，从中区分出目标公众、潜目标公众及非公众，一旦确定目标公众，就要对公众的情况予以最大限度的了解，分析目标公众的组成人群、分布情况、生活习惯、收入状况、媒体接触情况、心态等，以便策划活动时对症下药，如果组织的前期调查做得粗糙，对公众情况不甚了解，那么，接下来的策划就可能偏离真正的目标公众，策划活动的针对性就不存在，公共关系活动的效果就一定会打折。

二、体现实惠性

当一个组织针对目标公众开展活动时，首先必须要考虑公众的实际利益，否则公共关系活动的效果就无从谈起。正如毛泽东同志在赣南闽西根据地谈到如何做好群众工作时说到的："总之，一切群众的实际生活问题，都是我们应当注意的问题。假如我们对这些问题注意了，解决了，满足了群众的需要，我们就真正成了群众生活的组织者，群众就会真正围绕在我们的周围，热烈地拥护我们。"[①]毋庸置疑，公众是一个具有利益诉求的群体（有时也是个体），他们十分看重组织的利益投入，期望组织的公共关系活动能够切实解决他们的实际问题；同时他们又是一个可以对组织说"不"的权威性群体——组织对公众的虚情假意、功利性行为，也会被公众一眼识破。因此，组织要通过活动让目标公众认识组织、了解组织、接纳组织，就需要通过实际的行动让公众愿意走近组织、接触组织，否则，公众会对组织的各种表现熟视无睹。组织通过公关调查了解公众的情况，进而选择恰当而有

① 毛泽东：《关心群众生活，注意工作方法》，载《毛泽东选集》（一卷本），人民出版社，1964年，第123页。

效的方式让公众获得实惠、见到实际利益，以坦诚的态度赢得公众的好感与信任，这样公关策划才会有效果。

三、利用大众传播媒介

现代社会，组织面对的目标公众早已不再局限于一个社区、一个城市或一个地区了，在经济全球化、市场国际化的大环境下，组织的目标公众可能辐射到许许多多靠人力难以涉及的区域，仅仅依靠人际语言沟通的方式已经不可能完成组织的目标了，组织必须要动用大众传播媒介来较高效率地影响更大区域的公众。这时，组织针对目标公众的特点，利用大众传播媒介，开展沟通活动显得尤为重要。詹姆斯·格鲁尼格认为，公共关系就是传播管理①，从公众性的原则上来说，这样的结论是有一定道理的。一个组织要影响公众，就要考虑怎样针对公众进行传播、通过什么方式传播到位，这在公关策划时需要认真考虑。

四、产生营销效益

对于每一个组织来说，在策划公共关系活动时，都在考虑营销效应。所谓营销效应并非只有企业才有，任何组织都存在着投入与产出的考虑，它指的是一个活动的成功开展对组织今后主要工作所产生的带动作用，如公共关系活动的巨大成功，会使政府某项工作顺利贯彻、事业单位被服务对象的认可度提升、企业产品受到更多消费者追捧等。公共关系活动对公众的辐射性影响，必然会带来今后公众对组织态度的转变、对组织工作的支持。可以说，成功的公共关系活动不会直接让组织赚钱，但绝不会使组织赔钱，而不做公共关系工作或失败的公共关系工作，则一定会让组织赔钱。因此，策划成功的公共关系活动一定有利于组织今后的生存与发展，尤其是对当前和今后一段时间的工作有积极的推动作用，这是毋庸置疑的。

职场案例观摩

浙江公益组织邀200名环卫工人吃年夜饭

“年夜饭”现场

2016年2月1日，冰天雪地，寒气袭人，但富阳“太阳城堡”大酒店人声鼎沸，热闹非凡，富阳三家公益组织邀请环卫工人公益年夜饭在此举行。

为了表达对环卫工人的敬意和关爱，让他们感受富阳人民一家亲的温暖。“富阳在线公益”“富阳正步公益”“富阳滴水公益”一起携手合作，共邀200名环卫工人开开心心地吃顿爱心年夜饭，为他们提前过一个温暖的春节。

---

① 参见詹姆斯·格鲁尼格等：《卓越公共关系与传播管理》，卫五名等译，北京大学出版社，2008年，第4页。

中午 10 点，身着橘黄色工作服的环卫工人陆续到来，“富阳滴水公益”的义工们热情地将他们迎接到大堂内，安排他们坐下。一会儿，一道道佳肴摆满了桌子，璀璨的灯光、热气腾腾的菜肴、橘黄色的环卫服相互辉映，到处洋溢着浓浓的喜庆气氛。

朴实的环卫工人脸上写满了幸福的笑意，他们相互祝福、相互碰杯，你为我添酒，我为你夹菜，场面温馨又热闹。环卫工人刘师傅说：“快过年了，大家能这样齐聚一堂吃一顿年夜饭，真是开心。”外面天寒地冻，但大堂内却十分温暖，热气腾腾的年夜饭和环卫工人的欢声笑语交织在一起，其乐融融……

据晚会的策划人李效强介绍，2015 年是第一次举办“富阳环卫工人年夜饭”，有 100 名环卫工人参加，2016 年参加的人数是 200 人。他说：“争取以后每年都有这顿给我们城市清洁‘天使们’送上的年夜饭，并每年都能在参与者的人数上有所增加。让我们能为他们献上一点爱心，也是对他们的感谢。”

现场，各爱心单位还邀请了演艺人士为环卫工人做了精彩的义演；邀请书法家为环卫工人书写春联和“福”字；中脉道和系统全球开发总裁章小军还为每位环卫工人派发了 100 元红包。餐后，爱心单位还为每位环卫工人送上了礼品，祝愿他们过一个欢乐祥和的新年。

资料来源：记者钱旭群、王群华报道，《钱江晚报》，2016 年 2 月 5 日

第四节　严密性原则

香港回归：香港政权交接仪式背后的较量

一、高度组织性

策划公共关系活动，应该清醒地认识到，活动的实施是一项非常严谨的工作，出不得一点差错，否则效果适得其反。因为经过策划而实施的重要活动，往往会在大庭广众或大众传播媒介上展示，如果组织工作有明显的漏洞，那么，会立即在大范围中传播，对组织造成的负面影响是难以挽回的。因此，在策划公共关系活动时，要高度重视活动的实施，成立相应的领导班子，落实活动经费，培训活动的实施人员，进行必要的排演，筹划需要协调各方面关系的工作，整个活动的各个环节均需要仔细考虑，尤其对一些看似细节又十分重要的工作，更不可有丝毫的马虎，否则均可能成为活动失败的诱因。

二、高度正确率

如上所说，在策划较大型的、重要的公共关系活动时，必须保证活动内容的正确、活动步骤的准确、活动进程的精确，不可有重大的瑕疵或疏忽，否则后果不堪设想。在保证正确率、准确率、精确率的同时，应该事先做到全部掌握基本数据并经过认真核对，各方面情况的全部准确以及掌握变化范围，相关人员的落实以及对职责的明确；在进行演练时，对时间的精准掌控和突发事件的应对；等等。因而，策划公共关系活动必须进行极为精细的安排，绝不可粗线条。古人所说“失之毫厘，谬以千里”，在军事上要求如此，在策划大型公共关

系活动时，也是如此。

三、周密计划性

为保证公共关系活动能够顺利进行，在策划活动时必须进行周密的计划。既要考虑前期工作的预热，又要铺设活动高潮的伏笔，既要掌握活动的整体节奏，又要安排活动收尾的持久印象，同时更要考虑每一阶段活动的细节设计，策划工作的难度与艰辛也就在此。没有周密的活动安排，要实现活动的成功，几乎是一句空话。公关策划常被人称为公关计划，因为这一工作本身就是对活动的计划，不论活动创意多么精彩、设计多么绝妙，但如果各项工作考虑不周，发生程序错乱，甚至意外，那么，活动的结果将是所有人都不愿看到的。

四、及时应变性

在策划整体公共关系活动时，必须要预想各种可能事件的突然发生，这样的考虑越充分，对意外事件的应对就越及时。实际上，任何精心策划的活动几乎都会与实际的实施有一些不同，计划赶不上变化是非常正常的，重要的是必须要事先有所预防，有预案准备，这也是公关策划的内容之一。将策划活动与实际实施的差异考虑纳入策划的工作之中，对有效而及时地应对突发事件有重要意义，这个原则也必须遵守。

职场案例观摩

九三阅兵："蓝天国旗班"展国威军威

盛大的阅兵分列式拉开序幕。

与新中国历次阅兵不同的是，护旗方队首先在空中亮相！

螺旋桨叶搅动气流，发出巨大声响。3 架直升机组成的楔形编队向天安门飞来。领队机由总参陆航部副部长陶炳兰驾驶，机身下悬挂着 9 米×6 米的巨幅国旗。其后是一个同样的 3 机编队，编队长机下方悬挂的是一面 7.5 米×6 米的军旗。

国旗，军旗。国威！军威！

以这种形式展示国旗、军旗，让人耳目一新，也表达了中华民族的腾飞愿景、中国军队的强军梦想。

在国旗、军旗编队之后，是 2 个护旗编队。前队由 20 架直升机组成，后队由 7 架初教-6 飞机组成。当梯队经过天安门上空时，初教-6 编队在天空画出 7 道如虹的彩练。

直升机与固定翼飞机编成一个梯队，其协同飞行速度要求控制在 160~180 千米/小时。以如此高的速度挂旗飞行，难度很大。

专家介绍，由于飞行速度快、旗帜面积大，阻力会大幅增加，“鞭梢效应”极强，局部会产生激波，这对旗帜的抗损设计提出极高要求。阅兵飞行训练之初，旗帜尾端 10 分钟后就开始破损。后来，经过有关部门联合攻关，形成了全新的设计方案，达到了飞行2小时旗帜不破损的要求。

值得一提的是，他们驾驶的初教-6飞机是此次阅兵中最老的装备。它是我国自主研制的第一代初级教练机，1962年定型列装，服役至今已有53年，我军现役所有航天员和飞行员的“飞天第一步”都由它而始。它为我军航空事业立下了汗马功劳，故而被誉为“功勋机”“摇篮机”。

“功勋机”“摇篮机”，也是“老爷机”。因为飞机缺乏先进的定位设备，想要飞出训练大纲中没有的七机密集编队，并始终保持飞机间隔、距离均为15米不变，又谈何容易？

长机飞行员孙玉志说，保持队形他们有两样“法宝”：一样是画在飞机不同位置的标线，通过这些标线的相对位置飞行员可以判断飞机的间隔、距离和高度差；另一样就是飞行员的感觉。初教-6飞机机身较轻，很容易受到气流影响。阅兵训练中几次遇到极不稳定的较强气流，飞行员们就是靠自身感觉和彼此间的默契，始终保持着5分的训练成绩。

缘何能有如此的感觉与默契？原来，参阅队员都来自空军三支飞行表演队之一的“天之翼”飞行表演队。在平时的飞行训练中，他们早已练就了过硬的飞行技术、过人的心理素质和极强的协作意识。

“天之翼”有一个表演动作叫“九机阿波罗队”，9架初教-6飞机组成酷似航天飞机“阿波罗号”的队形，飞行高度只有120米，飞机之间的间隔、距离都只有5米，高度差只有1米到1.5米，难度相当大。“能拿下这样的魔鬼编队，飞好受阅队形，我们信心满满。”孙玉志说。

资料来源：记者李开强、刘一伟报道，通讯员马彦军，《解放军报》，2015年9月4日，第14版，内容有删节，题目为著者加

研究与演练

一、理论研究

1．公关策划的原则与公共关系学的价值追求有怎样的内在联系？

2．为什么说公关策划原则对于组织公共关系目标的实现具有极为重要的意义？

二、实践演练

1．分析本章四个案例，从中体悟公关策划原则的应用。

2．在校内策划一次公共关系宣传活动，如学雷锋活动或教师节纪念活动，试着在公关策划原则指导下进行。

第三章　公关策划思维

第一节　培养策划思维能力

一、策划思维概述

（一）思维

思维是人类大脑的基本功能，即人对所接触的信息进行了解、认知、领悟、反馈的能力。人的思维能力与一个人的年龄、经历、学习过程、领悟能力等有密切的联系，导致人的思维具有多样性和差异性。具体分析，影响人思维的因素有很多方面，主要包括以下几点。

1．年龄

一般来说，年龄偏小，思维能力相对较弱；随着年龄的增大，人的理解力会显著增强，对信息的接受效果相对要好，但是，人发展到成人阶段，思维能力的差异度降低，其他因素的影响力增大。

2．知识

按照常规，知识掌握得越多，思维能力越强；知识欠缺，思维能力较弱。然而，不同的知识基础对人的思维有明显的影响，如工科知识基础的人擅长逻辑思维，理科知识基础的人擅长推理思维，文科知识基础的人更善于形象思维。

3．经验

大部分情况下，经验丰富的人的思维能力会比经验缺乏的人更强，但有时，经验也会成为思维的羁绊，堵塞思维的通道，使思维难以走出经验主义的圈子。

4．性别

不同性别的人在思维上有明显的差异，这在大量的科学实验中已得到证实，如男性思维擅长理性推断，女性思维则更偏重于感性判断等。

除此之外，还有一些其他因素也会对思维产生或多或少的影响，如地域、民族、心理、观念等。

（二）策划思维

策划思维是思维的特殊类型，是指为某一目的、针对所接触到的信息进行重新的组织与安排。因此，策划思维过程被认为是创意。

策划思维可能存在于任何人、任何场合或任何时间，大到对政治、经济、文化、军事等重大决策或问题的策划，小到对生活中处理人际关系或婚嫁节庆的策划等。但是，策划思维往往不是每个人都具备的，一般来说，团队领导人、事件的当事人较其他人具有更强的策划思维意识与能力，会在某一时刻、为某一问题使用策划思维。

策划思维与某些人耍小聪明、玩花招有着本质的区别。策划思维具有如下几方面的特点。

1. 主动性

有策划思维的人一般是主动运用聪明才智对某一事件进行设计，期望通过一定的有意安排推动事件向期望的目标发展。策划思维的主动性使现实的世界具有了更多戏剧性或巧合，也增加了处理问题的难度。

2. 设计性

策划思维表现为预先的设计或安排，策划者会根据现有的物质条件及人员，精心设计事件的轨迹，以达到策划者想要的结果。因而，众人往往在事后才清楚事情的原委。大部分当事人在事情的发展过程中充当着被策划者。

3. 完整性

有策划思维的人在考虑问题时，往往会周密考虑事情发展的前后过程，关注连贯性和完整性，整个事情的发展具有严密的组织与安排，每一个环节都具有特定的意义，最后的效果或令人意想不到或正如所愿。

4. 组织性

当策划思维运用于某一人或事件中时，总是表现出对一定人、财、物的组织与调动，需要事先安排好各方面的情况，以保证一切如期发生或运行。所以有策划思维的人，具有极强的组织力，善于排兵布阵，纵横捭阖。过去政治上的策划者称为智囊、谋士，军事上的策划者称为军师、参谋，经济、文化上的策划者称为设计者等。

（三）策划思维的本质

思维是人脑的有意识的反应，人类积极的思维会推动社会认识自然、改造世界。策划思维是人脑能动反应的过程，因此，策划思维从本质上说，是人脑对现实社会所进行的积极思考，是对物质世界所进行的能动反应。策划思维的进行，增加了现实社会的生动性、复杂性甚至戏剧性，体现了人类的智慧与才能。有必要提醒的是，在运用策划思维时，要遵守道德的基本规范与职业操守，为推动社会的文明进步做出贡献，而不能迎合低俗，主动媚俗，自甘庸俗。

二、策划思维能力的培养

（一）策划思维能力

具备策划思维，是一种重要的能力。策划思维能力可以细分为以下几种能力。

1. 创新能力

拥有策划思维，经常表现为大胆的求异、求新，与众不同，其想法令人耳目一新。这里的创新指的是新颖的想法、新奇的点子、崭新的理念、新鲜的表现形式等。因此，创新是策划思维最主要的表现。无论是重要的政治、军事或经济的决策，还是生活中的大小事情的设计安排，拥有策划思维能力，突出的表现是具有与众不同的想法及做法，这是策划思维最主要的能力。

2. 变通能力

策划思维还表现为较强的变通能力，即利用现有条件，将事情的可能性变成现实性，在众人意料之外，实则又在意料之中，产生策划者期望的结果。有策划思维的人往往善于观察、勤于钻研，能够有效地发挥现有的一些人、财、物条件，制造出戏剧性效果。

3. 想象能力

几乎每个人都有想象力，但很多人随着年龄的增大，想象力却一点点消失，变得因循守旧，拒绝创新或尝试，而且很多人不再有勇气将想象力放到生活之中，羞于展示自己的童趣或真实。而具有策划思维能力的人则可能一生都保留着他们的想象力，会时时大胆地将之运用或体现在现实生活中。想象力是一种弥补生活中的缺憾、使现实看似更加完美的表现能力，几乎每一个有策划思维的人都具有丰富的想象力。

4. 衍生能力

衍生能力是指善于由此事物演变到彼事物中去，或由此事物推进、延伸至新的状态的过程。衍生能力既是创新又不是创新，既是变通又不完全是变通，同时策划衍生还需要一点想象力，并结合现实对原事物状态进行合理推演。因而，策划思维能力也表现为某些特殊事物的活化演义，把现实中看似陈年腐朽的东西变得具有鲜活的价值。

策划思维能力表现出多方面的特殊性，这里只是汲取其中最主要的内容，现实中还可以发现其表现在其他方面的能力，在此不一一列举。

（二）培养策划思维能力的要求

策划思维能力是可以培养的。一个人要培养策划思维能力，需要具备必要的素质或能力。

1. 记忆库建立

建立丰富内容的存储记忆是获得策划思维的基本条件。策划思维不是空穴来风，需要策划者对物质世界有丰富的感受，需要有充分的思维素材，否则巧妇难为无米之炊，策划思维只会逐渐枯竭。因此，拥有策划思维，自身必须建立起记忆库式的知识积累，这样的记忆库越大，策划思维的灵活性就越活跃，策划者就越能胜任重大的策划任务。

2. “倒行逆施”的习惯

培养策划思维能力也与是否养成良好的思维习惯有极大关系。具有因循守旧的思维习惯的人是不可能具备策划思维能力的。培养策划思维应该养成独特的思维习惯：面对事物要善于从另一角度考虑，主动进行逆向思维，细心分析事物发展轨迹，独辟蹊径，由此获得不一样的效果。一般来说，思维习惯对策划思维能力的培养有重要影响，反其道而思之常会激发策划灵感，获得新的策划思路。

3. 判断与批判力

判断与批判力是培养策划思维能力的重要素质。面对一个人或一件事，如何判断或对之做出基本的评判，对人的策划思维有很大影响。如果无法对人或事做出判断或判断不准，势必影响自己的思维，人云亦云，因而无法跳出来对之予以策划；如果不能对之以批判的态度去审视，则思维就会被对方所牵制或“俘虏”，更无法以重新整合的力度进行策划。因此，培养策划思维能力，要善于对人与事做出判断或评判，不随便臣服于权威之下，思维要宽广和高远。

4. 放大与缩小眼光

培养策划思维能力，要具有善于放大细节、缩小事物的眼光。在思维上放大细节，即能够对人与事的细微处留心，将之捕捉并认真对待，需要时，将之凸显出来，引起众人的关注，这种放大效应是策划思维经常采用的手法；在思维上缩小事物，即善于将重要人物或重大事件放在宏大的历史背景下看待，以高视角点将之审视为一个小沙粒，从中看出其应有的作用或意义，为更多的人以宏观的角度去领悟其价值提供视角，这种思维视角是一个有策划思维能力的人应具有的重要素质。

第二节　克服策划思维障碍

一、人类认知的局限性

（一）认知

认知是人对外界物质世界的了解与认识。人类进步就是对外部世界不断认识的过程，认知体现出人对外部世界的一种看法或价值取向，也反映出人在特定时期或社会环境中的认识水平。人类对物质世界的认识受各种条件的局限，也受到特定时期社会价值观及其他社会因素的影响。因此，人对物质世界的认知具有局限性。这一局限性表现在以下几个方面。

1. 一知半解

在很多情况下，人对外部世界的认识是不全面的，正如“盲人摸象”一样，对待同一事物，不同的人有不同的看法。在有些情况下，人们明知认识不全面也不愿意改变自己的看法。

2. 教条主义

在面对现实问题时，有的人依据信奉的信条或听凭脑中已形成的对问题的固定看法，予以解释或寻求论证，如果认知与实际情况一致，则沾沾自喜，进一步固化对某问题的看法；如果解释不通，则往往从否定的角度去排斥。有教条主义思维的人，一般只愿意在书本中找寻依据。

3. 经验主义

对外界事物的看法凭经验判断，见过的或者说已有经验可以解释的，则接受之；如果以前没有见过或经验中没有的，则拒绝之。经验主义者往往是拒绝接受新事物者，面对快速发展的世界，自我封闭，不思进取。

4. 想当然

社会上有一种人对于陌生的事物，不去学习和了解，仅凭想当然去应付，不懂装懂，自以为是，带来的结果自然是南辕北辙，不断碰壁。

（二）认知影响思维

认知的局限性影响正确的思维，因为思维来源于对物质世界的感知。对于一知半解的认知，思维的内容也是零碎和不完整的，以之得出的结论自然是偏颇的；对于教条主义的认知，思维会被桎梏，无法突破一些条条框框的限制，结果肯定是人云亦云；对于经验主义的认识，思维是狭隘的、封闭的，难以有突破性的认识；而对于不懂装懂的想当然认知，思维更是混乱的、随意的，无法形成具有逻辑性的条理内容。

（三）思维的局限

认知的局限会对思维产生影响，使思维形成自身并不知晓的局限性，由此对策划思维产生障碍。

1. 思维的偏狭

看待问题片面、不能全面地考虑问题，依据一些表面现象或蛛丝马迹就对问题做出结论，导致看待问题的不全面。

2. 思维的固化

对问题的看法总用一种模式去套，故步自封，不善变通，纵使其他人看法正确，也不会接受或改变。

3. 思维的二选一

看待问题只在是与非、黑与白、好与坏之间选择，不会考虑第三种情况的出现或存在，将问题简单化、生硬化。

4. 思维的自我性

总认为自己的看法是正确的，从不认为自己有问题，永远为自己的看法寻找理由或辩词，对他人的意见总是一概排斥。

以上思维的局限是策划思维的障碍，要培养策划思维，首先要摒弃这些思维局限。

二、策划思维障碍的克服

在现实生活中，有三种情况最容易形成策划思维的障碍。

（一）心理定式

在现实中，很多人受到心理定式的影响，这是策划思维的一大障碍。

1. 心理定式的形成

心理定式是人对外界情况的反应以一种固化的思维模式来表现，或以一种习惯性的心理准备状态来对待，导致对事物判断的错误。心理定式是认知习惯与长期心理固定反应造成的结果。心理定式形成的原因包括以下几点。

1）后天学习

心理定式具有明显的地域性，大部分人首先是被他人影响而形成的。例如，一个落后地区的放羊娃被告知长大后要做的就是娶媳妇，然后生娃，然后让娃放羊。又如，旧时代的农村少女被告知其主要的事情就是在家绣花、纳鞋底，男青年的工作就是下地劳作或当兵。

2）经验养成

经验教训容易促成心理定式，在长期的生活或工作经历中易于使人形成一些固有的心理反应。例如，某人夜行遭人抢劫，从此就认为，夜行都有可能遭劫，黑夜中一看到男人，必当成劫匪。

3）社会习俗

在某一国家或社会区域会形成普遍认可的一种心理定式，造成社会刻板印象。例如，职场上女性能力不能超过男性，否则就被视为女强人或女汉子；结婚时男方必然比女方付出更多金钱或彩礼，否则就被认为没有面子；等等。

4）行为习惯

一些平时养成的行为反应习惯，也会导致心理定式。例如，看到穿西服的人就认为有修养、很绅士，认为穿着随便的人不会是单位的领导等。

2. 心理定式的类型

根据心理定式的形成原因，可以将生活中的一些心理定式分为如下一些类型。

1）单项反应式

心理定式容易使人形成单向反应，很难做其他的变通，即有 A 就会有 B。例如，一个人拿着菜篮子出门，别人就会自然地认为这个人是去买菜；一个人开着豪华车，人们就会认为这个人很有钱。由这种心理定式形成的看法，被视为错觉。

2）条件反射式

心理定式也常表现为条件反射，即见 A 必然认为会有 B。例如，认为某东西要涨价，必然会抢购；教师夹着一摞纸进教室，学生就认为要考试；等等。这样的心理定式常会出现令人想当然的应激反应，造成不恰当的慌张或心理预期。

3）约定俗成式

一些心理定式与当地的乡俗结合，变成了约定俗成的东西，即只要 A 就会带来 B。例如，宴请客人，必然要喝酒，亦即“无酒不成宴”；代表家庭出面的一定是男人，否则就说明这个家庭有问题；等等。

4）简单推理式

在生活当中心理定式表现为简单的推理，即先 A 必然后 B。例如，一个主要领导会认为，大部分情况下打来的电话是下属或是求其办事的；深夜敲门往往不会有好事；等等。

3. 克服心理定式思维

要培养策划思维，必须要克服心理定式。

1）要冲破心理定式思维的束缚

如上所述，心理定式束缚了思维的空间，使思维变得呆板、愚钝，压抑人的主观能动性，压服、约束了人的想象力，过分简单化了现实世界。

2）要改变心理定式的思维习惯

心理定式的思维习惯会产生很大的惰性，使人不思进取，对外界的变化麻木不仁，无动于衷，无法跟上时代前进的步伐，也难以正确应对复杂的现实情况，最后只能被时代淘汰。

3）要摆脱旧习俗中的心理定式

长期以来形成的陈规陋习，深刻地影响着人们的思维，使之内化为心理定式，对社会进步与文明进程形成一种思维障碍，甚至陋习。要摆脱这种心理定式，需要很大的勇气，也有一定难度。因为这要与其他人的心理定式相冲突，要花很大力气协调与其他人在思维上的矛盾。

作为公关策划人员，只有克服心理定式，才能为策划思维解套松绑，给策划思维创造广阔的空间，也才能积极而正确地应对现实中的各种问题，更好地实现组织的目标。

（二）偏见

偏见是一种因事先对事物的错误认识而形成的不正确的看法，也是策划思维的一大障碍。

1. 偏见的形成

1）他人看法的先期介入

一个人出生后，随着年龄的增加逐渐成为社会人，会越来越多地接受社会上各种各样的看法和认识，其对外界的了解及其形成的观点均受到他人看法的影响。这些看法在进入人的思维后，容易干扰人对事物完全自然或自主的认识，导致人对事物产生不正确的视角或影响人做出正确的判断，这就是人们常说的“先入为主”。先入为主是造成人的偏见的重要来源。一个人大部分情况下不可能有足够的时间或条件对外界事物进行全面的观察和了解，因此，他人的观点常常成为一个人对某事评价的重要依据。如果这一看法又从其他渠道获得印证，则会强化这一看法，或由此固化这一看法。“三人成虎”正是这样形成的。

2）个别经验的普及化

一个人形成对外界事物的看法既依据于自身的亲身体验，同时更多地依赖于他人的经验分享，愿意接纳并将之作为自身看法的重要依据。在学习他人经验的时候，常有积极与消极经验之分。与积极的经验相比，人更敏感于消极的经验（即教训），并将之普及化，这就是我们常说的以偏概全。人对他人经验的盲目接受，会影响对事物的正确认识。例如，一个人在某地被当街抢劫，他会由此得出结论——这个地方的社会治安很差，盗贼横行。当他把这个体会告知没有去过该地的人时，几乎很少有人反对这个结论，大家都会十分认可这个看法。“好事不出门，恶事传千里”，就有点以偏概全的味道。

3）心理预期的选择

正如李普曼在《公众舆论》中所指出的：“多数情况下，我们并不是先理解后定义，而是先定义后理解。置身于庞杂喧闹的外部世界，我们一眼就能认出早已为我们定义好的文化，而我们也倾向于按照我们的文化所给定的、我们所熟悉的方式去理解。”[①]人对外界世界会深受先前经验的影响，以一种心理预期面对外部世界，在绝大部分情况下，人会选择与自身心理预期一致的看法或结果，同时主观地将与自己看法或心理预期相左的看法排斥或忽略掉。这正是偏见的来源。例如，在看一部电视剧时，留下深刻印象的内容一定是与该观众内心期待或价值观一致的内容，如果没有获得预期的看法印证，而是恰好相反，就会招致其排斥或抨击。

4）自我利益的维护

人的偏见与自我利益有密切关系，几乎所有人看待问题都是从自我角度出发的，是代表自己的利益群体来阐述问题的，因而看待问题不易做到客观、公正。正如李普曼认为的，“我们对事实的认识取决于我们所处的地位和我们的观察习惯”[②]。很多情况下，为了维护自身利益，人会完全忽略这些证据或降低不利于自身证据的重要性，而去关注或夸大对自身有利的事实及重要性。这时，偏见表现得十分顽固，难以改变。

2. 偏见的类型

根据偏见的形成，可以将偏见划分为如下几种类型。

1）文化偏见

这种偏见十分普遍。绝大部分情况下，身在其中的人对自身文化早已习以为常，对文

---

① 沃尔特·李普曼：《公众舆论》，阎克文、江红译，上海世纪出版集团，2006年，第62页。

② 沃尔特·李普曼：《公众舆论》，阎克文、江红译，上海世纪出版集团，2006年，第61页。

化中的价值判断约定俗成，不会认为有什么偏见。只有跳出原来熟识的文化氛围，站在其他文化的视角看问题，才可能看到原来所处文化氛围的一些局限性，才可能发现其中偏见的存在。例如，西方社会的某些人长期以来对东方国家特别是中国有深刻的偏见，中国社会的任何进步都会令他们感到威胁逼近，如坐针毡，难以平和地对待。但当他们来到中国，或与中国人接触以后，才感到中国的进步对世界文明的发展具有十分积极的意义，所谓“中国威胁论”“大国霸权论”纯属无稽之谈，自己原来认为正确的判断实际上很荒谬。

2）经验偏见

经验偏见，又称以偏概全。有这种偏见的人常对负面的消息十分敏感，并愿意以此作为“老道”经验的佐证，推出一种结论式的总结。例如，路上发生车祸，则认为这个地方的公共交通管理存在严重问题；媒体报道一个地方出现食品质量问题，则会认为所有的食品都可能对人有害。

3）利益偏见

利益偏见，又称角度偏见，即看待利益问题时所依据的立场出现不全面的倾向。这也反映了一个人所存在的必然的局限性。每个人看待问题均会站在自己的角度，十分愿意接受与自己同一立场的亲朋好友的所谓忠告，由此形成对某一问题的偏狭看法。例如，经营家族企业的人会认为家族企业的财务大权绝对不能给外人掌握。现实生活中，一个人很难超越自身所处时代的局限，摆脱社会与利益的偏见，提出超越时代的公正观点。

3. 克服偏见

要成为有策划思维能力的人，必须克服偏见。

1）培养开放宽广的视角

每一个人生活在特定的文化氛围之中，并深受其影响，文化既带给人成长所需的知识，也影响人形成特有的思维方式和理念。要避免本民族可能具有的文化偏见，需培养开放宽广的视角，广泛接触各种异域文化，学习其他民族优秀的文化，以比较超脱、豁达的眼光看待自身文化，以较为客观的标准评价本民族的文化，逐渐减少文化偏见。

2）客观评价事件发生的意义

面对社会上经常发生的林林总总的事件，应以平常心对待，不夸大负面事件的社会影响，就事论事，减少以偏概全、以点带面的妄断结论，冷静对待事件并全面评价，既不杞人忧天，也不草木皆兵，培养一种积极、健康的心态。

3）减少对号入座的思维习惯

心理预期的思维偏见是一种长期形成的不良习惯，会严重影响一个人看待事物的正确视角，造成对事物的片面看法。这种思维习惯是不知不觉形成的，因而培养正确的策划思维，要格外注意克服先入为主的心理偏见，建立客观、实事求是的思维习惯。

4）多从他人立场看待问题

克服利益偏见，要注意站在他人角度看问题，不要只从自己的角度出发，注意培养自我批评精神，有意识地关注他人利益，从换位思维的角度去与他人交换看法，使自身利益的维护更加透明和公平。

（三）从众

从众是社会上一种十分普遍的心理表现与行为取向，从众思维也是形成策划思维的一大障碍。

1. 从众的心理原因

长期以来，人在行为的选择上，深受从众心理的影响，原因在于以下方面。

1）相信众人的判断力

人在看待问题、确定取舍、进行决策时，首先会将他人的决定作为参照物，如果有许多人已选择了一种决定，那么，后面的人宁愿相信这一决定是理性的、正确的。因此，很多人在做出选择时更多地倾向于从众，认为这样会增加其决策的安全性与可靠性。

2）担忧被众人排斥

很多情况下，即使怀疑众人决定的正确性，甚至已看出众人决定的谬误或荒诞，但最终仍然会选择与众人一致，实际上就是担忧自己与众不同的选择会遭到众人的排斥。这种恐惧会令人在决策时陷入矛盾的判断中，可能的情况是，与众人站在一起的冲动会胜过孤独做事的理性，于是选择从众。

3）依附性人格作祟

有些人在思考问题、决定取舍时，首先考虑的不是自己应该如何做，而是先了解他人如何做，然后选择跟随。这种依附性人格使其失去了基本的判断力，不愿意独立思考，自我决断，因而在是与非、善与恶等抉择方面变得是非不清、冷漠无情、逃避责任、毫无担当。

2. 从众的类型

1）盲从

盲从即对于他人的指示或安排，不去考虑是对或错，而是认为只要别人都服从，则自己也会毫不犹豫地服从，如果证明是错了，则自认倒霉。

2）轻信

当有人用“别人都是这样的”来影响选择或决定时，就会轻信这件事是对的，就会毫不犹豫地相信。绝大部分的骗子都是这样使骗术得逞的。

3）模仿

由模仿而形成潮流，这也是从众的一种表现。许多人担心自己被他人认为落伍，就会模仿明星，追逐潮流，盲目跟风。

4）追随

对某人或顶头上司（领导）的追随是一种依附性人格的表现。“楚王好细腰，宫中多饿死”，反映了曲意追随所付出的从众代价。这种情况在今天屡见不鲜，只要认为必要，某些人会表现出十分积极的对上司或领导的追随性。

3. 克服从众心理

1）遇事独立思考

培养独立思考的思维习惯，是克服从众心理的重要利器。因为从众可能会付出较大代价，“真理往往在少数人手里”。从众心理会带来思维的懈怠，影响对问题的正确认识，忽略一些重要的警示性的提示，最终有可能导致决策或选择的失误。对于策划思维来说，没有独立思考，就没有策划思维的鲜活性、创新性，创造性思维的策划就是一句空话。

2）培养自信心理

从众心理很大程度上来源于不自信，相信他人胜于相信自己。因此，自信心理是摆脱从众心理及行为的动力。只有相信自己，才会激发自身的判断力和决断力，才会正确选择适合自己情况的决定，才不惧怕与众不同，不担心被排斥或落单。

3）树立独立人格

从众心理所暴露的依附性人格是一种不健康的心理表现，更对一个组织或团队的建设有害无益。因此，要从思想认识上建立起社会担当的责任意识和平等观念，确立自己的独立人格，坚决克服时下追逐功利、见风使舵的不良风气，努力营造良好的组织创新氛围。

第三节　公关策划思维类型

公关策划思维是以公关策划活动为中心内容开展创意、创新的思考过程。这一过程也是一种头脑风暴，或者被称为思维激荡。

公关策划思维是站在组织的角度为营造组织良好的社会环境而开展的传播沟通活动。其思维类型有以下几种。

一、编故事法

在进行公关策划思维活动时，通过设计各种故事或以故事的形式展开活动，是一种重要的思维类型。具体来说有以下几种。

1. 编故事续集

将以前大家耳熟能详的故事，编一个续集，使之与本组织的理念、本次活动的宗旨或主题以及组织的经营或服务内容和产品联系起来，拉近组织与公众的距离，实现组织对公众的主动沟通，使公众增进了解组织的目的。例如，设计一个美人鱼的爱情故事续集，以此体现组织吸引年轻人、体现爱情浪漫忠贞的活动主题。

2. 改编故事

将原来的经典故事创新改编，增加新的色彩，使故事服务于组织的活动内容，给公众一种耳目一新的感觉。这里特别要注意的是，在改编故事时既要大胆、创新，又要合情合理，既要情节新奇，又要幽默调皮，能够让公众自然接受。例如，以新唐僧取经，来引起公众的关注与参与热情。

3. 编新故事

为组织活动或产品编一个动人的故事，或新奇、或感人、或滑稽，引起公众的关注，加深公众对组织的良好印象，以实现组织让公众关注、了解进而信任的目的。新故事的编写不是无中生有的胡乱编造，而是着力挖掘组织内部感人的、幽默的、快乐的事情，然后将之演绎展示给社会公众，以之弘扬组织文化，强化组织在公众心目中的印象，如动画片《海尔兄弟》的成功播出。

二、整合拼接法

在公关策划时，需要调动策划思维来考虑将某些看似不相干的事件重新整合在一起，使之成为一个既离奇又合理的新故事（活动），以此吸引公众参与，增进公众对组织的了解，强化公众对组织的印象。这样的整合拼接可以是政治、经济事件与组织活动的结合，也可以是生活小故事与组织公共关系活动主题的交汇，但不管怎样，策划创意的中心是增加活动的时尚性、戏剧性或趣味性，体现并传播组织的特有文化。例如，2008 年北京奥运会开幕式将卷轴画与古琴演奏组合，展示中国文化的博大精深，取得了极好的效果。

三、逆常规法

逆常规法即专门选择特别的时间、地点或人物展开公共关系活动，冲击公众的心理预期，造成一种比较新奇、独特的效果。公关策划思维要创新，应该多使用逆常规法，标新立异、与众不同，给公众耳目一新的感觉，既吸引媒体，更吸引社会公众，给人留下深刻印象。例如，2009 年马尔代夫的水下内阁会议，吸引了全世界的目光。

四、时空挪移法

时空挪移法是将时间与空间进行错位处理，为组织的目标公众带来不同的视觉与感觉冲击，以实现组织的公共关系目标。时空挪移常会将古代的预想或痕迹挪移到现代并活化，或将未来的预想放到现在，让目标公众产生完全不同的感受，如《神话》《来自星星的你》等文艺作品的策划，均是通过这种方式创造全剧的构思。

五、无中生有法

公关策划思维也需要完全新的创意思考，即为组织策划、设计与其他模式完全不同的一种想法或方案，这需要策划思维具有全新的激荡，甚至是革命性的变革，以此实现组织与目标公众的沟通或了解。例如，杭州市政府委托创意的《印象西湖》大型山水实景节目，给观众带来了巨大的视觉冲击和唯美的感受，对杭州西湖留下了难忘的印象。

公关策划思维为公共关系创意服务，公共关系创意是公关策划的核心。灵活的公关策划思维为不同的公关策划活动铺垫了基本的智力基础。

职场案例观摩

伊朗多城现“爱心墙” 挂冬衣供流浪汉自取

《广州日报》讯 经济衰退、国际制裁和失业问题让伊朗的无家可归者越来越多。据英国媒体报道，为了帮助流浪汉度过寒冬，伊朗各大城市的居民自发组织起“爱心墙”活动：把不需要的衣服挂到街边的墙上，让有需要的人自行取下来穿着，这使得本来冷冰冰的墙壁变成了人们分享爱心的渠道。

据报道，“爱心墙”最开始出现在伊朗东北部城市马什哈德，一位不愿具名的市民在一面墙上钉上挂钩和衣架，并在墙上写下：“如果你不需要一件衣服，请把它挂在这里；如果你需要这件衣服，就把它带走。”没过多久，“爱心墙”开始挂满了周边居民们捐出的大衣、长裤和其他冬季的衣服。

“爱心墙”出现不久就引起了当地媒体的注意，经过报纸报道后在社交网络上引起成千上万伊朗网友的注意。随着近日寒流席卷伊朗，许多网友开始在自己的城市开展“爱心墙”活动，呼吁同胞们“不要让无家可归者在这个冬天颤抖”。很快地，伊朗各大城市街头都出现了“爱心墙”。

网友们纷纷拍下所在城市的“爱心墙”，并把照片上传到社交网络上。“这是个伟大的创举，我们希望它能在伊朗流行起来”，一位“脸书”用户说。“墙壁本来代表人与人之间的距离，但市民们却用墙壁将彼此拉近。”

事实上，这并不是伊朗人首次自发帮助无家可归者。2015 年 10 月，伊朗一个致力于帮助无家可归者的慈善组织发起了一个名为“爱心冰箱”的活动。他们在伊朗首都德黑兰街头放置了一些冰箱，鼓励周围的居民把吃剩的食物放到冰箱中，让饥饿的流浪汉可以取出来充饥。短短两个月间，伊朗国内有数千名志愿者响应，“爱心冰箱”随即出现在伊朗几个主要城市的街头。

资料来源：《广州日报》，2015 年 12 月 23 日，第 A10 版

研究与演练

一、理论研究

1．如何打破思维的局限性？

2．在网络时代，获取信息轻而易举，思维却变成死水一潭，完全被他人思想所影响，似乎没有成见却先入为主，怀疑一切又莫衷一是。请想想：现代人应该怎样突破策划思维的局限？

二、实践演练

1．练习想象力：为“小红帽”的故事编续集。

2．练习反应力：1分钟说成语比赛、组词。

3．练习思维整合：将《皇帝的新衣》与《掩耳盗铃》组合进一个故事。

4．策划练习：在清明节搞企业开业庆典（建议小组完成）。

5．创意练习：唐僧一行游西湖。

6．练习策划小方案：五四青年节举办大学生“共产主义”营地。

第四章　公关策划程序

第一节　抓住问题核心

在开展公关策划时，第一步是对组织面临的社会环境进行全面认真的分析，从中找出问题的核心。这需要依据前期严谨、准确的公共关系调查。所谓调查是指组织通过扎实的实地调查与案头资料了解，在分析了大量的数据与事实后，确定组织当前公共关系工作中所面临的诸多问题，剖析问题的实质，提炼出产生问题的根本原因，为之后开展的公共关系的策划工作做准备。

对于组织来说，可能发生公共关系方面的问题主要有以下几点。

一、服务对象对组织的信任危机问题

对企业来说，表现为消费者与顾客的负面看法，如产品质量引起的投诉、售后服务中承诺的不兑现、服务操作不规范引起的意外伤害、工作人员态度引起的纠纷等；对政府来说，表现为公共管理不到位引起的市民抱怨，尤其是近年来比较突出的拆迁问题引发的赔偿纠纷，污染企业带给当地居民危害的拖延处理，法律真空引发的伤害赔偿难题，行政不作为带来的群体失望，等等；对于垄断性企业与事业单位来说，表现为信息不对称带来的强制性附加服务收费冲突、单方涨价矛盾、服务滞后或缺失以及事故责任推脱等引发的质疑。对于其他组织来说，信任问题也是一个极为敏感又极其重要的问题，如果这方面发生问题，均需要进行公关策划来予以解决。

二、与合作伙伴关系协调问题

每一个组织存在于社会环境之中，自然要与其他各类组织发生联系，尤其是关系密切的合作伙伴，如企业的供货商、销售商，政府的上下级、平级单位，发生业务联系的合作方，事业单位、垄断性企业的常规性业务伙伴，等等。各类组织在与这些合作方发生联系时，可能会发生一些误会或摩擦，如果处理不当，甚至可能导致关系破裂，最终影响组织的健康发展。另外，组织还需要不断地开拓业务，建立新的合作伙伴关系，因此，通过策划公共关系活动，主动、积极协调与合作方的关系，就成为十分必要的事情。

三、与社会公众及媒体增进了解问题

商品经济的发展，全球一体化进程的加快，把组织置身于一个难以自我选择现实、无法预料意外发生的不确定环境下，组织面临的目标公众可能会随时发生变化，组织面对的公众可能难以计数，因而组织主动通过一些活动或事件、利用大众传播媒介向更广大的公众开展公共关系传播活动是非常必要的。这些传播活动是以推动双方的了解并实现进一步的沟通为目的的，公关策划就是要找寻一种恰当的沟通方式来帮助实现组织与广大公众进一步了解、认知、构建信任的目的。

四、内部员工关系融洽问题

在现代社会，不论什么组织都十分需要重视内部员工关系问题，团队建设早已被提到组织发展的重要议事日程。如果一个组织的内部员工之间存在上下、左右关系不协调的问题，那么，毋庸置疑会直接影响到组织的健康发展，并波及组织的社会声誉。对一个组织来说，通过策划一些温暖人心的公共关系活动，用心打造组织内部融洽的员工关系，是组织管理中要着重做好的一项重要工作。

需要注意的是，在实际的策划工作中，很容易发生策划团队对组织面临的公共关系问题难以抓住中心的疑惑。因为对于组织来说，一段时期里可能同时存在数个问题，如消费者反映产品质量问题，媒体连续报道组织负面消息问题，企业股票下跌问题，政府有关主管部门督查企业自查并上报情况问题，高层人员离职问题，员工情绪波动问题，等等。对此，公关策划工作必须首先要搞清楚，组织的公共关系工作现在最需要解决的问题是什么，问题的根源在哪里，等等。如果这些问题没有得到很好解决，那么，下一步的工作就会偏离正确的轨道，即使策划做得再好，也有可能南辕北辙、毫无效果。

职场案例观摩

加多宝：专注策划品牌传播

发布凉茶行业白皮书，开创“集中提取，分散灌装”生产模式，首推饮料行业“金标准”，品牌、销量连续夺冠——加多宝，18年凭借单一产品从0做到200亿元；新品牌启用仅两年，以惊人之速再度居首，领跑业界。加多宝的品牌故事里，“专注”二字最为醒目。

打造行业“金标准”

加多宝集团党委书记庞振国介绍，对种植基地进行规划，始于2009年。“从那时起，一支80多人的高素质技术队伍，分布在全国29个种植基地。虽然成本会增加很多，但我们还是坚持这种见实效的源头管控。”

加多宝采用“公司+基地+农户”的合作种植和定向采购模式。根据凉茶原料的种植传统与特性，加多宝在广东、山东、河南等地建立了10多万亩的种植基地。

山东平邑县铜石镇的金银花种植户对加多宝的严苛标准深有感触："我们必须严格按照统一标准、要求种植，否则抽检土壤什么的，技术员的火眼金睛根本通不过。"

加多宝从原材料采购、生产制造到市场流通销售环节全过程采用"360 度品质管理体系"。消费者手中的一小罐加多宝，竟暗含着一组惊人数字：从基地选择到出厂要经过 55 道检验环节、460 项质量检测指标，每一批次产品需进行 5 342 项检测。

2015 年，中国品牌力指数发布，加多宝荣获"中国凉茶行业 C-BPI 品牌力第一名"。2015 年 4 月，金罐加多宝炫目登场，同时推出"金标准"体系，将加多宝的 360 度品质管理体系版本从 1.0 升级为 2.0。

借大事件树立大品牌

2012 年 5 月，加多宝新品牌面世，当年便亮相伦敦奥运会。此后，2014 年巴西世界杯、2015 年德甲赛场和苏迪曼杯世界羽毛球锦标赛，加多宝借势打造了品牌专属主场；2012~2015 年，更是连续四度独家冠名"中国好声音"。

加多宝的营销策略脉络清晰：大品牌、大平台、大事件。随着主力消费者兴趣的转移，加多宝逐渐推进品牌年轻化消费趋势，玩转移动互联网，打造社交品牌、体验品牌。

目前，通过全国 50 个销售大区下辖 500 多个办事处，加多宝覆盖了绝大部分地区的餐饮渠道。从高端餐厅酒店，到普通店铺超市，加多宝的市场份额占 80%，覆盖全国 32 个省市。坚持就有实效。有人说，凉茶这种地域性概念的消费品，很难走出岭南，加多宝南征北战将凉茶做到全国；有人说，凉茶季节特征明显，夏季之外皆是淡季，加多宝深耕细作在春节前后完成全年销量的 1/3。

将公益上升为企业战略

"以善促善，人人公益"，这 8 个字，在加多宝公司里随处可见。

谈到对公益的理解，庞振国说："产品是优质的、安全的、健康的，对于企业而言是最基础的公益；其次，企业必须能够承担起经济责任，实现盈利，让 2 万多员工有收入，能够照顾家庭，并保障上下游 200 多万从业人员、合作伙伴的经济利益。"

加多宝多次获得中国慈善行业最高荣誉"中华慈善奖"。2008 年 5 月 18 日，在汶川地震募捐的晚会上，以 1 亿元的捐款成为国内单笔捐款最高企业。2010 年和 2013 年，加多宝再次分别捐赠 1.3 亿元和 1 亿元，在玉树震区、舟曲泥石流灾区、芦山开展扶贫项目。

早在 2001 年，加多宝就发起了"加多宝·学子情"公益助学行动。截至 2014 年，已累计出资 6 000 余万元，资助 12 175 名优秀贫寒学子。

如今，加多宝在公益层面进行了系统升级。从最初积极响应社会救助、捐赠大额资金和物资，到与专业组织合作，发展可持续公益，不断完善企业的公益行为。从"采取行动"的捐资捐物，转变为"关注项目"层面的深度参与。王月贵说，加多宝希望通过企业参与方式，创立可复制的、有效的建设型扶贫模式，实现扶贫的产业化、市场化。

资料来源：《人民日报》，2016 年 4 月 11 日，第 2 版，题目为著者加

在准备进行公关策划时，特别提醒不要把公共关系问题简单化，以为只要加大媒体的宣传，就可以把一切搞定；也不要以为仅仅召开新闻发布会向公众道道歉，做做样子就可以避过一场舆论灾难，公共关系的工作基础是诚信，是一个组织面对社会公众的真

实行为表现，公共关系做得好，然后才能说得好，不讲职业道德的公共关系就是骗术。

在抓准问题核心后，通过组织环境分析，划清公共关系与组织其他方面问题的界线，接下来就进入公关策划的下一步工作——明确策划主旨。

第二节　明确策划主旨

开展公关策划，在明确策划要解决的核心问题后，就开始确定策划所要表达的主旨。通常，这一工作需要经过三个步骤。

一、提出策划活动的社会意义

公关策划是一个具有公益性、公众性的活动，又是对组织发展有重要战略意义的举措，而且还可能投入较大的资金，产生一定的社会意义，因此，活动的策划必须要有一个较高的起点，活动体现出来的信息要有较为普遍的社会意义和进步意义，不能仅仅局限在组织自身的小圈子里。在确定策划活动的主旨时，要先阐述策划活动所要体现的较高社会价值，如慈善、救弱、扶贫、关爱他人、环保、团结等，表达的内容要与组织本身所要解决的核心问题有自然和内在的联系，在社会中有广泛的响应或认同，由此最终确定策划活动的基本内涵。

二、形成策划主题

每一个策划活动都不能缺少活动的主题，就如同每一篇文章不能没有中心思想一样。公共关系活动在策划时，要在确立策划活动社会意义的基础上，把活动的主题凸显出来，即明确本次活动要围绕哪方面的内容来开展，活动要达到的目标是什么，活动体现的社会价值在哪里，等等。主题一旦确立，所有的活动就可以围绕主题来进行。因此主题的推出是非常重要的。一个活动没有主题或主题不明确或定位不正确都会导致本次公共关系活动的失败。在策划公共关系活动时，形成策划主题非常重要。

三、凝练主题语（词）

在彰显普遍社会意义的基础上，将活动的主题用最简略的话语表现出来，这是策划中一项重要的工作。在表现活动主题时，一般要求字数凝练，内涵丰富，语言朴素，上口好记，能够最精确地表达活动的主旨，也就是我们常说的凝练主题语或主题词。这会有力地保证公共关系活动的传播与影响力。例如，1992 年巴塞罗那奥运会主题是 friends forever（永远的朋友），2000 年悉尼奥运会主题是 share the spirit（分享奥林匹克精神），2002 年盐湖城冬奥会主题是 light the fire within（点燃心中之火），2004 年雅典奥运会主题是 welcome home（欢迎回家），2008 年北京奥运会的主题是“同一个世界，同一个梦想”（one world，one dream），这样的主题表达均是极为经典的主题语，十分便于传播，易于接受，同时内涵又具有宽广的包容度。实际上，一个组织构建公共关系活动主题语时，确实需要绞尽脑汁，字斟句酌，最终形成具有号召力和影响力的主题词，这是一件较有难度的事情。

第三节　提出优质创意

开展公关策划时，在重要性上，仅次于主题确立的就是创意了。公关策划的核心是创意，在这里创意是指能够以最精彩的方式将公共关系活动主旨表达出来的形式或方法。对于一个公共关系活动来说，创意精彩与否是决定活动成败的关键，创意需要优中选优。创意是公关策划的重头戏。

创意的形成与筛选应遵循以下程序。

一、组建创意团队

首先，公关策划部门需要组建一个管理高效、作风严谨、素质优良、思维活跃的创意团队。创意团队的组建需要精心选择、合理搭配。

（一）创意团队的素质要求

1. 文化水准要求

创意不是空穴来风，更不是闭门造车，没有较为厚实的文化基础，想产生精彩的创意是不可能的。创意团队的成员必须要有比较高的文化基础，特别是人文知识的修养，对中国传统文化有深度的了解，具有宽阔的文化视野，博采中外，通晓古今，能够为创意铺垫厚实的基础，否则，创意人员会很快有江郎才尽的掏空之感；同时，创意团队还应有较强的学习力，对现代文化思潮、文化现象及他国文化的特点有较为全面的了解，能够快速更新知识，对现当代国家与国际上所倡导的一些理念与政策有清晰的了解，对组织所处行业有前瞻性的认识。如此，策划创意的思想才可能高屋建瓴，有较高的起点和正确的立场。

职场案例观摩

张艺谋谈开幕式创意

开幕式结束之后，北京奥组委开闭幕式工作部部长张和平，北京奥运会开闭幕式总导演张艺谋，副总导演张继刚、陈维亚会见中外记者，就开幕式的有关问题回答了记者的提问。

张艺谋说，为了找到一个合适的形式表现中国传统文化，我们动了不少脑筋，后来我们不约而同想到用长卷的形式来表现。在开幕式的创意过程中，许多内容都不断地变化，唯有用长卷表现中国传统文化这一点在我们头脑中从来没有动摇过，可能是与我们几位导演都喜爱中国画有关系吧。

张艺谋认为，全世界运动员到中国来，他们想看的当然是中国的东西，是中国的文化，所以我们的表演也应该以中国传统文化为主要表现内容。除了中国传统文化外，我们还要表现中华民族的宽广胸怀，所以在最后点火一段，我们表现的方式是一卷正在打开的中国国画，同时画面上展示的又是全世界的火炬传递。

张艺谋表示，邀请莎拉·布莱曼唱主题歌是20天前才决定的，因为主题歌的歌名叫《我和你》，所以最好由一个中国人和一个外国人合唱。她的音色很适合这首歌，形象与歌曲的内容也很般配，所以我们向她发出了邀请，很快得到她的同意。我们告诉她要在一个很高的台子上唱这首歌，她毫不犹豫地接受了，来了之后马上就登台试唱，非常成功，总之一切都很完美。唱奥林匹克会歌是导演组决定的，为了更具有人性化的色彩，我们让穿着56个民族服装的孩子用希腊语唱奥林匹克会歌，这样做很有意义。

资料来源：罗京生：《张艺谋谈开幕式创意》，《光明日报》，2008年8月9日，第6版

2. 现实经验要求

策划团队的成员，必须要有较为丰富的社会实践体验，能够了解相关活动中的大量公关策划案例，善于从已有的公共关系活动中提升或创新公共关系活动形式，知晓开展一项公共关系活动所经历的基本过程、可能遇到的问题等，同时有广泛的爱好，有较为丰富的生活与事业的成功经验与失败体验，善于从总结经验中吸纳具有创建性的思路与做法，举一反三，注重了解有助于公共关系创意的奇闻异事，精思妙法等，使之可以为创意思路提供源源不断的想法。

3. 把握公众心理要求

在进行公关策划时，策划团队的成员还应该具备对公众心理的把握能力，善于针对一定区域公众的心理特点，循序渐进地安排活动，以前期预热、中期铺垫、后期高潮、收尾精彩的过程，把公众心理调动到组织者期望的状态中，应善于选择出乎公众意料的公共关系活动，吸引更多人的关注，引起目标公众的兴趣与好感，以合乎情理的自然方式获得最大多数人的参与，把组织的公共关系活动成功地推开。公关策划重要的目的是影响公众，实现这一目标，需要公共关系创意团队成员具有很好地了解与把握公众心理的能力。

（二）创意团队结构要求

创意团队在结构上最好是不同年龄的人交叉分组，团队成员在思维结构与知识结构、性格特征等方面予以搭配，互相取长补短，实现优势互补。例如，既有善于形象思维的，也有精于理性思维的，既有人文学科知识结构的，也有理工农医知识背景的，既有勇于尝试、敢于探险的，又有慎重保守、行事稳重的，既有内向严肃的，也有外向活泼的。这样的团队结构有利于思维的碰撞与新颖创意的产生。

（三）创意团队品质及数量要求

开展公共关系创意，是一项十分艰苦的工作，需要创意人员殚精竭虑，坚持不懈，能够不

断自我否定，不怕失败，越挫越勇，自我超越；创意团队的每个人都应该积极、乐观，忘我投入，在体味创意艰辛的同时，分享创意成果的喜悦，最终形成最佳创意方案。从数量上来说，公关策划创意团队以 8~10 人为宜，班子比较稳定，经过一定时间的磨合，逐渐形成彼此的默契，在内部营造一个相互否定又相互包容、鼓励创新又争先恐后的团队氛围。

二、开展团队创意

创意团队搭建好后，就开始创意策划。

（一）创意主题的阐释

首先要对欲创意的主题进行分解阐释，即向每个创意成员讲述清楚主题的来源、调查的结果、主题的依据、策划的主旨、主题词的内涵、主题的社会意义等，这样的阐释，一则让团队成员明晰创意所围绕的基本中心，二则给团队成员以创意思维的环境范围，使之在统一主题的指导下展开思路。

（二）创意点子遐想

在一个没有外界干扰、十分安静的环境中，让每个创意成员开展无边界的创意遐想，设计创意方案。所谓点子，是指一个好的想法、漂亮的表现形式或一个看似滑稽怪异的舞台剧等，有些创意，初看有点天马行空、似无厘头的“思维碎片”，但很可能是潜在的精彩策划方案的“毛坯”，因此，创意点子的遐想非常重要，点子越多，说明创意思路越活跃，点子越新奇怪异，越说明创意成员富有创新性。从另一角度说，创意点子的遐想也是创意成员知识与信息大翻底的过程，优秀的点子正是从丰富知识与广泛信息的“仓库”中加工出来的。

当然，如果条件允许，在正式开展团队创意之前，可提前把题目与基本要求布置给每个成员，使之有所准备，为正式进行团队创意打下基础。

（三）创意表达与分享

在所有成员创意结束后，就可以进行创意的分享了，分享创意必须能够进行良好的表达，一般有两种形式。

1. 写下来

即全体创意成员围坐一圈将所创意的点子写在纸上，内容尽量形象生动，可以让同事识读，所有团队成员均可以用这种形式进行分享。每个人把自己的创意点子传给下一位，然后在前面同事创意点子的下面再写下自己的新点子。这种形式的创意表达与撞击有利于每个创意者思维的激荡，但产生的影响力还不够大。

2. 说出来

创意团队在想出创意点子后，大家围坐一圈，每个人把自己创意的思想轨迹、创意的依据、预计创意的效果等陈述一遍，让大家评判，在这样的表达中，某人的创意总会对其他创意成员带来新的启发、一些新的点子可能会立即被激发出来。在这种看似闹哄哄的争吵、评判、表达的过程中，创意的思维被激活了。

三、创意思维激荡

通过创意成员的遐想与成员间分享，真正的创意思维激荡开始。

（一）再创意

创意团队的成员通过写下来或说出来，让大家评判，创意进入下一阶段，即团队成员思维的激荡与碰撞——别人的点子往往是点亮自己创意的火花，通过某一人有创建性的点子，可以使更多人由此想到点什么，或将这个故事继续编下去，然后大家去评说，在评说中弥补原创意点子的不足。这里有几个原则需要遵循。

1. 让每个人畅所欲言

对于好的点子，每个人都有自己的看法与评价标准，要容许团队成员把想说的、想到的说出来，哪怕这个创意显得荒谬、可笑、幼稚、浅薄，但也许在其中却隐藏着天才创意的点子。因此，创意团队内部营造和善、宽容、平等、尊重的氛围是非常重要的，不能有任何的压制、嘲讽、忽视与排斥，更不要有尊卑长幼之别，只有这样，在分享彼此创意的时候，才能实现真正的思维激荡与交流，从中筛选出最佳的创意点子。

2. 让每个人承受批评

在再创意的过程中，每个人既有分享自己创意的机会，也有无情批评他人、品评他人创意点子的权利，也就是说每个人都要接受他人的批评，只有经过这样充分的交流，各人的思维才会被充分地激荡，创意的好点子才可能在相互品评中迸发。

（二）否定之否定

再创意的过程是一个否定之否定的过程，对创意点子的不断否定，是一个甄选优秀创意、团队成员自我超越的过程，没有否定也将没有肯定，否定是为进一步的再创意奠定基础。一个优秀的创意点子可能要经历无数次的否定之否定，才能最终确定所要的好点子。

四、选择优质创意

在小组的创意思维激荡中，一些新奇的点子会从众多创意中涌现出来，这时将开始在创意团队中选择优质创意。

（一）多数服从少数

在创意点子的筛选中，需要谨慎决断，对一些看似荒诞、被众人摒弃的点子，要仔细分析，尤其是要认真倾听创意人的构想理由，从中慧眼识别具有实用意义和潜在效益的好创意，更要甄别一些众人看好、直觉认为漂亮的点子，这些可能却是极难出新意的糟糕点子。因而，对优秀创意的选择往往要多数服从少数，可能最终结果比预想的要好。人的思维容易遵从习惯，也容易追随大流，服从权威。因此，在团队中选择优秀的创意点子，绝不能让多数人的看法淹没了个别人的优秀创意火花。

（二）拒绝平庸

在选择优秀创意点子时，要遵循创新性原则，避免落入俗套，尾随他人。尤其是一些企业刚刚上演过的策划方案，有的企业会马上克隆过来，完全照搬，这样即使仿照得再像、再快，也要被业内人士耻笑，被公众所厌恶，更体现了组织创意人员的平庸。因此，在选择创意点子时，要有拒绝平庸的勇气与胆识，以高标准、原创性作为选择优秀创意点子的衡量标准，选出最佳的创意。

职场观点

优秀创意的标准

一个好的创意的定义是这样的：一个能让目标群体感兴趣并记得住的包装信息的方法。一个好的创意需要满足以下条件：

（1）直接。它必须能够直接地传达公司或产品的一个或多个关键信息。这是十分重要的一点，因为我们经常可以看到一些所谓的很有创意的宣传方案，他们看上去让人激动，但这些创意活动几乎根本不能传递任何有关公司的和产品的信息。

（2）容易理解。一个好的创意常常是可以被概括成一幅图画的。……广告人经常在图像的创意方面下很大功夫，相比之下，公关人在文字表达的创意方面则更胜一筹，所以，在这个方面公关人可以多借鉴广告人的做法。

（3）新颖，并有新闻价值。新闻媒体对曾经被使用过的创意不会感兴趣，必须能让人们喜欢谈论它。在英语中，有这样一个词watercooler news，意思是说，人们会在去饮水机旁边接水的时候，很兴奋地和同事们谈论这件事。

（4）能够持续一段时间。最好的创意不仅是能火起来，还能有它自己的生命力。因此，在很长一段时间内，你都可以享受它的成果。

当你们的头脑风暴产生了许多创意时，你需要评估那些创意对你们公司或品牌真正的价值。好的公关创意就像优秀的广告一样：它们因为引人入胜，或有点怪异或滑稽而引起人们的注意。它们讲述了一个清晰的故事，它们支持了品牌的定位。如果它们特别出色的话，目标群体中的人们会在彼此间议论它们。

资料来源：大龙、王卢霞、尹涛：《中国式公关》，中信出版社，2006年，第128-130页

五、丰富与完善创意

在创意团队通过思维激荡、基本选择了优质创意的点子后，接下来就需要对创意进行丰富和完善。

（一）由点到面

创意的过程是一个寻求点子、筛选点子的过程，但要形成完整的创意方案，还需要对创意进行丰富，即将点子变成一个有血有肉、具有操作性的具体行动计划。

创意的点子表现出来往往是一个好的主意、别出心裁的思路或者是另辟蹊径的想法，要使之变成策划方案，需要对之进行每一个细节的安排与落实，具体包括人员的选拔、专业训练、活动内容的扩充、创意点子的表现等。经常有这样的情况：看似很精彩的点子，进一步考虑活动内容的表现时，却发现这个点子存在几乎无法操作的困境，或者因为成本太大，没有足够的经费支持，或者技术难度过高，实现条件不具备等，最后只能放弃。

在对创意进行丰富时，可以从以下三个方面入手：

（1）将创意时的一个思路分解变成系列活动，使之能够充分地表现策划的主题，如 2005 年主办单位在全国征集送给台湾大熊猫的名字，在次年春晚上揭晓。

（2）将创意具体化为某种艺术表现形式，可以十分形象化地展示出来，如第 28 届残疾人奥运会中国献给全世界的 8 分钟节目《千手观音》舞蹈。

（3）由创意的点子衍生出相辅助的其他活动，或最初点子变成点缀，而催生出的表现形式反而成为策划活动的重要内容，如端午节纪念屈原汨罗江国际龙舟节活动。

（二）去粗取精

创意团队筛选出的点子仅仅是毛坯，是一个让团队激动的点子，这与之成为一项大型公共关系活动还有相当的距离，要成为具有可操作性的公关策划方案，还必须要对点子进行去粗取精的完善。这一工作具体包括：

（1）把一个看似漂亮的点子落实到可操作的程序，需要褪去感情色彩与夸张成分，进行仔细、认真的细化与分解，成为真正能够表现的方案，这就要从严谨、科学的角度去论证。

（2）将粗线条的活动轮廓变成彼此有内在联系、环环紧扣的表现内容，而且保留创意时的精彩，或使创意点子更具有完整的表现力。这一过程是创意完善必须经过的程序。

需要避免的是，将策划创意的点子生硬、简单地表现出来，不做深度的加工或多角度的表现，结果精彩的创意可能成为滑稽的噱头，让人贻笑大方。例如，只是在活动的现场布置一个造型或自娱自乐地表演一下，这样，即使再好的创意思路，其效果也会被化解得支离破碎。因此去粗取精的过程是一个非常重要的再加工过程，丝毫不可掉以轻心。

职场案例观摩

南京村支书回应“龙袍麦田”：并非故意毒死小麦“造”出景观

近日，命名为“疑似龙袍落九天”的一组无人机摄影图片在网络上被广泛传播。该组被精心“绣”出的“龙袍”“二龙戏珠”麦田（图 4-1）位于南京市六合区龙袍街道长江渔村。

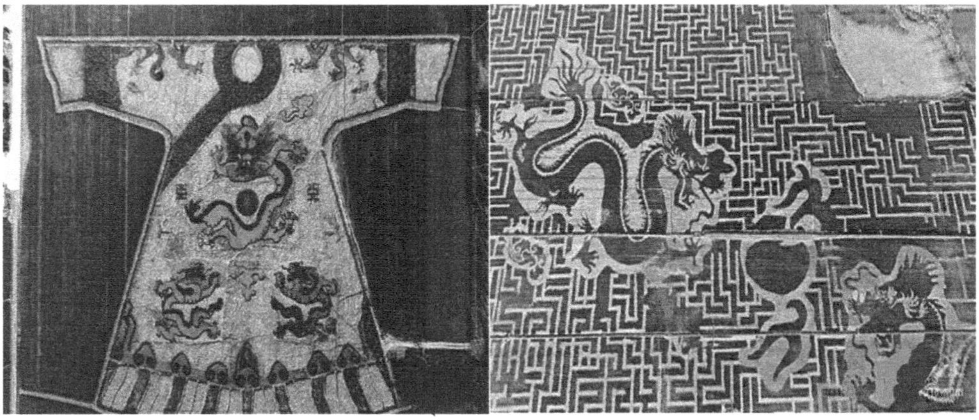

图 4-1 “龙袍”与“二龙戏珠”麦田景观

3 月 23 日晚间，有网民发帖称，近日慕名前往该麦田游玩时，竟发现“双龙戏珠”中深黄色线条和龙图案，均是由枯死的小麦“绘”成。

该游客还贴出在麦田里发现的“百草枯”等杀虫剂空瓶，怀疑是有人故意为了制造出“黄色”图案，而将绿油油的小麦枯死。

有网友指责，此举有悖于绘制麦田图案的初衷，并称不应以浪费粮食为代价博噱头。

3 月 24 日，龙袍街道长江渔村杨坤书记向澎湃新闻（www.thepaper.cn）解释称，并非是故意为了制造出黄色图案而将小麦枯死，“原本在播种时，就已经设计好将这些细条和图案空出来，其中的线条部分计划改造成迷宫，方便游客进去游玩”。

不过，杨坤也承认，此次的确未能事先考虑全面，不过换季后该田地还会种植其他庄稼，也设计了新的图案，届时一定会考虑更为全面。

据澎湃新闻了解，此次长江渔村一共设计了 4 块麦田图案，其中“龙袍”图案占地 108 亩（1 亩≈666.67 平方米），“二龙戏珠”图案占地约 140 亩，这两块麦田每块花费约为 8 万元。

杨坤说，目前已经开始搭建观景平台，高度在 15 米左右，是通过正规招标流程进行招标的。

据了解，目前长江渔村计划在 4 月 15 日正式对外开放人造景观，除了“龙袍”麦田，景区内还会有花田、游乐场等景观、设施，游客们也可以在渔村体验农家乐等活动。

资料来源：澎湃新闻记者刘楚报道，2016 年 3 月 24 日

（三）由深而浅

公共关系创意需要表现公关策划的主旨，要求策划者提出的创意能够体现出社会价值或社会意义，引起社会公众的共鸣。但同时必须认识到，策划主题及表现形式应该是简单的、明确的，让社会公众容易识读的，即通过创意活动让公众能够很快产生认同感。

因此，创意在完善时，就要有一种高超的表现力，将精彩的立意以一种十分浅显、简单的方式让公众了解、接受、认同，直到积极参与，通过这种由深而浅的加工与深化，来实现对创意的完善。

从另一角度来说，对创意表现力的完善，还体现在每一种表现形式看似简单朴实，而整个系列活动又体现了极大的包容度与复杂的创意构想。能够让人回味无穷、印象深刻。例如，2008 年北京奥运会开幕式的创意，分别来看都比较简单，但整体来看，却让人为五千年的悠久中国文化所震撼。

可以说，将简单的问题复杂化很难，将复杂问题简单化更难，更具艺术创新难度。

六、审核创意可行性

在创意思路初具规模后，就需要主管领导对策划方案进行审核，主要包括以下几点。

（一）技术的可行性

一个独特、精彩的创意，首先要满足技术的可行性，如果技术上无法达到要求，那么创意方案只能修改。优质的创意对技术的要求往往十分苛刻，同时需要假以时日来进行制作，如果有高科技手段的支持，那么，创意的精彩表现就有了保证，因此领导审核创意方案，技术是首先要被考虑的因素。

（二）表现的可行性

好的创意一定有好的表现，这需要两个因素作保障，即表现队伍的素质、物质条件的配合。队伍的素质是指组织的人员能否在一定时间内通过训练、满足创意需要达到的展示标准，如果没有足够数量的人员、时间的保障、良好的指导培训等条件，那么，好的创意就难以实现；另外，创意的精彩展示，还需要物质条件的配合，如特定的服装、道具、修饰品、化妆术等，这些内容的要求难度也决定了创意的表现是否能够实现。

（三）经费的可行性

公关策划要耗费一定的经费，经费视活动规模的大小有多有少。组织经费的现状、事先预算与实际方案的差异均会影响上级对创意的审核。如果组织愿意对策划有更大的投入，那么，精彩的创意将有可能形成公共关系活动的方案，如果组织经费紧张，且创意需要的人手多，要求的难度大，那么，创意将可能止于文案而不会进入实施阶段。

当一个创意方案能够通过技术、表现、经费的可行性审核时，创意工作方基本结束，公关策划就进入形成具体方案阶段了。

第四节　形成完整方案

在创意得到丰富完善、初步审核获得通过后，策划团队将正式进入策划方案的形成阶段。根据目前业界通行的策划方案的要求，一个完整的策划方案包括以下一些基本要素。

一、活动背景

活动背景主要是对策划活动的组织方的情况及举办活动必要性的说明。具体包括以下几点。

（1）组织情况介绍。阐述组织的基本历史概况、目前发展情况、行业竞争态势及组织在其中所处的地位。

（2）组织面临的问题或策划活动的必要性。通过分析组织所面对的国际、国内形势，提出组织发展中必须要通过公共关系活动解决的问题，阐述开展公共关系活动的必要性。

（3）活动举办的时间安排、承办机构、参与对象等。

二、调研与活动依据

调研与活动依据主要包括对拟开展的公共关系活动所进行的前期调研，说明公关策划开展的依据，同时论证策划活动成功的可行性。

1. 调研情况综述

将前期开展的组织内外部调查情况做一全面、概括性的阐述，这是整个公共关系活动的依据与出发点。这部分内容需要翔实地分析组织目标公众的情况、组织面临的公共关系环境，从中提出需要解决的具体问题、重要的建议或解决办法。

2. 机遇与挑战分析

1）优势分析

优势（strengths）即组织为举办公共关系活动所具备的一些有利的因素，如组织实力、技术优势、地域优势、公众基础等。这是要通过公共关系活动来进一步发挥与展示的内容。

2）劣势分析

劣势（weaknesses）包括组织发展中面临的困境，来自组织外部与内部的一些制约因素，组织在发展中长期缺乏的一些东西，这是在策划公共关系活动时需要弥补的短板。

3）机会分析

机会（opportunities）分析是指通过策划公共关系活动，能够恰当地把握当下重要的机遇，利用特定时期的各种状况，把公关策划活动有效地实施下去，实现组织的公共关系目标。

4）威胁分析

威胁（threats）分析即对策划组织公共关系活动可能遭遇的风险进行分析，主要包括活动主体的自身局限、外部目标公众的不确定因素、社会大环境的不可控性，以及其他一些可能的因素。

以上这四个方面内容，常被称为 SWOT[①]分析，对于组织策划和实施公共关系活动有重要意义。

三、活动策划

这是公关策划方案中最重要的内容之一。在这部分，应该将组织准备开展的公共关系活动的整体计划明确、详尽地阐述清楚。这部分的线条越清晰，对之后公共关系活动的实施指导作用越切实。具体包括以下几点。

1. 确立公共关系目标

公共关系目标即本次公共关系活动要达到的目的。公共关系目标最核心的是达成双向的沟通及了解。分解这一目标，基础层面的是组织知晓度的实现，高级层面的是组织信赖度的追求。在信赖度方面包含着两个方面的含义，一个是信任，这是组织希望通过具有影响力的公共关系活动来达成的目标，亦即构建目标公众对组织的信任感；另一个是忠诚，即期望让目标公众实现对组织的忠诚，这是组织在公共关系活动中欲实现的最高目标。一个精心策划的公共关系活动最希望达成的目标即社会公众对组织矢志不二的坚定信任。

公共关系目标的体现一般是活动的主题词，即简单、凝练的口号，以此明确活动主旨，便于宣传，把握方向，感召公众。

2. 明确目标公众

公众是公共关系活动的对象，目标公众的确立是通过前期认真的调查完成的。一般来说，公众可以分为三类，即目标公众、潜目标公众、非公众。对已确立的目标公众，组织必须要准确地把握公众特点，寻求最适合公众接受的传播习惯与途径来开展公共关系活动，以实现对公众沟通的最佳效果。在开展公共关系活动时，组织面对的公众往往不是一个公众群体，可能是数个；往往不是一个现场或地域的公众，可能是广阔区域甚至国内外的公众，因而，把握公众特点、选准公众显得十分重要。

3. 主要信息说明

主要信息即组织本次公共关系活动需要说明的重要内容，包括主办方准备活动的情况、主题所反映的重要意义、参加活动的各方单位情况，目标公众的具体情况等。这部分信息的说明对理解与开展公共关系活动是不可或缺的。

4. 公共关系策略

公共关系策略即阐述公共关系活动的整体思路与步骤，包括活动创意的展开、系列活动安排、活动遵循的基本原则以及具体的操作方略。尤其是大型活动现场，公共关系策略要说明组织的活动安排如何充分体现公共关系创意与组织目标，怎样实现最大限度影响现场公众

---

① SWOT（strengths weaknesses opportunities threats），即态势分析法。

与非现场公众的思路。

5. 传播策划

公共关系活动有相当部分的内容体现在传播策划的设计上。因此，策划方案有必要单独规划传播行动。传播策划主要包括两大部分，即人际沟通与大众传播沟通。人际沟通要明确对公众代表与目标公众沟通的不同计划，要设计特定的活动影响主要的目标公众；大众传播沟通则要审慎选择传播媒介，既经济又高效地将组织信息有效地送达外围目标公众那里。传播策划的设计对整个公共关系活动的成功进行十分重要，它需要与现场活动相互呼应，才能发挥出公共关系活动的最大效果。

6. 媒体计划

媒体计划即有计划地安排新闻稿、专题节目以及专访活动，尤其是对不同媒体的版面、时间段、频道、重复率等，均要做出细致的计划，对组织领导人、新闻发言人等要给予特别的安排，以期能够有效地实现与目标公众的双向沟通与交流，并缔结与媒体良好的合作关系。

7. 传播形式及方案要点

明确公关策划的具体传播形式，如现场交流、座谈会、专家咨询、冷餐会、专项展览、参观、文艺演出等各种沟通交流形式，同时，阐述在特殊情况下应对记者及突发事件的处理与工作提示等。

8. 预算费用表

活动可能涉及的所有费用均以明细表格的形式列出，同时进行适当分类，既为之后的公共关系活动的实施做重要铺垫，又可使公共关系活动的主体——组织能够对策划活动的开支总额有一个基本的衡量，同时，经费预算也是方案审批时领导拍板定夺的重要依据。

一般来说，经费预算要尽量细致、准确，杜绝虚报乱造。对经费的有效控制与管理体现了公关策划工作的质量。

四、活动执行（实施）

公关策划活动的执行不是简单地将策划的内容予以实施，而是对策划方案核心思想的领会与落实，是一项十分专业与独立的工作。

1. 实施的推进

在策划方案中，要对公共关系活动的前期准备工作，人员选拔与培训、管理队伍的整合、公关策划方案的落实、传播活动的开展、公共关系活动工作的有序推进、活动高潮的形成、后期的收尾，其间一些重要细节的把握等做出安排。在这部分内容的陈述中，要特别体现出公共关系活动的策划者在执行力方面的要求，将标准明确标示，对完成的效果应严格要求。在精彩的公关策划方案的实施中，公共关系人员只有恪守一丝不苟的高标准，才能保证实际的公共关系活动实施完美地展示创意方案的精彩效果，否则公共关系活动就可能跑偏或出现负面效应。

2. 实施调整

在设计策划方案中，要安排必要的机动调整预案，以应付意外事件的发生。例如，天气等自然因素；电力供应、设备故障等技术因素；交通、生病、请假等人为因素；现场效果、公众素质等意外因素，以上均应考虑到位。在预警机制比较完善的情况下，准备必要的人力、物力、财力等的突发事件应对是非常重要的。

3. 活动进度表

在活动实施中，有必要设计详尽的活动程序进度表，以便整个执行工作有条不紊，特别是重大会议或节目表演，如能列出以分钟为单位的程序表，则更有利于这一具体活动的进行。大型活动中进程的管理是保证活动高质量与良好效果的基础，因此，对整个活动进度的把握与具体活动程序的规定都是十分重要的。

4. 活动进程控制与管理

在活动方案中还需要说明对策划活动重要节点的控制，如时间上的严格要求、阶段性工作的完成保障、工作质量的监控，以及人员素质、管理干部沟通能力的培训等。这些方面均是保证整个策划执行工作顺利完成的必要步骤。对这一环节的放松，就等于对正常进程的失控。

五、活动效果评估

在对公关策划活动方案的写作中，必须要对活动效果进行定性与定量的评估，虽然实际实施活动可能会出现难以预料的效果，但在活动的策划阶段，需要对活动期望的结果进行初步的预测。其主要包括以下几个方面。

1. 现场效果预测

这方面主要是指公众的反应，如现场参加情况、积极回应情况、网上粉丝同步接收等。对活动效果的预测，有助于活动的有序管理及增强组织支持策划活动的信心。

2. 后期追踪反应

这是预测活动效果所产生的内在变化，如态度的改变、行为习惯的变化以及公众议论话题及舆情状况、网络反响、微博影响等。

3. 影响效果预测

无论是对经营性组织，还是政府、事业单位及社会公益组织的活动，都存在营销效果，即由活动引发的对组织直接利益的推动，如销售额的上升、报名参加活动人数的上升、自愿参加者的积极行为等。

4. 对媒体传播效果预估

即对所要进行的活动进行媒体计划的监控落实，以保证实现最有效的传播效果。至此，策划方案进入尾声，一些调查问卷、访谈记录以及其他可以支持策划活动顺利进行的资料等可作为附件附后。

一个完整的策划方案并不限定字数，关键是要内容清晰，层次分明，表达简洁，创意新颖，让组织决策者一目了然，让实施者心领神会，以此保证公共关系活动的顺利执行。

公关策划方案完成之后，将方案报送主管领导批准，组织的策划工作告一段落。

经典策划方案

滴露“放手触、自在玩”百万儿童健康洗手教育普及项目

一、项目调研

为了使本次公共关系项目能够有效影响目标受众，达到预期目标，我们进行了以下几方面的调研和分析：

目前正确洗手方法和习惯在中国家庭中的普及现状；社会各方面对孩子洗手教育现状；孩子们对于健康教育的接受习惯；国际上关于育儿的热点话题。

经过调研，我们得出以下对项目的策划和执行具有参考价值的结论：

多达75%的中国人不懂得如何正确洗手，或者没有养成正确洗手的习惯。这使整个社会难以形成正确洗手的氛围，也使针对孩子的洗手教育呈现“先天不足”。

让一个孩子养成一个习惯最大的动力来源于“兴趣”。在“兴趣”的驱使下，他们更容易专注于某一事物，或改变某种习惯和生活方式。同时，同龄人群体性的活动也更容易感染他们，让他们接受某种观点及养成某些习惯。

目前国际上流行一种“自然育儿法”，其核心就是将孩子的生活、教育、游戏等都尽可能回归自然，最大限度地使孩子在自然状态下成长。例如，鼓励孩子亲手与大自然交流，去感知周遭的世界。但在中国，很多母亲出于健康的考虑，会限制孩子与外界接触的机会，使“自然育儿法”丧失了实施的基本前提。

二、项目策划

根据项目背景和现状分析，解决两个核心问题：一是找到能引发孩子们共鸣的话题；二是找到一种让孩子能够且乐于接受的教育方式。最终策划了一个完全从孩子的诉求出发，以“将触摸权还给孩子”为核心话题的公共关系项目：滴露“放手触、自在玩”——百万儿童健康洗手教育普及项目。

1. 公关目标

让百万少年儿童在滴露的引领下，掌握正确的洗手方法，养成洗手习惯，进而提升中国家庭乃至社会的正确洗手普及程度，保护公众健康。

强化滴露在个人护理类消毒产品中的品牌认知度，进一步提升滴露关注孩子健康、推动中国健康事业发展的品牌形象。

2. 核心目标受众

少年儿童；

孩子家长，特别是母亲。

3. 主要传播信息

教育孩子们养成正确的洗手习惯，最大限度地远离细菌侵害，从而让妈妈们放心地把触摸权还给孩子，让孩子们自由探索和触摸世界。

滴露品牌致力于科学的健康、卫生理念的传播，帮助中国的妈妈安心地保护家人远离细菌侵害，保持健康，让孩子们在接触自然中茁壮成长。

4. 公关传播策略

彻底摒弃说教式的教育方式。转而将正确洗手的方法和理念，以孩子们喜欢的互动、有趣和集体活动相结合，激发孩子们参与的兴趣，使他们在最喜欢的游戏和活动中自发学会正确洗手。

突破以媒体报道为主的传播方式，将最主要的传播力量转移到最能精准聚合孩子的平台，包括孩子们广泛参与的线上互动平台、热门的职业体验中心，以及孩子们集中的校园。

通过携手政府部门、慈善机构等社会力量，制造拥有强大影响力的社会事件，使公共关系活动得到社会的广泛关注，深化活动的社会意义。

滴露产品和品牌信息的存在贯穿于项目的各个环节，使品牌形象与公共关系活动紧密结合在一起，实现公益、品牌双赢。

5. 实施方案

对于实施方案的设计，依据“从线上启动，在线下落地”和“逐步扩大规模和事件影响力”两条主线，设计了四个阶段的公关项目。

阶段一：宣传视频启动“触摸权之争”。

拍摄题为《熊孩子集体造反为哪般》的宣传视频，以充满孩子天真和率性的方式，抛出“还我触摸权”的诉求，并引出获得触摸权的途径——正确洗手，为后续一系列公关项目拉开序幕，奠定话题基础。

宣传视频投放覆盖了主要视频平台和滴露官方微博首页，吸引家长与孩子的共同关注。

阶段二：“滴露洗手帮”训练营，让百万儿童学会正确洗手。

携手淘米网旗下最受孩子们喜爱的在线游戏之一《摩尔庄园》，将洗手教育融入游戏当中，让孩子们在《摩尔庄园》中参加为期 14 天的“滴露洗手帮”训练营，在游戏中学习正确的洗手方法。根据“坚持 14 天能让人养成一个习惯”的原理，完成“滴露洗手帮”训练营的 14 天洗手集训之后，孩子将从此养成正确的洗手习惯。

滴露官方网站、官方微博同时作为活动入口，向“滴露洗手帮”训练营导入受众，以实现百万儿童学会正确洗手的目标。

阶段三：蓝天城庆祝派对，会洗手的孩子有礼物。

与北京著名的职业体验教育中心“蓝天城”合作，举办庆祝“百万儿童学会正确洗手”的狂欢派对。200 名在洗手集训营中完成 14 天训练任务的孩子和他们的父母一起被邀请成为庆祝派对的嘉宾参与活动。

最后，来到现场的每个孩子都可以在现场的“滴露魔法屋”中触摸和挑选礼物，让孩子们尽情享受属于自己的狂欢。

阶段四：国际洗手日，成功挑战两项吉尼斯世界纪录。

携手利洁时医药产业园所在地——安徽省马鞍山市当涂县政府部门，由当涂县爱国卫生运动委员会办公室发起，由滴露品牌和国际慈善机构救助儿童会全力支持，组织当地2 500多名中小学生，共创“世界最长握手链”和“最多人洗手接力”两项吉尼斯世界纪录。

6. 媒体计划

以线上互动传播推进项目，并形成最主要的传播平台。线下和网络媒体则主要承担重点事件的传播。在公共关系活动前两阶段，除了宣传视频投放外，同期利用微博KOL①、BBS②社区、官方微博、微信平台，共同对项目进行传播告知，同时传递帮助孩子正确洗手，将触摸权还给孩子的观点；蓝天城庆祝派对活动，邀请35家电视以及大众、健康、亲子类媒体参与活动，对活动现场情况和成果进行媒体报道。

三、项目执行

滴露“放手触、自在玩”——百万儿童健康洗手教育普及项目，从9月18日启动，至10月18日收官。最终，360万个孩子学会了正确洗手并养成了洗手习惯，近3 000个孩子和家庭直接或间接参与了线下活动。媒体对活动的报道也达到了453条以上。

1.《熊孩子集体造反为哪般》视频上线，拉开“触摸权”大幕

9月18日，题为《熊孩子集体造反为哪般》的宣传视频，登录各大视频平台及滴露官方微博首页。视频从孩子的角度提出了“还我触摸权”的话题和洗手与触摸权之间的关系，并呈现国际洗手日和滴露品牌信息。

2.“滴露洗手帮”训练营，360万名儿童学会正确洗手

9月18日起，滴露携手淘米网旗下最受孩子喜爱的在线游戏《摩尔庄园》，共同提出“滴露洗手帮”训练营线上活动，邀请孩子与家长一起，加入“滴露洗手帮”，进行为期14天的洗手训练营。滴露官方网站，官方微博也制作了活动入口，使到访的家长和孩子能同时接触到“滴露洗手帮”和滴露品牌双方面的传播信息。

“滴露洗手帮”活动在10月17日结束。其间，有450万个孩子加入“滴露洗手帮”，有360万个孩子坚持正确洗手14天，学习并掌握了正确的洗手方法——成果远高于原定的“百万”目标。

3.“放手触，自在玩”庆祝派对，孩子们庆祝触摸权回归

10月13日，200个完成了“滴露洗手帮”训练营的孩子，与他们的家长一起来到北京蓝天城，参与“放手触、自在玩”狂欢庆祝派对活动。35家媒体作为来宾，与孩子们共同感受触摸权回归的喜悦。

---

① KOL（key opinion leader），即关键意见领袖。

② BBS（bulletin board system），即电子布告栏。

在活动的最后，也是最让孩子们幸福的环节——孩子们走进堆满礼物的“滴露魔法屋”，尽情触摸和挑选里面的礼物。庆祝派对最后在孩子们一阵阵的欢呼声中落幕。200个孩子又一次感受到得到触摸权的喜悦，而200个家庭也为孩子们能够用正确洗手来保护自己的健康而更加安心。

4. 国际洗手日共创两项吉尼斯世界纪录，为爱携手

10月15日，第6个国际洗手日当天，滴露“放手触、自在玩”——百万儿童健康洗手教育普及项目来到安徽省马鞍山市当涂县，并在这里完成“申吉”壮举。“世界最长握手链”和“最多人洗手接力”两项世界纪录，将“放手触、自在玩”推向最后高潮。

现场还组织了超过2 500人共跳洗手狂欢舞，300多个孩子一起用环保颜料绘制了手掌画，用欢乐的方式普及和推广正确的洗手方式，并呈现出孩子对触摸的渴望。

四、项目评估

在为期近一个月的公共关系活动后，滴露“放手触、自在玩”——百万儿童健康洗手教育普及项目核心目标的完成情况远高于预期：不仅让360万名儿童学会正确洗手，而且通过视频、线上线下传播等方式累计影响的家庭超过450万个。

1. 公益效果评估

共有450万个孩子参与了“滴露洗手帮”训练营线上活动，其中360万个孩子完成了全部14天的训练营，学会了正确洗手的方法，并养成了良好的洗手习惯。200个孩子参与了庆祝派对，一起为得到触摸权狂欢。安徽省马鞍山市当涂县的2 500名中小学生亲手完成了“世界最长握手链”和“最多人洗手接力”两项吉尼斯世界纪录。

2. 媒体和线上传播效果评估

“滴露洗手帮”进行期间，通过微博KOL和BBS平台的投放，共收到点击、评论、转发超过12万次。

“放手触、自在玩”庆祝派对得到中国教育电视台《新闻报道》、北京电视台《北京您早》和北广传媒优优宝贝网《优优宝贝》三档电视节目的报道，总报道长度接近8分钟。加上平面、网络、论坛社区等各类平台报道，共计收到剪报和报道链接453条。

3. 现场受众反馈

活动的参与者普遍表示，滴露的活动确实帮助孩子们学会了正确洗手的方法，养成了良好的洗手习惯，而且也让孩子的父母树立起正确的育儿导向。

参与“放手触、自在玩”庆祝派对的优酷记者：“其他企业在国际洗手日举办的活动多半是在推销各自的产品，但滴露却选择在这个日子里帮助孩子们建立正确的洗手习惯。这使得这次活动不仅成功，而且格外有意义。”

4. 品牌形象获益

通过滴露“放手触、自在玩”——百万儿童健康洗手教育普及项目，滴露品牌的获益体现在三个方面：

滴露倡导正确洗手的方法和习惯，这使目标受众（主要是家长）很容易将正确洗手和滴露品牌联系起来，使滴露在洗手、卫生、健康等方面，在受众心中建立起较高的权威性。

对于孩子洗手习惯的培养，滴露采用孩子们最喜欢的游戏和互动方式，让他们快乐地养成洗手习惯。这使滴露的品牌形象不但专业，而且非常亲民，很容易得到家长的信赖，这也是滴露有别于其他同类品牌的重要特征。

滴露的品牌形象不仅在整个公共关系项目中不停进行视觉呈现，而且在线下活动中也成为现场唯一洗手用品。这使活动的参与者很容易将滴露与洗手行为本身联系在一起，为品牌的日后推广奠定牢固的基础。

资料来源：系第11届最佳公共关系案例，载《国际公关》2014年增刊，第80-85页，该案例获医疗健康传播金奖，内容有删节

第五节 学术界对公关策划程序问题研究综述

近年来，大量公共关系学的理论与实务译著出版，为国内学术界的研究打开了新的视野，使学者们得以管中窥豹，了解国外同行的研究情况；国内不断出版的各种新的公共关系学的著作，也均在公关策划学方面着下重墨。虽然公关策划学方面的专业著作出版得较少，但在这方面的研究也在逐年推进。毕竟公共关系学是一门具有极强应用性的科学，公关策划学正是这一科学中“露出冰山一角”的部分。

一、国外研究概述

纵观国外著作的研究情况，关于公关策划程序部分内容，显得有些分散，缺乏国内学者的系统与严谨，但也不乏精彩的见解。在权威著作《有效的公共关系》一书中，作者从战略管理的高度来论述公关策划的重要性，提出制订公共关系计划与策划方案的一般步骤包括八个内容：第一，界定作用和任务；第二，确定关键性的结果区域，即决定在何处投入时间、精力和智力；第三，确定并使效果指标具体化；第四，选择和树立目标；第五，制订行动计划，具体包括制订方案、安排时间、编制预算、规定责任、评议和协调；第六，制定控制措施；第七，传播；第八，实施[①]。该书作者特别认为，公共关系的作用是有助于应付来自社会环境的威胁，可以提升组织的竞争优势，而且更加根本的是保持组织的名声和信誉。

英国学者安妮·格里高利所编的《公共关系实践》一书认为，在处理公众关系时，“研究调查对于任何一项公关策略来说都是重要的组成部分”[②]，公关策略的方法主要有：投资或赞助慈善活动、网站信息交流、新闻通讯、居民会议或开放日、地区媒体、学校联系、地方政府和公共服务等。在谈到如何策划赞助活动时，她认为具体步骤有基本商业原则、赞助策略、竞争力审核、赞助详细目录、最佳分析、合同协商、设施过程和活动评估。

比较具体的阐述公关策划程序的内容是在《公共关系：职业与实践》一书中。该书作者认为，“公关计划既是战略性的也是策略性的。当制订一些近期发展方案时，人们往往能够

① 格伦·布鲁姆、艾伦·森特、斯科特·卡特里普：《有效的公共关系》，明安香译，华夏出版社，2002年，第314-315页。

② 安妮·格里高利：《公共关系实践》，张婧、幸培瑜、王嘉译，北京大学出版社，2008年，第126-128页、第154-159页。

考虑到公共关系。但是，公关人员自身必须从支持和实现战略性目标的角度出发设计出策略性计划”[①]。关于公关策划的基本构成有策略性计划、公众舆论调查、头脑风暴、情景构造。关于情景构造，该书作者指出其是指“事先构想一个合乎逻辑的对未来事件的假想情景，从而研究各种不同选择带来的动态变化”。该书作者随后设置出公共关系活动过程的基本元素，如表 4-1 所示。

表 4-1　公共关系活动过程的基本元素

序号	基本元素	序号	基本元素
1	根据公司使命确定目标	7	为了实现目标制定战略
2	确定现在的环境	8	设计战略执行中的策略
3	确定实现目标的威胁和机会	9	设计评估方法
4	调研并选择目标受众	10	制定预算
5	为公共关系活动设计一个主题	11	制定时间表
6	为公共关系计划或活动制定目标	12	分配人力

而一本专门论述活动策划的著作，也对类似公共关系活动的程序提出了自己的观点，朱迪·艾伦认为，在开展活动的初期阶段必须要有规划，具体包括：确定活动目标、资金额度、活动愿景、活动体验的设计目标、初期规划、活动预览、预算监控、活动设计准则要点回顾、活动体验设计目标。朱迪·艾伦进一步指出：“了解活动之所以举行的原因有助于你（和客户）制定出公司目标或客户目标，即有形收益（短期收益）和无形收益（长期收益），以便于选择出适合于实现这些目标的活动的恰当类型。”[②]

这些观点对于我们深入研究公关策划活动及其类型，有一定的启发作用。

二、国内研究情况

国内学者关于公关策划程序问题有很多不同的观点，因为每一本公共关系学的书籍都会有专章论述公关策划的内容。但是，集中体现公关策划程序的研究观点，主要反映在一些公关策划学的著作中。

国内第一本公共关系学的著作《塑造形象的艺术——公共关系学概论》，对公关策划程序做了规定，认为制订公共关系计划有四个步骤，即确立公共关系目标、确定公共关系活动的对象公众、确定公共关系活动主题、制订具体行动方案[③]。这一观点对后来出版的公共关系学著作起到了框定轮廓、制定基调的作用，后面出版的各种公共关系学的著作，基本围绕这一框架展开。

在国内曾经有较大影响力、俗称“红皮书”的《公共关系学》，提出了公关策划分为两个阶段，七个步骤。两个阶段为准备阶段和策划阶段，七个步骤包括现状及原因分析、确立

① 丹·拉铁摩尔、奥蒂斯·巴斯金、苏泽特·海曼等：《公共关系：职业与实践》，朱启文、冯启华译，北京大学出版社，2006 年，第 136-145 页。

② 朱迪·艾伦：《活动策划全攻略》，卢涤非译，旅游教育出版社，2010 年，第 2 页。

③ 明安香：《塑造形象的艺术——公共关系学概论》，科学普及出版社，1986 年，第 8 页。

目标、设计主题、分析公众、选择媒介、预算经费、审定方案[①]。这一观点更加细致地阐述了公关策划的步骤，对实际的策划工作具有积极的指导作用。

在有关公关策划的专门著作中，相关论述值得关注。

较早出版的林汉川所著《公关策划学》一书认为“公关策划，就是公关人员通过对公众进行系统分析，利用已经掌握的知识和手段对公共关系活动的整体战略和策划的运筹规划。”林汉川进一步解释，“公关策划，不是具体的公关业务活动，而是公关决策的形成过程”[②]。在这样的理念之下，林汉川认为公关策划的一般程序为收集公关信息、策划公关目标、公关对象策划、公关策略策划、公关时机策划、公关决策与公关效果评价。

赵驹和王小玲编著的《公关策划》一书中认为，公关策划的核心是要解决三个问题，“一是如何寻求传播沟通的内容和公众易于接受的方式；二是如何提高传播沟通的效能；三是如何完备公关工作体系”[③]。公关策划的工作程序为调研选题、情况假设、做好准备、开展调研、明确问题、分析条件、确立目标、策划创意、形成方案、论证选优、“推销”策划方案。

余明阳等编著的《公共关系策划学》一书对公关策划的构成要素做了归纳，认为“凡是比较规范的公共关系策划都要涉及以下因素：策划人员、策划对象、策划目标、策划依据、策划方法和策划方案”[④]。

蒋明军主编的《公共关系策划》一书，对公关策划程序的阐述更为精练。蒋明军认为“公共关系策划是一项复杂的脑力劳动，必须遵循一定的思维活动规律。根据策划工作提供的思维方式方法，一般可把公关策划的程序归结为：公共关系策划的准备、公共关系策划的创新思维开发、公共关系策划的方案制订、公共关系策划方案与可行性评估四大基本步骤”[⑤]。

谭昆智等所著的《公共关系策划》一书中，对公关策划又做出了新的解释，认为“公关策划是找出事情的因果关系，衡量未来所采取的步骤，作为目前决策之依据，即公关策划是实现决定做什么、何时做、谁来做。策划如同一座桥梁，它连接着我们目前之地和我们要经过之处”[⑥]。该书归纳的公关策划的实际步骤是分析公众、设计主题、策动新闻、媒介选择、预算经费、审定方案。

以上对于公关策划的不同理解及程序的独特设置，体现了学者们在公关策划问题上的深入思考与独特的观察问题的倾向性，为今后学者们的研究提供了更加广阔的思路与视角。

---

① 熊源伟：《公共关系学》，安徽人民出版社，1994 年，第 220 页。
② 林汉川：《公关策划学》，复旦大学出版社，1994 年，第 6 页。
③ 赵驹、王小玲：《公关策划》，北京大学出版社，2006 年，第 18 页。
④ 余明阳等：《公共关系策划学》，首都经贸大学出版社，2006 年，第 14 页。
⑤ 蒋明军：《公共关系策划》，上海中医药大学出版社，2008 年，第 56 页。
⑥ 谭昆智、汤敏慧、劳彦儿：《公共关系策划》，清华大学出版社，2009 年，第 34 页。

研究与演练

一、理论研究

1. 公关策划中，策划主旨的确立发挥着怎样的作用？
2. 公共关系创意体现了公关策划的什么原则？创意对公关策划活动的意义何在？
3. 公关策划方案形成但没有实施时，为什么需要预先进行效果评估？

二、实践演练

1. 观摩学习本章的经典策划方案。
2. 古人云：“纸上得来终觉浅，绝知此事要躬行。”在老师指导下设立一项公关策划活动，经过调研与创意然后撰写策划方案。

第二篇　公关策划实务

第五章　日常型公关策划

第一节　公共关系活动性质与分类

一、公共关系活动开展的必要性

公共关系活动是组织为了营造自身有利的生存与发展的环境，通过举办恰当的、与目标公众沟通交流的活动，实现被公众了解、认可及信任目的的一种过程。

对于一个组织来说，如果是处于完全无竞争的状态，不需要考虑与其他周边公众彼此关系的处理，自身还发展得非常好，那么这样的组织是不需要开展公共关系活动的。但是，这种情况在今天这个社会，几乎是不存在的。市场经济在全世界的普遍运用，将地球变成了一个息息相关的“村落”，这种日趋加深的相互相关性使各国、各民族、各类型的组织之间彼此依靠或者咬合、嵌入，任何单位（组织）或个人都不可能脱离现存社会环境而孤立存在。不论政府也罢，还是营利性组织、非营利性组织也罢，均面临着要与周边社会环境中的各组织（包括合作伙伴或服务对象等）处理关系的局面。关系处理得好，该组织的各项工作进展顺利；关系处理得不好，则组织的工作推进困难，甚至会陷入孤家寡人、无人喝彩的境地，落得被迫收兵退场的尴尬结局。因此，重视公共关系早已成为各类组织的共识。

实际上，在非商品经济社会，一个组织（如政府、企业甚至学校等）的存在，也需要重视并认真处理与周边组织之间的关系，与之关系的融洽与否，直接关系到这个组织的生存与发展状态，只不过大部分情况下，这种关系的处理往往是通过人际关系来表现的，即一个组织的负责人必须事先深入思考、主动处理与周边环境中上下领导人之间的关系。例如，晚清“红顶”商人胡雪岩的盛与衰正反映了关系处理对组织发展的密切关系。

开展公共关系有多种方式，通过各种各样的行为，即公共关系活动来体现，这是组织发展的需要，更是提升工作效率、实现组织目标的迫切要求。在举办公共关系活动前需要公关策划人员深入调查、精心设计与安排，全力关注活动的进展、效果和效益，活动一旦举行就要努力保证其成功，否则得到的就可能是负面作用。

二、公共关系活动的性质

公共关系活动从性质上来说体现了三个层面的含义。

1. 全面体现组织的公共关系专业水准

设计策划公共关系活动，是一个组织关系重大的工作，因为这一活动关系到公众对组织的评价，以及组织未来发展的顺利与否，公共关系活动举办得是大型或小型、短期或长期、简单或复杂、成功或失败，既是组织发展的需要，更体现了一个组织公共关系的专业水准。通过举办公共关系活动，可以检阅一个组织或行业的公共关系专业素质，了解组织现有公共关系状态，发现组织的公共关系方面的问题，展示组织公共关系的水平。

2. 全面展示组织的开放姿态

一个组织开展公共关系活动，从本质意义上说，是一种开放姿态的展示，是组织主动向目标公众传递信息、引起公众注意、赢得关注认同的积极信号，活动的开展会吸引公众的参与，恰当的活动会激发公众的兴趣，影响公众行为改变，会在公众内心留下对组织的良好印象，因而，以公共关系的活动来体现组织的公共关系管理，是十分必要的。

3. 充分彰显组织的社会发展目标

任何组织在社会上的生存，都需要获得一个基本的存在价值，亦即对社会的贡献，而不是仅为自己谋取私利。在激烈的组织竞争中，展示组织社会生存意义是十分重要的，否则，无法赢得社会公众的关注，也就失去了组织生存的土壤。一定形式的公共关系活动，为组织彰显自身社会发展目标提供了机会，通过活动，可以让公众看到组织构建出的共赢意愿，由此对组织产生认同感与信任感。试想：如果一个经营业务具有良好社会效益的组织从来不与公众沟通，不让公众了解，没有公众支持，那么，组织想发展壮大，是一件不可能的事情。

三、公共关系活动分类

关于公共关系活动，其分类有多种方法。

1. 根据活动的规模来分

根据活动的规模可以分为大型公共关系活动与小型公共关系活动。

（1）大型公共关系活动包括大型庆典活动、大型公益活动、大型出访活动和大型宣传活动等。

（2）小型公共关系活动包括“制造”新闻、开放日活动、新闻发布会、内部资料编辑与发放、公关广告等。

一个组织应根据需要策划一定规模的公共关系活动。

2. 根据活动的外在表现来分

这是公关学界长期以来对公共关系活动类型的划分，有时也称为公共关系活动模式。共有十个类型。具体包括：

（1）强化型公关，是指组织公共关系活动由弱到强的发展过程。

（2）建设型公关，是指组织公共关系活动从无到有，或由不重视到开始重视的过程。

（3）矫正型公关，是指常说的危机型公关，即组织公共关系由坏到好的转变情况。

（4）宣传型公关，是指组织动用大众传播媒介开展对公众的宣传活动。

（5）交际型公关，是指组织领导人之间开展的交流与往来。

（6）征询型公关，是指组织以公共关系调查的名义向社会公众开展的主动沟通活动。

（7）社会型公关，是指组织向社会公众展示其社会责任，开展公益的活动。

（8）服务型公关，是指组织利用售后服务，或者现场开展优质服务来塑造组织声誉的活动。

（9）进攻型公关，是指组织打进新的市场，主动开展自我宣传的活动。

（10）防御型公关，是指组织以审慎、内敛、低调的状态维护自身声誉和社会影响的活动。

这十种公共关系活动类型划分得比较细致，但在实际工作中实用性并不强，有些类型交叉且比较虚拟，不是十分具体，因此，在实际的公共关系活动中使用得并不多。

3. 根据活动的内容来分

在组织公共关系活动的实际操作过程中，最常见的类型往往是围绕以下六个方面来展开的：

（1）日常型公关，组织自身（主要依靠公共关系部）开展的一些常规性公共关系活动。

（2）交往型公关，组织各个层面人员对外开展的交往沟通活动。

（3）庆典型公关，组织在特定时间举行的大型庆祝或纪念活动。

（4）公益型公关，组织开展的社会慈善与公益赞助活动。

（5）展会型公关，组织开展的展览、会议及促销等活动。

（6）危机型公关，组织应对突发的重大危机事件而开展的活动。

第二节　公关新闻、新闻发布会与媒体开放日

一、公关新闻

（一）新闻与公关新闻

1. 新闻的特点

新闻是指通过大众传播媒介报道的新信息。新闻具有三个特点，即及时性（时效性）、新鲜性（新奇性）、公众性（公益性）。

新闻的及时性要求新闻一定是刚刚发生或发现的事情，如果已经发生很久，就成为旧闻，不具有新闻性了。因而常有记者“抢新闻”之说，指的是在最短时间把新发生的事件报道出去。新闻非常讲究时效性。

新闻的新鲜性是指新闻内容必须具有新意，与身边每天发生的事情有很大的差异性，能令人感到新奇或值得对此进行关注，否则新闻就失去了其应有的价值。因此选取新闻报道的内容、报道的视角、报道的形式都是非常重要的。

新闻的公众性则要求新闻的发布与新闻的内容对公众具有意义、与其生活有一定的关

系，而不仅仅是哗众取宠的猎奇，新闻不能为某些商业集团服务，必须具有社会公益性质，新闻是给公众看的，应该具有社会价值。

职场案例观摩

余姚：小载体讲大道理
——“百、千、万”宣讲员队伍基层受欢迎

《浙江日报》讯　“为什么要设立国家宪法日？为的就是通过宣传宪法精神，凝聚社会共识，激发公民责任，让宪法精神印刻在每一个公民心中……”冬日的余姚，温度已逼近零点。可在黄家埠镇横塘村的一个农家小院里，村民们却人挤人地坐着，一点也不嫌冷。

75 岁的退休老教师潘嘉森，手里拿着扩音器，正在给村民们讲解国家宪法日的由来和意义，他背后的白墙上，是大学生村官屠利红配合播放的幻灯片。

像潘嘉森家这般的“小院讲坛”，在余姚已建成 128 个，固定宣讲员 300 多名。这些小讲坛以“五分钟学习圈”为半径，以普通党员、百姓为宣讲嘉宾，采用“百姓讲坛百姓讲”的方式，让村民在宣讲中唱主角。

不仅有小讲坛，余姚还有各种“以小见大”的方式——小板凳、小专题、小段子、小故事、小分队、小挎包、小喇叭、小评议、小屏幕……以“小”打头的载体，正成为越来越多“高大上”的政策方针与基层群众“见面”的方式。

余姚市文化馆馆长李向阳这几年在忙的， 正是通过各种“小载体”，让百姓们感受到不一样的精神世界。小快板、三句半、越剧、姚剧、莲花落……如何用传统的戏曲唱出当下的时代精神，总是让李向阳和他的同事们在办公室商量到深夜。这有意义吗？李向阳说起一件事，有一回他们在谢家路村演出，一位 80 多岁的老奶奶拉住他，说小品讲的事就是她亲身遇到过的，“这些道理谁都听得懂，比喝老酒还落胃。”

泗门镇谢家路村是个大村，有 1 600 户农户、200 多个党员，要摸清情况很不容易。现在，他们全村分成 10 个支部，村委会主任凌新苗说：“统一思想就靠小板凳。”就是大家伙坐在小板凳上面对面地聊天，摆问题、解决问题。

村里的光明公路隆昌段道路拓宽拆迁硬化工程、园区农保地调研及项目申报工程等项目，之所以能够平稳地开展，就是因为在工程开工之前，党员干部坐在小板凳上对存在的问题向村民进行一对一的解释说明，倾听村民呼声，了解村民需求，帮助村民解决实际困难，直到村民满意。

据统计，余姚市“小载体”宣讲团已形成 300 余名市级宣讲员、1 000 余名乡镇（街道）宣讲员、1 万余名村（社区）宣讲员的“百、千、万”宣讲员队伍格局，已累计为基层党员干部群众宣讲 8 000 余场次，受众 42 万余人次。2014 年，余姚市“小载体”宣讲团更被中宣部评为“全国基层理论宣讲先进集体”，成为全国 12 个先进集体之一，也是 2014 年浙江唯一获此殊荣的宣讲集体。

资料来源：记者何苏鸣、市委报道组张伟，《浙江日报》2015 年 2 月 1 日，第 1 版

2. 新闻的三要素

新闻是由三个要素构成的，即新闻媒体（记者）、新闻事件（被报道单位或对象）、新

闻稿（图片或视频资料）。

1）新闻媒体（记者）

新闻媒体是报道新闻的主体或载体，记者是新闻媒体的执行代表。一篇新闻稿只有承载于特定的媒体上才能叫新闻。新闻媒体有平面媒体（又叫印刷媒体），如报纸、杂志等；有电子媒体，如广播、电视、互联网、手机等。新闻媒体登载新闻首先是由记者采访并撰写新闻稿，然后由媒体编辑层层审核，最后才可能出现在媒体上。因而，公众在媒体上读到（看到、听到）的新闻，是记者眼中的事实，并由编辑（在新闻学上通常称其为把关人）整理和审查后的情况，因此，新闻可能是真实的，但不一定是如实的。由于绝大部分公众不可能亲眼看到、接触到所有的事实，因此公众会选择相信新闻。

2）新闻事件（被报道单位或对象）

从理论上说，每一篇新闻都应该言之有物，报道的内容是确定的事实，具有社会价值或意义，即新闻事件。新闻事件是发生在某时、某地、某单位（组织）、某人身上，因此，新闻往往与被报道的组织或某人背后的组织有密切的关系。正面新闻很受被报道单位的欢迎，而负面报道是被报道单位避之不及的。今天，一些个人由于其知名度较高，已经成为公众人物，因而关于他们的新闻也具有了与其他组织同样的社会意义。

3）新闻稿（图片等资料）

这是新闻的承载体，优秀的新闻稿会产生十分巨大的社会效益，而假新闻也会带来非常严重的社会负面作用。因而提高新闻报道的真实性与稿件质量对新闻媒体来说具有神圣的社会责任。一般来说，新闻稿包括五大要素，即题目、时间、地点、内容、结果。

3. 公关新闻的特点

公关新闻是指某一组织通过新闻媒体向社会发布本组织的信息。

公关新闻一般具有以下特点。

1）明确的新闻对象

公关新闻的发布有十分明确的报道对象——组织，绝大部分情况下，新闻的登载是该对象主动促成或形成的，而非新闻媒体记者因为其本身的新闻价值而报道的。公关新闻的发布是组织呼之欲出的，记者只是代其行使了这一职能。而一篇普通的新闻，则是新闻记者主动报道、被报道单位往往在报道后才知晓的，二者的差异泾渭分明。

2）有目的的新闻内容

公关新闻的内容目的性很强，是为新闻对象即组织服务的，所以新闻的内容是精心设计与安排的，传播内容是专门向公众传递组织某一方面的信息，新闻的长短等表现形式均根据组织的需要而定。而普通新闻稿则是根据新闻事件的实际情况、记者及编辑认为有价值的信息，才向公众传播的，表现形式既根据事件的社会意义，也根据新闻载体的容量而定。

3）高效的新闻效果

公关新闻的关注点在组织，留给公众印象的不以新闻内容为主，而是以新闻报道对象为主，使公众在阅读、听到或看到新闻后，留下深刻印象的是组织。相比之下，普通新闻的关注点则在新闻事件上，留给公众深刻印象的往往是新闻事件中的人或事，公众了解新闻后不会更多地想到新闻事件报道对象背后的组织。

实际上，任何一则新闻都有报道对象、有明确的目的，也在追求最大的新闻价值。但公关新闻因为有组织的主动参与，就增加了新闻的目的性，甚至一定意义上的功利性，产生的新闻效果就与普通新闻大相径庭。当然，从根本上说，每一篇新闻都具有公关新闻的意义和性质，因为新闻报道总会涉及新闻报道中人与事背后的组织。因此，只要新闻媒体做到足够公允，只要越来越多的组织具有公共关系意识，那么，在大众传播媒体上必然会见到（读到、听到）更多的公关新闻。

（二）公关新闻的写作

公关新闻与普通新闻在本质、形式上没有太大区别，但在其所体现的目的与内容上可以看出一些明显的差异。

1. 题目凸显组织名称

每一篇新闻稿均有题目，题目是新闻的眼睛。公众关注新闻首先看的是题目。因此，公关新闻在题目上一定要十分鲜明，吸引人的眼球，着力凸显组织的名称，让公众对组织产生较深的印象，或引起足够的注意，同时唤起公众对内容的探知欲望。

有些情况下，新闻的内容包含着上级重要领导人、其他机构而非组织自身的重大事件的信息，但新闻的题目仍然要显示出组织的名称，这样的新闻对组织才有意义。

职场案例观摩

全国省级政府部门权力清单全部公布
——促进简政放权　完善运行机制

《人民日报》北京 1 月 28 日电（记者赵兵）　中央机构编制委员会办公室最新统计数据显示：全国 31 个省份已全部公布省级政府部门权力清单，其中 24 个省份公布了责任清单，17 个省份公布了市县两级政府部门的权力清单和责任清单。推行地方政府工作部门权力清单制度，促进了简政放权，提高了政府运作效率。

推行地方政府工作部门权力清单制度是党的十八届三中、四中全会明确的改革任务，是加强国家治理体系和治理能力现代化建设，规范权力运行，打造法治政府、创新政府、廉洁政府的重要举措。

一年来，各地普遍按照“清权、减权、制权、晒权”四个主要环节，对政府部门权力“大起底”。公布政府部门清单的，大都建立了较为详细的行政职权目录，有的地方还建立“行政权力数据库”，确保权力行使有章可循、有规可依。

在摸清底数基础上，各地按照“职权法定”原则，对部门行政职权全面削减。有的省级部门行政职权削减 5 000 项左右，减幅达一半。同时，一些资质资格认证、行政收费等权力事项大幅削减。

不少地方着重对部门职责交叉问题深入摸排，有的仅省级部门就减少了十几项交叉事项，对确需多个部门参与管理的事项，也都明确了牵头部门和参与部门的分工职责。

在建立权责清单、完善政府运行机制的同时，各地还强化对权力运行的监督制约。对“行政许可”和“行政处罚”这两类社会集中关注的职权事项，制定权力运行图，简化行政流程，缩短办事时限，同时把权力主体、权力依据、监督电话等一并向社会公布。

资料来源：《人民日报》，2016年1月29日，第1版

2. 内容体现社会价值

虽然是公关新闻，但新闻的内容绝不能表现出组织的功利目的，而应该集中体现新闻的社会价值，具有鲜明的社会公益性，不能释放出宣传组织自身的商业味道。这样的新闻才能被容许在大众传媒上登载，也才符合公共关系的职业道德。尽管目前有个别媒体发布所谓“公关软文”，以付费方式大版面宣传组织及其领导人，但这样的做法，既损害了媒体的公信力，公众也不会买账，宣传效果并不好。

3. 结尾淡化组织色彩

公关新闻的结尾要与新闻报道对象内容一致，不显示组织的功利色彩，应该提升新闻的社会价值与意义，将组织的色彩淡化，使公众读到（看到、听到）的是一篇真正意义上的新闻，结果自然也会在公众心中留下对新闻对象——组织的印象。在上例中正体现了这一点。

（三）公关新闻的意义

公关新闻对组织的生存与发展有重要意义。

1. 有利于组织被社会公众认识与关注

公众对于新闻的了解与信任是建立在对大众传播媒介的信赖的基础上。社会的广阔与信息的庞杂使公众不可能亲自去感知全社会，而只能是逐渐通过大众传播媒介了解社会，判断、评价社会中的人与事。新闻是公众认识社会最主要的窗口之一。新闻的快速、真实，使其在公众心目中建立起了极高的信赖度，组织有意通过新闻来激发公众对组织的关注，这对组织的发展是极其重要的。

2. 有利于组织及时与公众沟通

利用大众传播媒介通过新闻的形式，组织可以及时将自身的信息传递出去，极大推动公众对组织产生关注，无形中创造了组织与公众的相互交流沟通的机会，建立起了公众对组织的了解与信任度，营造了组织生存与发展的良性社会环境。

3. 有利于组织在不利情况下的危机化解

每一个组织在发展过程中都有可能遭遇不测的境况，当组织遭遇不利的情况时，及时通过新闻将组织的真实情况告知公众，会极大地帮助社会公众了解与体谅组织，有利于减轻对组织产生的猜疑与不信任，使组织能够尽快摆脱危机，从不利的舆论境况中走出。

（四）策划公关新闻

公关新闻可否被策划？这在今天已经不再是问题。

“制造”新闻曾被新闻界质疑，并有影响新闻职业道德的深刻担忧。但实际上，无论是

“制造”新闻，还是“策划”新闻，均是在遵守新闻职业道德的前提下来实现新闻的价值，使用“策划”或“制造”的词语，无非是在凸显组织对新闻的高度重视及强烈的新闻意识。早在一百多年前爱德华·L.伯内斯就说：“公共关系顾问不能只提供新闻。相比之下，制造新闻乃是公共关系顾问最主要的职能。”①

对于一个组织来说，公关新闻的形成是需要策划的。

1. 策划新闻主题

组织策划新闻，首先要精心策划新闻主题。新闻事件天天有，但如果没有敏锐的新闻意识，新闻事件很快就被淹没而流逝，无法形成新闻。如果以高度的公共关系意识关注组织每时每刻发生的事情，选择有利于组织生存环境营造、及时与社会公众沟通的新闻事件，则新闻就在身边。

新闻主题的选择主要有以下几种。

1）组织实力

组织实力主要是指有关组织历史、发展优势、拥有资源等的新闻事件。例如，有关组织的新排名，组织与国际著名机构的合作、交流、兼并等消息。

2）技术创新

技术创新是指关于组织的技术发明、创新者事迹与创新成绩，这在今天是组织重要的新闻点。

3）组织英雄

组织英雄是指着力推出组织领导人、劳动模范、抢险英雄、节能模范等人物加以宣传。

4）组织花絮

在需要的时候，将组织的一些奇闻趣事捕捉为新闻线索而形成新闻。例如，把组织的特定地域、建筑标志、应季植物等发为新闻，让公众因一些生活趣事而对组织有好感。

5）社会公益

在社会贫病困灾的情况下，组织开展一定的慈善公益事业作为新闻事件进行宣传。如果是动用较大资金去开展，则需要另外策划，但形成新闻主题是可以提前策划的。

新闻主题还可结合社会热点等问题来选择，中心目的是为组织的公共关系目标服务。

另外，在必要的情况下，策划人物专访、连续的新闻报道、报告文学及编辑出版有关组织的发展史等都是很好的新闻主题。

2. 策划新闻时机

在有了新闻主题后，组织需要选择恰当的时机来发布新闻，时机选择不好，新闻效果就会大打折扣。在考虑新闻发布的时机时，要注意以下几点。

1）不与重大新闻事件重合

组织在推出新闻时，要尽量避开国家或地区的重大新闻事件，如人大会议、党代会、政治争端、外交冲突等。组织的新闻发布要等待大型新闻事件热度过后再发出。

---

① 爱德华·L.伯内斯：《舆论的结晶》，胡百精、董晨宇等译，中国传媒大学出版社，2014年，第160页。

2）借重大新闻事件而传播

如果组织的新闻恰与重要新闻事件有一定的关联度，则在新闻事件的冷淡期，适时搭车发布组织的新闻，则可起到借力使力的双倍功效。

3）选择社会热点或应季传播

在每一个时期，总有一些新闻热点话题。组织如果能将自身的一些事件与社会热点问题相关联，则会引起社会公众的关注；或者在一定季节，动植物的变化、天气冷暖等也可能触及组织的一些内部事务的新鲜事，形成一定的新闻事件，由此引起公众的关注。

4）选择平淡或冷寂时推出

如果组织的新闻恰是十分新奇的一些花絮式事件，则可选择在社会新闻趋于平淡或冷寂时推出，则效果会比较好。但这样的新闻绝不是制造噱头，或者哗众取宠，而只是与公众分享趣事，以激起公众对组织的好感罢了。

3. 选择新闻媒体

在策划公关新闻时，选择新闻媒介也是需要精心考虑的。传播组织新闻的媒介及媒介发布组织新闻的具体位置（栏目、版面、频道或时段等）直接影响到公关新闻的效果。

1）选择恰当的媒体

新闻媒体主要有报纸、广播、杂志、电视、互联网甚至手机等。不同的种类与级别的媒体覆盖有不同的公众。正确选择目标公众所偏好的媒体，会使公关新闻发挥最大的效益。同样，随意发布新闻于不恰当的媒体上，将给公关新闻带来低效或反效果。

2）选择或确定媒体传播的版面（栏目）

每一种媒介都有登载新闻的位置、频道、时段及栏目。这也是公关新闻策划时要认真考虑的问题。例如，报纸要考虑栏目、版面及版面中的位置；杂志要考虑栏目及新闻排序的位置；广播要考虑播出时段、重复率等；电视要考虑播放频道、栏目、时间等；网络要考虑投放的网站、位置、点击形式等。这些问题均会对公关新闻的传播效果产生重要的影响。然而，要特别注意，“公共关系顾问提供给媒体的信息必须是真实的、准确的，并且具备新闻的时新性和趣味性特征。这些信息不仅必须具备一般的新闻要素，还要满足特定报纸的特定需求，甚至还要满足处理稿件的新闻部门中特定编辑的需求”①。

总之，公关新闻的策划，是在遵守新闻职业道德的前提下高效传播组织信息、针对目标公众开展的重要沟通手段。现实中几乎每一则新闻都是策划的产物。

公关新闻的策划恰恰体现了组织对目标公众的高度关注与尊重。

二、新闻发布会

召开新闻发布会是组织十分重要的日常公共关系工作。今天，各种组织在需要向公众传达其重要信息时，常会选择新闻发布会形式。

新闻发布会与记者招待会具有十分相近的功能。一般情况下，二者不作区别。

---

① 爱德华·L.伯内斯：《舆论的结晶》，胡百精、董晨宇等译，中国传媒大学出版社，2014年，第168页。

大部分情况下，策划新闻发布会只需要组织的公关部就可以完成。

（一）举办新闻发布会的条件

新闻发布会的举办，对一个组织来说并不是经常要做的事情。那么，在什么情况下举办新闻发布会？

1. 重大事件的发布

当一个组织在某一时期有重大事件需要向社会宣布时，则新闻发布会就有召开的必要。今天的组织无论是政府也罢、企业及事业单位也罢，甚至是一个社会团体也罢，已经不再是孤立地在社会中生存，其行为往往影响着社会中的其他群体或公共利益，如政府决策、上市公司的转型、学校或医院的重要决定、公益性团体的行业规则制定等，均会对相关的社会公众产生一定的影响。因此，当组织有重大事件发生时，就需要通过新闻媒体向全社会发布。这里的重大事件主要是指重大的人事变动、重大决策变化、重要喜庆消息等。举办新闻发布会不仅是组织的公共关系活动，更是具有社会责任的一种表现。

2. 重要发明创造的宣布

一个重要发明创造的诞生，是社会文明进步的表现，可能对推动全社会的科学技术进程或改善公众的生活带来重要影响，因此拥有新创造发明技术的组织在认为必要的情况下，可举办新闻发布会予以公布，增强社会公众对组织的关注度、信任度，甚至民族自豪感。

3. 重大危机挑战下的说明

当一个组织突然遭遇重大危机，引起社会公众对组织现状的高度关注时，新闻发布会的召开十分必要。在危机发生的情况下，组织需要以最快的时间通过新闻发布会的形式向公众说明情况，及时回应社会公众的关切，如危机造成的严重情况、组织应对的措施、危机原因的解释等。

现代社会，不只组织要通过新闻发布会的形式负责任地向公众公布组织的重要消息，而且一些公众人物或某些重要事件的当事人，也可能会以组织的名义在必要的情况下举办新闻发布会，告知公众关心的事宜，让社会公众及时了解情况，减少不必要的心理恐慌，提醒采取必要的解救或防护办法等，因此新闻发布会已成为全社会高效率信息发布、组织（含公众人物）与公众及时沟通的重要形式。

（二）新闻发言人的素质要求

新闻发布会的召开，核心人物是新闻发言人。因此，对新闻发言人要提出必要的素质要求。

1. 表达能力要求

新闻发言人是依靠语言表达来完成新闻发布会任务的。新闻发言人在语言表达上应该做到以下几点。

1）口齿清楚，吐字准确

原则上，新闻发言人应该讲标准的普通话。说话口齿清楚，吐字准确，发音正确，能够让在场的新闻记者听清楚其讲话的内容，不能语言表达不清，说话拖泥带水，让人听起来含含糊糊，无法做出正确的理解与判断，无法高效率地完成信息的发布。

2）声音洪亮，声调平和

新闻发言人在主持新闻发布会时，声音应该洪亮，能够让在场的每位记者听清楚讲话内容，即使绝大部分的场合新闻发言人面前放着话筒，也要声音洪亮，底气十足，体现新闻发言人的身体健康，自信坚定，令人信赖。同时，新闻发言人讲话的语调却不能因声音洪亮而上扬，给人狂妄、自负的感觉，而应该声调平和，语气显得谦虚而不是自负，沉稳而不张狂，使在场的新闻记者听得入情入理。

3）语言礼貌，言简意赅

新闻发言人在新闻发布会上，要言语礼貌，关照到各方面的新闻记者，特别是对于在场的特邀嘉宾，更要给予语言上周到的礼遇，对于记者朋友的特殊情况或特殊要求，也要细心予以必要的交代和诚意的解释。不忽视在场所有人的感性诉求，努力做到让每个人感到比较满意。新闻发言人在讲话时，要遵守言简意赅的基本原则，语言不拖沓，说话不带口头禅，不反复重复一些话，讲话时头脑清醒，不随口解释或抱怨，更不擅自承诺，话语要严谨，语言要简洁，不给他人授之语病或口实。

4）快速反应，语言幽默

新闻发言人面对公众媒体，实际上就是面对着广大公众，必须认真审慎地对待新闻记者的提问。当记者提问时，新闻发言人要做到快速反应，机智应答，适时幽默，巧避锋芒。注意不在某些细节问题上多纠缠，及时而沉稳地将记者的关注度吸引到组织期望关注的问题上来，努力保证新闻发布会的顺利举办。

2. 应变能力要求

新闻发言人在主持新闻发布会时，要有很强的现场应变与控制能力，不要让发布会现场出现冷场或令人尴尬的场景，保证新闻发布会的正常进行。

1）一般问题，从容应对

对于新闻发布会上记者提出的问题，新闻发言人一定要认真对待，不可大意。新闻发言人虽然已有准备好的答案，但也不可贸然回答。听到问题后要先思考一下，然后微笑作答，回答时表情沉着、自信，表达出组织对公众和媒介的尊重和重视。应格外注意这样的情况：记者提出一个显而易见的简单问题或看似荒谬的问题，实际上可能潜伏着下一个核心或敏感的诘问。因此，新闻发言人在回答一个看似简单的问题时，也要先想一想，注意提问者的动机，然后再从容作答。

2）刁难问题，冷静回答

在新闻发布会上，记者提出刁难性的问题，是一个十分常见的情况。对此，新闻发言人不能动怒和急躁，而是应该冷静、清醒，既要思考应答的措辞，进行积极的应对或反击，也要思忖媒体所代表的特定公众的特殊利益，努力给公众一个满意的答复。新闻发言人培养良好的心理素质非常重要，绝不能为某些媒体记者的不怀好意、故意刁难而雷霆大怒、情绪失控，导致新闻发布会不欢而散。发言人应始终保持清醒、冷静的头脑，在记者面前不表现出任何情绪化的回答，彬彬有礼，不卑不亢。

3）意外问题，谨慎应对

在新闻发布会上，如果记者提出一个令新闻发言人完全意外的问题，这时新闻发言人草率回答“不知道”，可能未必是一种负责任的态度，因此，对此应该十分谨慎地来应对，既不能怪罪媒体记者捕风捉影，也不能自责消息闭塞，而应该经过思考后谨慎回答，不给对方留口实，也不完全排斥对方的探询之意，礼貌上还要做到十分周全。

4）突发事件，镇定对待

在一些特殊情况下，新闻发布会也会发生一些突发事件，如停电，嘉宾情绪失控、昏迷，普通公众表现失常、暴怒或出现扔皮鞋、打出反对标语、喊出不恰当的口号等情况。对此新闻发言人首先要做到镇定、不慌乱，然后稳定会场秩序，相机采取适当措施进行应对，保证新闻发布会有序地进行或正常结束。绝不能面对突发事件，先慌了手脚，不经过大脑思考，草率处理，结果可能导致新闻发布会的停顿或不欢而散，草草收场，变成一件丑闻。

新闻发布会对组织的影响十分重要。媒体记者是组织最重要的外部公众。他们的态度和判断直接影响着全社会公众对组织的看法和认知。因此，新闻发言人必须有责任和义务保证新闻发布会的顺利举行。

职场观点

新闻发言人的素质要求

我眼中的新闻发言人是什么样？用通俗的话说：有人缘、会说话。他乐于与人打交道，友善平和，在人群中如鱼得水，特别善于与各色人等打交道，深谙沟通技巧；有成熟的处事经验，有丰富的人生阅历；对相关业务熟悉，对舆论敏感，有深入浅出谈问题的能力；熟悉国情民心，洞察社会心理，是化解矛盾的高手。

而记者与新闻发言人的关系，是互为桥梁的关系，以我媒介，传你内容，好的沟通能够共赢。通过媒体与社会公众沟通，新闻发言人的实践将改变信息不公开的历史。

今天，自媒体已经成为人们得心应手的监督工具，“防火防盗防记者”那一套还管用吗？媒体多元格局下，到处都是镜头，人人都是记者，防不胜防，以记者为敌，岂不是处处树敌？拒绝媒体、阻挠记者，显然是缺少智慧的举动。还是学习运用媒体吧，了解一点信息传播规律和舆论形成规律，好好说话，好好沟通。

我们不是敌人，我们也不是亲人。即使是做正面报道，记者也不是亲人。有的人觉得，和记者很熟，称兄道弟拍肩膀，但是，记者就是记者，亲人是什么关系啊？利益高度一致，护短，遮瑕，任性，不怎么讲原则。亲人能理解表达中的过头话、气话，能忽略不计。记者听到的任何一句都可以传播，就像警察听到犯罪嫌疑人说的任何一句话都可以当做证据。记者用他的新闻价值角度来判断传播意义。如果遇到不大靠谱的可能有麻烦的说法，记者没有义务像亲人一样去护短，他可能去传播。这样说，是提醒接受采访的人：有分寸。

资料来源：摘自敬一丹：《我遇到你》，长江文艺出版社，2015年，第179-188页，题目为著者加

3. 掌控新闻发布会进程的要求

新闻发言人在新闻发布会上有一项很重要的能力必须具备，即对发布会进程的掌控能力——实现新闻发布会从开始到结束的有效管理。

具体来说：

1）保证良好的开端

新闻发言人是新闻发布会的主持人，也是新闻发布会全过程的管理者。因此，新闻发言人要让新闻发布会有一个良好的开场。

第一，向所有与会记者表示欢迎，以诚挚的态度拉开发布会的序幕。并在发布会之前与记者进行简单沟通交流，构建在记者心中的亲和力。

第二，新闻发言人要做好嘉宾的介绍，让所有参会的记者明了嘉宾的身份、专长、出席发布会的任务。

第三，介绍新闻发布会的程序与内容。从一开始就让记者明了整个新闻发布会的主题、议程、重点，使记者便于安排自己的工作内容。

第四，以简单语言调适新闻发布会气氛，有一个好的开场白，营造诚恳、亲切、严谨、有序的基本格调，为新闻发布会的顺利召开做必要的铺垫。

2）保证顺畅的过程

新闻发言人在新闻发布会进行中，要密切关注会议的进程，及时发现可能的隐患，快速排除可能的干扰，努力做到新闻发布会有序、顺畅地运行。

在新闻发布会上，可能出现的情况有：

第一，新闻发言人或嘉宾被记者难倒，使新闻发布会陷入尴尬、难堪境地。在这种情况下，新闻发言人必须急中生智，善于从不利的场景中摆脱出来，如以答非所问、引用古语或幽默笑话来打岔，或以坦诚态度应对记者的诘难，或以义正词严的态度表明组织的严正立场，以赢得更多新闻媒体的了解与认同。切忌故意敷衍、愚弄记者，招致记者的反感。

第二，有人故意破坏新闻发布会，搅扰会场。如果出现这样的情况，则新闻发言人要保持镇定，安排必要的工作人员维持会场秩序，适时揭露事情的真相或破坏者的不良用心，努力保持新闻发布会顺利举行。

第三，出现设备故障，导致新闻发布会停顿。例如，话筒出现问题、停电等。如果是这种情况，则根据当时的情况，认真考虑新闻发布会运行的可行性，确定是否正常进行或迁址或延期等。但不论设备发生什么情况，新闻发言人都要冷静、从容、不慌不忙，主动关照好记者的情绪。

3）保证圆满收尾

新闻发言人在掌控新闻发布会时，注意顺利圆满收尾也十分重要。

第一，要把握好发布会的时间，大致控制在 1~1.5 小时，如果记者提问踊跃，参会记者的级别较高，则可适当延迟结束。如果新闻发布会持续到中午或傍晚，则要及时收尾，留下余言未尽的感受。

第二，要把握好发布会的节奏。在高潮偏后时即刻结束，不要让人感到会议拖沓、松弛。

一般来说，新闻发布会开始会有些冷清，然后随着记者的提问而逐渐气氛热烈。对此，新闻发言人要注意掌控发布会的节奏，在主要问题已经说明清楚的情况下，即可适时收尾，宣布发布会结束。

第三，要安排好发布会的程序。在新闻发布会上，要保持进程平稳有序推进，不要前松后紧，留给记者提问的时间有限，令记者不满。新闻发言人在开始时就交代清楚发布会的议程，留足记者提问时间，保证发布会圆满结束。

4. 个人仪表要求

新闻发言人是组织的形象大使，面对新闻记者，就是面对社会公众。新闻发言人的个人仪表已经不再是私人的生活问题，而是与组织的声誉、形象完全融为一体的职业素养问题，因此，在新闻发言人的素质要求中，仪容仪表是重要的内容。

1）仪表整洁正式

不论是男性或女性的新闻发言人，在仪容上，首先要做到衣着整洁，清爽干练，不给人留下随意、衣衫不整、不洁的印象。对新闻发言人第一印象的建立，在一定程度上影响新闻记者对组织的初步看法。

正常情况下，新闻发言人要着正装，男士西装革履、打领带；女士着西装或套裙，穿长筒袜、皮鞋。这样的装束体现了组织对所有参会记者的尊重，也体现了对广大社会公众的尊重。

2）仪容端庄亲切

作为新闻发言人，应该有一张端庄、明朗、自信、坚毅的面孔，让人看到这张脸，易于产生信任感。新闻发言人在主持发布会时，应表情自然、端庄、沉着但不失亲切。在各种突发情况或不良的气氛下，始终保持坦诚、积极、平和的表情，从中传递组织对大众传播媒介尊重、开放的积极信号。新闻发言人最忌摆出一副高傲、盛气凌人、冷漠的表情，给人一种拒人于千里之外的姿态，这会让新闻界对组织产生消极的印象。

3）仪态谦和有度

新闻发言人主持新闻发布会时，要注意仪态自然而不随意，谦和而不谄媚，体现出训练有素的良好职业风范。在台上需要做一些手势时，注意幅度小而有度，不做夸张动作；不做影响仪态的小动作，如理头发、提裤子、整理衣服或领带、搔抓身体的某一部位等。新闻发言人应令人感到谦和、儒雅，收放自然有度，以大方、潇洒的个人魅力展示组织良好的管理水平与形象。

（三）新闻发布会的策划

新闻发布会的策划是一件比较具体的工作，一般情况下本组织的公共关系部门或专门的新闻办公室就能完成这项工作，不需要聘请专门的公关公司来操办。在策划新闻发布会时，主要有以下几项工作要做。

1. 确定新闻发布会的内容

确定新闻发布会的内容是举办新闻发布会时首先要考虑的问题。新闻发布会的内容主要包括要公布的事项、说明的内容、解释的细节等。具体来说有几种情况，组织有重大消息需要向媒体公布的，如人事变动、公司重组、公司破产等；组织有重要消息向社会宣布的，主要指技术科研方面的成果或进步，如科技发明、专利申请、技术空白填补、新技术引进等；组织在重大事件面前需要尽快向公众解释的事情等。

一般情况下，新闻发布会的内容必须要形成书面文字，一则让新闻发言人事先有所准备，发言时有的放矢，语言表达准确，不出现明显语病或违规言辞；二则作为新闻通稿的原型，为送达给新闻媒体做准备，并在新闻发布会后，将书面内容经修改润色后交给记者。

2. 确定新闻发布会的出席嘉宾

新闻发布会的嘉宾是新闻发布会的主角，他们的出席对新闻发布会的成功起到十分重要的作用。因此，确定邀请出席嘉宾的名单是策划新闻发布会的重要工作之一。受邀出席的嘉宾应该具有这样的特性。

1）相关性

嘉宾应该与新闻发布会的内容有密切的相关性，如应该是分管领导、主要负责人，或者是事件的直接参与者等。

2）高级别性

嘉宾一定是该工作或事件的主要负责人，管理级别应该比较高，显示组织对新闻媒体的尊重和对公众的负责任。

3）代表性

参会嘉宾应具有很强的代表性，能够在某一方面具有权威性和代表性，其提供的信息具有极强的说服力，嘉宾的发言能够给公众满意的答复。

3. 确定新闻发布会受邀的媒体及记者

新闻发布会的客体是媒体及其代表记者，组织在确定记者所代表的媒体以及参加人数时，应该慎重。应着重从以下几个方面甄选记者。

1）媒体受众覆盖组织的目标公众

选择媒体要考虑媒体所服务的受众是否包含组织的目标公众。如果能够覆盖，则组织的新闻发布会可以邀请其参加。有些媒体看似覆盖面很广，但与组织的目标公众有很大差异，则不必选择。例如，组织的目标公众是中老年女性，则一般的女性时尚杂志记者就不必通知参加。

2）媒体辐射区域涵盖组织的目标公众区域

选择媒体时还要考虑媒体的辐射区域。如果组织的目标公众涉及全国范围，则可邀请全国性的媒体记者参加；如果组织的目标公众只是在本区域，则仅通知本市或本县的主要媒体记者到场即可，因为即使通知全国性媒体记者到场，对方也可能会明确表示不感兴趣。

3）引发事态的媒体邀其持续关注

对于组织来说，先期关注组织的媒体不论其是好消息还是负面报道，在举行新闻发布会时该媒体也要特别邀请，请其继续关注组织，传递真实信息，以飨公众。

另外，新闻发布会不是参加的媒体越多越好，级别越高越好，而是恰当才好。只要组织本着诚信的态度，以现代公共关系意识积极地与目标公众寻求沟通与认可，则新闻媒体就会以同样的态度将组织推向社会公众，实现新闻发布会所期望的目标。

4. 确定新闻发布会的时间地点

策划新闻发布会时，还要考虑合适的时间、地点。在时间上，注意组织的消息发布不要与国家或当时的重大事件相冲突，否则，一些重要的记者来不了，即使来了，消息或报道也难以在媒体的重要位置上登载。对于公众高度关注的突发事件，则新闻发布会召开的时间越早越好，不可拖延。否则流言就会成为主流，媒体的关注度下降，组织在公众中的声誉就会降低，对于组织不利的负面报道就会占据主导。

关于地点，对组织重大事项或庆典事宜的新闻发布会，可选择当地条件较好的酒店会议厅举行，方便就近餐饮或参观；而对突发危机事件的新闻发布会，则最好选择本组织的正式会议厅或事故现场附近地点举办。这样，既可以让记者看到现场的情况，做出最真实的报道，也可以展示组织的诚意，击碎各种谣传或猜测。

5. 确定新闻发布会会场布置风格

新闻发布会不论在外租用酒店，还是在组织内举办，都要事先确定会议布置的风格。应注意以下几点。

1）横幅标语的内容

一般的新闻发布会都要悬挂标语或使用多媒体大屏幕，标语的内容需要事先确定。例如，××组织新闻发布会；也有内容简单的，只是用投影仪打出五个大字“新闻发布会”，但大屏幕的背景颜色和图案需要谨慎选择。它对于营造新闻发布会的气氛和格调发挥着重要作用。

2）主席台的布置

主席台的摆放方式体现了新闻发布会的内容与性质。正常情况下，主席台摆放一排桌子，桌子台布的色调要与新闻发布会的内容有关联度。例如，重大喜庆事件，台布最好用红色或红黄颜色；重大伤亡事故的发布会，则可用黑色或白色等。

在重大科技创新发明的新闻发布会上，主席台可以不要桌子，只放几把椅子即可，椅子围成圆环状，便于嘉宾自由发言。主席台周围可根据情况放置鲜花或松柏，话筒最好是每个嘉宾面前放一个，茶杯按人摆放。

3）会场内的其他布置

新闻发布会除了在主席台体现发布会的风格外，还要根据会议内容及其情况，在会场两边或中间上空悬挂标语口号，或其他装饰物。会议之前可安排暖场音乐，会议之后可以安排告别音乐，让出席的记者感到温馨、舒适。另外，新闻发布会必须安排足够的椅子或凳子，并在可能的情况下，装备有充足的现场报道及上网设施等。

6. 确定新闻发布会前后的接待与参观

新闻发布会的举办要周密安排接待工作，包括前期的电话反馈、服务值班电话的值守、信函的寄发、出席人数的核定、届时的接车、到会的签字、参会牌的制作与发放、新闻通稿的配送、其他一些特殊要求的接待与处理等。这些工作正是考验一个组织公共关系管理水平与公共关系人员素质与能力的重要机会。接待工作的设计应细致而全面，事先尽量考虑周全，以备临时仓促，无法应付。

新闻发布会后，在可能的情况下，最好邀请新闻记者做一般性的参观。因为组织向媒体公开就是向社会公开，这个机会十分难得。但是参观工作是一件比较慎重的事情，事先要有所准备，在组织内部做好相应的沟通协调工作，明确参观路线，组织好参观队伍，在不影响组织正常工作的情况下，顺利地让新闻记者对组织予以全面的了解。

参观结束后，一般可安排记者工作餐。

7. 追踪新闻发布会后的报道

追踪新闻发布会后的报道工作在策划新闻发布会时就要提前考虑进去，并安排专人进行追踪。这是新闻发布会效果的检验，更是新闻发布会举办的目的。组织对新闻发布会后的工作要密切关注，及时与主要媒体的记者进行沟通，确定报道视角、报道时间及报道版面、栏目或频道，使新闻发布会的后续工作落实到位，最终实现新闻发布会的目的。

三、媒体开放日

对一个组织来说，当公众对组织经营的业务或产品、突发的危机事变、存在的特别现象等产生质疑、兴趣或强烈的抗议时，组织策划媒体开放日就变得十分必要了。

（一）举办媒体开放日的条件

组织举办媒体开放日需要具备一定的条件，否则随意开展媒体开放日活动会因为条件的不具备而带来严重的后果。

1. 有需要向社会展示事情真相的必要

今天，作为社会公民之一的组织，其行为随时有可能受到全社会公众的关注，媒体的曝光会使组织立即置于社会公众的高度质疑或特别兴趣的镁光灯下。那么，当组织感到媒体的曝光有失公允、公众对事情的了解程度有限、公众对组织存在明显误解、组织向社会展示事情的本来面目成为必需时，组织公关部就需要策划媒体开放日活动了。

2. 组织具备可以对外开放的条件

组织举办媒体开放日活动，这是一种重要的公共关系活动，要举办这种活动，组织需要具备对媒体和公众代表开放的条件。例如，有可以通行到达的交通条件，有可以公开展示的产品、生产厂区、生产过程、实验室、动植物养殖场，或者有未被破坏的危机事故现场等。只有具备这些条件，才可能让媒体记者或公众代表（消费者协会或非政府组织代表）亲眼看到事情真相，直接实地了解组织、理解组织，对组织有全面、真切、正确的认识。

职场案例观摩

开放日　放得开（会内会外）
——人大已开放36团次　记者太多临时加椅

“3月5日下午15点，江西、辽宁、澳门代表团安排开放。”2016年全国人大会议一开幕，十二届全国人大四次会议新闻中心的这则公告就立即在记者的朋友圈里迅速刷屏。

截至3月12日，全国人大会议已经举行了36团次的开放日活动，其中仅澳门代表团就已安排了3次。各代表团的履职场景，原汁原味呈现在世界的聚光灯下。

这几年来，代表团向中外记者开放，受到各方的关注越来越高。在这个履职参政的大平台、共商国是的大舞台上，各代表团与中外记者面对面，回应热点、直面焦点、不避难点，让世界倾听到中国更加开放的脚步、感受到中国更高质量的民主。

形式更多样　信息更丰富

据人大会议新闻中心负责人介绍，在境内记者可以自主采访代表团各种会议的基础上，大会新闻中心2006年提出了“所有代表团至少向境外记者开放一次团组会议”的要求，这使得开放日逐渐成为大会期间代表团的“规定动作”，“最多一年曾经有40多个团次的开放日活动”。

“充分反映审议情况，充分解读重要报告和文件，充分回应社会关切，这是代表团开放日设立的初衷，也是开放日要实现的目标”，这位负责人表示。

3月6日下午2点55分，山西代表团开放日会议正式开始，共有两项议程。第一项议程，由省长李小鹏代表主持，代表团审议政府工作报告。一个小时审议，代表们畅所欲言，有质量、有实效、有针对性。第二项议程，记者现场提问。面对《人民日报》记者提出的有关山西治理“塌方式”腐败的问题，省委书记王儒林代表没有避讳：“治理系统性、塌方式腐败问题，是以习近平同志为总书记的党中央交给新的山西省委领导班子的重大政治任务，也是全省人民的期盼。反腐败是一场输不起的斗争，不论有什么风险、有多少挑战，我们都义无反顾、铁腕反腐。”

从一开始的只有审议没有互动，到后来专门增设媒体提问环节，再到后来利用新媒体技术现场直播，开放日的形式越来越多样，信息越来越丰富，效果也越来越好。

直面焦点问题　主动回应表态

“王珉涉嫌严重违纪接受组织调查，发生这么大的问题，我们感到很震惊，也很痛心”，辽宁省委书记李希代表3月5日在辽宁团开放日上的表态。

“‘天价鱼’事件不是偶然的，说明一部分基层干部和市场主体，在树立接受监督，特别是社会监督和舆论监督方面的意识方面还有差距”，黑龙江省省长陆昊代表3月6日在黑龙江团开放日上回应。

坦诚、开放、务实，正在成为近年来代表团开放日最鲜明的特色。记者们问得尖锐、直接，代表们答得坦率、真诚，在畅通的交流中，态度逐渐清晰，观点逐渐明确，社会公众的知情权得到了更好的满足。

代表们开诚布公、直面问题的态度，激发了记者们的积极性。2016 年江西代表团开放日吸引了来自境内外 80 多家媒体的 150 多名记者采访，现场椅子不够用，又紧急增加了几排座位，最后还是有记者站着听完了整场会议。辽宁代表团开放日也成为媒体聚焦的热点，多家媒体在网络上现场直播。

不少代表团领导在开放日上，更借着回答记者提问的机会，对反腐、扶贫、规划等方面工作主动表态。2015 年 3 月 6 日，上海代表团开放日活动上，中共中央政治局委员、上海市委书记韩正代表表示，即将正式出台实施关于规范官员配偶子女经商的规定。当年 5 月 1 日，上海就出台规定，明确要求上海市级领导干部的配偶不得经商办企业，其子女及子女配偶不得在上海经商办企业。随后又对市管干部进行了全面甄别规范，赢得了社会公众一片点赞。

更开放的代表团　更开放的中国

参加了四川代表团开放日，德国《法兰克福汇报》记者科隆克表示，这次开放日活动，加深了她对四川的了解，对即将启程的西部采访大有帮助。同她一起来参加开放日的日本广播协会、俄罗斯阿尔法电视台、彭博社、路透社等外国媒体记者也表达了类似感受。

“在复杂的舆论环境中，敢于让外国人发问，就足以体现出一个地方的开放胸襟和发展自信。”新华社记者侯大伟说。

“代表团开放日设立的媒体互动环节，对于每位代表而言，都是无形的督促。因为要随时面对媒体提问，代表们就必须做好更加充分的调研和准备。”宁夏回族自治区发展和改革委员会主任张八五代表说，要看到媒体提问背后的民声民意，不仅要认真回答问题，更要仔细思考其中的百姓关注点。

河北三河汇福粮油集团有限公司董事长石克荣代表表示，越来越多的代表开始适应开放日的节奏，“有些代表还利用开放日这个平台，把自己的议案、建议主动传播出去。”

“记者的问题不少都是交通、住房、环保这样和老百姓息息相关的，我们也挺关心。”天津滨海新区新港市容环境卫生管理中心扫道班班长薛海英代表参加过几次开放日活动，印象都很深刻。

一次好的开放日活动，开放的态度最关键。有专家指出，从代表团的开放日，可以清晰地听到中国民主进步的铿锵足音。

资料来源：记者彭波、朱磊、靳博等报道，《人民日报》，2016 年 3 月 13 日，第 12 版，内容有删节

3. 组织有表示正义或正当的充足理由

举办媒体开放日，是组织主动向社会公开自身、积极把自身放在公众视线下接受全社会检阅的重要事件，因此，开放日活动的举办，必须十分清楚地明确组织在要开放的事件中所处的正当性或正义性。如果不能肯定这一点，则媒体开放日活动的效果就可能是负面作用。对于具有争议性的现象或事件，媒体开放日活动的举行有可能会引发更大的争议，因而一定要审慎举办。

（二）策划媒体开放日

当组织确定举办媒体开放日活动后，组织公共关系人员正式进入策划工作阶段。

举办媒体开放日活动的主要步骤如下。

1. 确定参加媒体开放日活动的媒体与公众代表

举办媒体开放日活动，并不是只对媒体开放，大部分情况下媒体开放日应该邀请非媒体的公众代表参加，因为对媒体开放实际上是对全社会公众开放，有非政府组织的各种公益性组织、人大代表或消费者代表的参加，更能体现组织开放的诚意，有利于增加组织开放日活动的效果。

组织确定参加开放日活动的媒体单位，主要应考虑以下代表性：

（1）是否是具有国际、国家、全国或地方影响力的媒体？

（2）是否在专业领域具有广泛的代表性？

（3）是否在消费者或公众中具有较高信任度或美誉度？

在可能的情况下，组织还应该主动邀请一些具有敌意的媒体或公益组织代表参加媒体开放日活动，以便释疑解惑，消除误解。

举办媒体开放日活动，对媒体的邀请要具有广泛性和代表性，数量可根据组织能够接纳的情况予以确定。

2. 进行参观安排

这是媒体开放日活动的主体内容，要求公关策划人员一定要精心安排。

（1）设计参观程序或路线图。组织邀请媒体来访参观，是组织主动开放自身的一项重大举措，对组织未来的发展影响深远。因而，如何开放、怎样展示自身是需要认真研究布置的。

在设计参观程序或路线图时，要本着真实、真诚的状态，按照组织需要开放的内容顺序进行。参观的程序或路线图要合情合理、具有内在的连续性和层层递进性，既节约时间和体力，又科学有序，条理清楚，让参观者一目了然，内心信服。

设计程序或路线图最忌没有条理、杂乱无章，东一榔头西一棒槌，让参观者丈二和尚摸不着头脑，越看越糊涂，那么开放日的活动就失败了。

（2）确定专人进行导引与讲解。在相对独立或封闭的环境中，组织在安排参观进程时，必须要确定专人进行导引与讲解，解答媒体记者或公众代表的疑问，澄清事实，展示真相。导引与讲解人员必须具有清醒的头脑，对开放日活动的重要性有深刻的认识，语言表达流畅，思维敏捷、回答问题具有针对性和分寸感。

如果是重大的动乱或自然灾害的危机事件，则不必专门设置导引与讲解员，可以让媒体记者或公众代表自己参观即可。但必要的注意事项或路线图需要提前准备好。

（3）设置专门的信息说明栏。在要开放的厂区、车间、实验室、养殖场或事故现场等地，安排设置关键信息的说明栏，将有关的历史、现状、原委等重要信息予以文字说明，有利于媒体记者和公众代表了解。事实胜于雄辩，实物场景的展示配以文字的说明，会具有极强的说服力。

（4）安排当事人、技术人员或亲临者的现身说法。在媒体记者或公众代表参观中，组织可在一些关键地方，如实验室、车间、种植园、养殖园、事故现场等，安排专门的技术人员、工作人员或事故亲临者进行讲解，由他们以专业的讲解或现身说法来证实组织的实际情况，以增加开放日活动的说服力及效果。只有亲眼看、亲耳听，才能让参观者真正地了解组织、认识组织。

（5）安排必要的休息区。如果参观区地域较大，则可安排必要的休息区域，供参观者进行短暂的休息，休息区可提供免费饮水或简单的茶点供参观者饮用。这种细心安排对媒体感受组织的诚意、增进媒体对组织的了解是有一定帮助的。

3. 召开新闻发布会

媒体记者参观之后，召开新闻发布会是必要的环节。与专门召开的新闻发布会不同，媒体开放日的重点是组织情况的对外公开。记者及公众代表的到来，不仅是被邀请而来，更是有备而来的，有些媒体记者或公众代表是怀着质疑或对立的态度来的，这时，新闻发布会的召开才是真正交锋的开始。

1）充分准备新闻发布会

组织在举办媒体开放日活动时，丝毫不能对随后举行的新闻发布会有懈怠或放松，其重要性不亚于任何一次正式的新闻发布会。需要准备的内容有：新闻通稿的撰写；发布会现场的布置；新闻发言人的确定；落实邀请出席的嘉宾名单；对参观内容详尽情况的提供；可能遇到的刁难问题的准备；等等。

2）新闻发言人的出场亮相

一般情况下，媒体记者和公众代表参观组织后，会有一种急切的想与新闻发言人见面的冲动，因而新闻发言人的到来在新闻发布会上能够起到一种十分解渴的作用。新闻发言人要对即将召开的新闻发布会有充分的准备，自信而沉稳，对事情的了解专业而定性准确，用词温和而立场坚定，具备廓清事态、明了是非、引导舆论、阐明实质的能力，能够帮助发挥出开放日活动的最佳效果。

3）嘉宾的选择

在新闻发布会上，记者的发问主要是一些十分敏感或带有一定尖锐性的问题，因而，现场嘉宾的解答十分重要。嘉宾的选择主要是组织的主要领导、分管部门的负责人、行业协会的负责人、有必要的话还可选择社区代表、大客户代表等有关人员出席。

4）安排充分的提问空间

作为开放日活动的组成部分，新闻发布会不仅是我们要“说”，也要让媒体或公众代表充分地“问”，只有这样，才能实现全面的沟通交流，达到开放日活动的最终目的。因此，新闻发言人可以给记者或公众代表安排宽松的提问时间，双方进行充分的对话交流，把记者或公众代表原来有疑问的、参观中想到的一些问题一并解决。无论是新闻发言人还是嘉宾都要态度和善、语言精练、取向鲜明、解答耐心，努力与记者及公众代表构建一种坦诚的沟通氛围。对于纠缠不清、蓄意曲解组织动机、故意尖刻为难组织的记者或公众代表，也要有理有据有节地礼貌待之，让对方现出用意不良的本来面目。

4. 送别记者与公众代表

新闻发布会结束后，可安排记者与公众代表简单用餐。在条件许可的情况下，把记者与公众代表安全送达其指定的地点，同时可告知电话或电子邮箱，以备今后继续联系。

5. 密切关注开放日后的媒体反映

在媒体开放日进行之后，一般会有密集的媒体报道，组织要高度关注媒体反映倾向，如有与事实有较大出入的情况发生，一定要及时出面澄清，千万不要作壁上观，以沉默待之，甚至期望事情会自然明了，总会有人出来为组织说话。只有组织积极地为自身的声誉做最大的努力，组织才能平安渡过声誉危机。

今天，媒体开放日活动已成为组织公共关系活动的常规工作，及时、主动地开展媒体开放日活动，对组织化解危机、亲和公众，具有十分积极的作用。

第三节 公关广告与 CIS 传播

一、公关广告的含义与特征

中国制造广告

（一）公关广告的含义

公关广告是广告的一种，是指组织为了在公众中强化其声誉，实现组织更好地生存与发展而使用的一种付费宣传活动。公关广告不同于一般的广告，它是组织为实现公众对组织了解、认同，进一步传播组织声誉的重要手段。因此，公关广告承载着更多的社会责任。

（二）公关广告的特征

公关广告与商业广告有很大的不同。其特征如下。

1. 主体的广泛性

公关广告不同于商业广告的重要一点是，任何一个组织都可以成为公关广告的主体，都可以通过付费方式来向社会公众传递组织的重要信息。对于营利性组织来说，公关广告着重于向社会公众传递组织基本信息与核心信息；对于非营利性组织来说，公关广告带有明显的社会公益色彩，通过社会公益理念的宣传，显示组织的存在价值与社会责任。

2. 内容的非功利性

公关广告的内容与商业广告相比，一般体现在两个方面，一是组织自身，一是社会公益。公关广告具有非功利性特征，它以宣传组织的经营宗旨、使命、企业文化及社会公益理念等为目的，意在通过传播组织经营文化和社会先进理念，达成公众与组织的共同认知，着力实现传播组织声誉的广告目标。公关广告的内容应严谨、内敛，用词简洁，减少情节渲染与鼓噪。

3. 形式的稳定性

公关广告的内容一旦确定后，会在相当长时间内不再改变，因而在表现形式上，公关公告也会比较稳定、持久，尽量不要随意更改。不论是户外广告还是媒体广告，组织的公关广告都应保持一种恒久稳定的形象，以逐渐加深公众对组织文化和社会公益理念的认知。而这与商业广告不同，商业广告常以及时变换广告形式为特征，老套的广告会被公众认为组织缺乏与时俱进的精神。

今天，许多组织都十分欢迎运用公关广告来宣传自身。面对公众越来越厌倦商业广告的情况，公关广告无疑是效果更好的组织宣传形式。

二、公关广告的策划

策划一则公关广告不是一件随意的事情。公关广告不论是通过媒体与公众见面还是竖立在户外，对组织来说都是一件彰显组织声誉、引起公众关注、实现组织与公众双向沟通的重要手段。公关广告的策划步骤如下。

（一）确立广告目标

在策划公关广告时，首先要确立广告期望达到的目的及实现的目标。只有明确这一点，才能切实地策划好公关广告。公关广告的费用支出才不会浪费。

1. 公关广告的第一个目标——知

对于一家公众不了解的组织来说，首先确立的广告目标应是“知”，即让公众知道。这一目标的重要内容包括，通过公关广告让公众知道组织的名称、组织的性质、组织所在行业、组织领导人的名字、组织所在的地区或城市、组织的基本业务、组织的产品名称等。组织通过公关广告，将这些信息传递给公众，以此实现让公众对组织初步了解的目的。对于极少做广告或新成立的公司，以“知”为目标的公关广告是比较适合的。

2. 公关广告的基本目标——晓

有的组织成立多年，公众对该组织有一些零星的了解，这时，就适合做以“晓”为目标的公关广告。“晓”的目标包括组织基本业务、重要产品或服务、组织员工数量及构成、组织发展历史、组织宗旨或文化、组织领导人的基本情况等。通过这样的广告，公众对组织可以有比较全面的了解。今天有些组织会通过集中性的信息传播实现“晓”的公关广告目标，如在电视台偏冷的时段进行组织的专题性介绍、在公共网站上以漂浮图标形式链接组织网站、在杂志封二或封底进行组织情况介绍、在报纸上做整版的专门性组织文化介绍等。

3. 公关广告的根本目标——信任

做公关广告是为了广而告之，广而告之的根本目的是构建公众对组织的信任，这也是公关广告策划的高级目标，是组织努力要实现的重要目的。对于公众比较了解的组织，通过公关广告传播组织的核心理念、文化精神以及经营宗旨，构建公众对其的信任是十分必要的。另外，在组织知晓度达到一定程度时，组织的社会责任应该及时体现出来，主动担当起传播先进文化、宣传移风易俗、鼓励文明礼貌等的社会公益责任，在提出公益性广告的同时，传递组织的社会责任，也会很好地激发公众对组织的认同感和信任感，如“让我们做得更好”——飞利浦广告。尽管通过公关广告，未必能够立即实现公众对组织的信任，但信任一定是组织通过公关广告要达成的目的。在组织的优质产品、良好服务的基础上，公关广告应该始终传达给公众“值得信任”这样鲜明的信号。

4. 公关广告的最高目标——忠诚

当一个组织在内部管理、外部服务等方面都达到了最佳状态，也赢得了公众的普遍信任时，通过公关广告来确立公众对组织的忠诚是策划公关广告的终极目标。一则诉求表达明确、内容清晰精练、画面优美传神的公关广告，在相当时间段里可以持续、稳定地传达给公众组织的信息，起到强化公众对组织的认可、实现公众对组织忠诚度的目的。同时组织可以通过对社会公益理念的传播，以持续稳定的广告语向公众传递自身的追求与对社会的担当。赢得公众内心的好感与忠诚，如“科技以人为本”——诺基亚广告。

（二）设计公关广告的诉求点

公关广告的诉求点，是指公关广告要表达的主题思想和切入点。一般来说，广告表达的主题角度，可以分为理性诉求、感性诉求。从广告表达的手法来说，可以分为直白诉求、曲隐诉求。

1. 理性诉求

理性诉求是指组织在制作公关广告时，向公众表达的内容是从引入直白的说理角度来阐述的，不使用或极少使用抒情描写的语言。理性诉求主要有以下这样一些角度。

1）组织文化

组织在公关广告的内容中，向公众传播的主要是组织文化，其中重点是组织精神、宗旨信念、追求目标、经营理念等。这些内容严肃而庄重，往往会给社会公众很深的印象，对增强公众对组织的信任感能够起到很大的作用。这在组织的正式网站上比较多见。

2）组织特色

在公关广告内容中着力突出组织的优势与特色，借此以不同于其他组织的突出优势强化组织在社会公众中的印象。如果这一特色成为该组织持续稳定的竞争优势，则组织的特色广告会成为该组织的代名词。例如：

两片，肠虫清——中美史克

有家有爱有欧派——欧派厨具

3）组织技术

如果组织的技术实力在同行中具有突出的优势，则通过公关广告可以将此优势传递出来，向公众表达组织在技术上的独特能力。例如：

格力，掌握核心科技

华为，双核时代的终结者

4）组织管理

有些组织拥有十分先进的管理手段，内部管理成为其核心竞争力，则公关广告可以将此凸显出来，给公众留下鲜明印象。

5）组织实力

组织，特别是企业，如果拥有较强的综合实力，是同行中的佼佼者，则可以通过公关广告向公众彰显组织的突出成就，给公众留下深刻印象。例如：

华为，不仅仅是世界500强

汾酒，中国酒魂

2. 感性诉求

如果说理性诉求的公关广告着重于以理服人的话，则感性诉求的广告偏重于以情动人，即从感情描述方面去打动公众。在一定程度上，感性诉求的广告，同样具有很强的说服力。

感性诉求的广告可以从以下几方面来入手策划。

1）社会公益

将组织所应承担的社会责任作为组织公关广告的主要内容，以生动的语言描述社会公益事业的内在意义，在落款处表明组织的名称。这种形式的广告，有利于打动公众，便于唤起公众的合作感，激发公众的社会责任意识并认同组织所提倡的公益理念，同时公众会自然加深对组织的好感，这是一个十分智慧的切入点。例如，中央电视台定期播放的一系列公益广告，如《打包篇》《爸爸的谎言》等为传播关爱痴呆父亲、关注父母健康等中国传统美德的理念而持续不懈，既发挥了中央媒体的引导作用，又在教育、影响年轻一代公众方面发挥了积极作用。

2）目标公众

组织从目标公众的心理需求角度出发，以某一情感话题唤起目标公众的心理认同，联想到组织所从事的业务或产品，由此产生对组织的信任与好感，强化公众对组织所从事事业的认同感或良好印象。例如，三星公司在《光明日报》的一则整版广告就反映了这一点（图5-1）。

3）组织经营理念

组织以富有表现力的语言向社会公众传递组织的经营宗旨及理念，以自身别具特色的理念口号来打动公众，赢得公众的认同，从而使公众留下深刻印象。例如：

蒙牛，只为点滴幸福

海尔，真诚到永远

相比之下，理性诉求是直白的描述，感性诉求常常是曲隐的表达，但二者的共同点都是通过广告形式让公众强化对组织的认同，加深公众对组织的印象。

（三）制作公关广告文案

公关广告文案的制作分两个方面，即文字方面与图画方面（影视表现）。一个优秀的广告要求这两部分都精彩、独特。

图 5-1　三星公司在《光明日报》的整版广告

1. 文字部分策划

广告文案文字部分的写作，内容包容量大、文字容量小，因而要求字字斟酌，细细推敲，寥寥数语（字）皆要能恰到好处地体现组织所表达的信息。

1）准确传递公关广告目标

公关广告文案的文字不论是理性诉求还是感性诉求，都应该文字精练，能够准确传递公关广告的目标。这是成功公关广告的核心。广告文字部分应该是最初打动公众、清晰阐释广告内容、最后留下持久印象的部分，故而文字内容的设计一定要十分准确。

2）高度概括与凝练组织的信息

公关广告文案的文字核心是体现组织的信息。但一则广告能够容纳的文字很有限，因此，对于广告中描述的组织情况，在文字上要有高度的概括力和极强的凝练性，公关广告策划人员应努力做到在有限的时间或版面中，全面概括和良好包容地把组织信息传递给公众。

2. 图画（影视）部分策划

图画或者影视表现是公关广告文案的又一重要内容。一则公关广告除了文字部分的精彩之外，图画表现力能否达到精彩而精准、影视展现的内容或精神是否传神是十分关键的。

1）图画具有视觉冲击力

广告中的图画，主要指平面媒体的广告内容，如报纸、杂志、户外张贴广告等的图画部分。图画内容应该富有表现力，尤其是在视觉上有冲击力，在设计制作图画时，要色彩鲜明、图画独特、构思精巧、意境悠远，整体的表现力既要体现广告主题，意义所指明确，又要画面简单易懂，甚至拙中藏巧，富有幽默感。

2）影视表现生动传神

一些组织在制作公关广告时，会考虑选择使用电视或网络媒体形式。广告内容在文字说明之外，需要策划富有表现力的表演场面。因此，这部分的策划非常重要，需要根据广告内容，以独特、生动、引人入胜的场面吸引观众关注广告内容，传播组织信息，尤其是能够传神地表达广告的诉求点，给公众留下难以忘怀的印象。很多情况下，一则影视公关广告，看似朴素无华，但温情脉脉，感人至深，最后阐释出组织的深意，会令人难以忘怀。对此，公关广告策划人员发挥着重要的作用，需要下功夫认真研究。

3）谨慎使用明星

今天，有些组织为了要让广告吸引公众目光，因而花大价钱请明星出场，这已经是司空见惯的情况了。对此，组织要谨慎决策。使用明星出场，为组织代言，虽然可以赢得公众对广告的关注，但负面作用是，明星的炫目亮相，往往抢了组织形象的风头，大部分情况下，公众记住广告，不是因为组织，而是因为明星，特别是一些明星代理多家组织的广告，其自身形象已浸染了多重产品形象的色彩，公众很容易被明星干扰而影响对组织的关注，如果所请明星本身不为目标公众所喜爱，则这样的明星代言，往往得不偿失。

（四）选择广告媒体

公关广告文案设计完成后，就要确定选择广告媒体。具体包括以下几点。

1. 确定广告媒体类型

将公关广告放在什么样的媒体上向公众传播，首先必须评估媒体在目标公众中的影响因素，其次了解不同类型媒体在目标公众中的占有率，最后要审视不同媒体在目标公众中的接触习惯。不论是平面媒体，还是电子媒体，决定因素不是组织的资金，而是目标公众的倾好。

2. 确定广告媒体级别

确定广告媒体级别即决定公关广告是投放在中央媒体、省级媒体还是地区级媒体上，如果是广告牌，则考虑放置的地点，是在闹市区、交通路口还是高速公路一侧等。确定媒体的级别应根据组织计划要覆盖的公众目标而定。

3. 确定投放广告时段（频道、版面等）

在确定媒体时，要仔细考虑与评估所投放媒体的时段、频道或者平面媒体的版面位置、重复率等，户外广告要确定广告版面的大小和树立的地点等问题。

好的公关广告，必须选择恰当的媒体为载体，才会保证如期的广告效果。

三、CIS传播策划

（一）CIS 内容

CIS（corporation identity system）指的是组织识别系统，是一个组织对外传播较为系统的管理体系，主要由理念识别、行为识别、视觉识别三个部分组成。

1. 理念识别

理念识别（mind identity，MI）是组织所表达的精神内涵。每一个组织在长期发展过程中或者在组织新建立的时候，需要形成一个适合于组织健康运行的文化思想。这个组织文化应体现其独特的价值观、精神追求、组织目标和经营理念等。组织在发展过程中，为了便于内外公众的识别，会将其文化内涵阐述的清晰、简单、独特而便于了解与区分。这样的精神阐述，被称为理念识别。

无论是企业还是政府或事业单位，为了体现本组织独特的价值观、经营宗旨、精神追求等，都会十分认真地去提炼理念识别的语言表达，将之凝练成便于公众识别的独特用语及表达方式，以强化公众对组织的识别与认同。

2. 行为识别

行为识别（behavior identity，BI）是组织依据组织文化而设计阐述的工作制度与行为规范，它充分体现了组织独特的管理制度与行为准则，在理念识别的指导思想下，组织文化被具体化、制度化、可操作化，形成一整套规范员工行为、影响员工思想的工作制度。

3. 视觉识别

视觉识别（visual identity，VI）是组织将本组织的精神内涵与行为规范用图形等表现手法展示出来，绘制成由特定字体、颜色等组成的独特图案，便于组织在经营活动中传播与方便公众辨认。

20 世纪 80 年代以来，很多企业曾对视觉识别工作十分热衷，在引入 CIS 的过程中，过分偏重视觉识别，认为只要有了视觉识别，就可以方便公众识别出，快速提升组织的知名度，那么，美誉度似乎也可以跟着提升了。而实际情况的发展并没有预想的乐观。很多企业在拥有了视觉识别的标志后，由于内部管理不到位，产品不过关，企业的知名度反而下降，甚至破产，证明 CIS 并非包治百病的良方，打造优秀组织文化需要组织经年的努力，而非一日之功。因而，近年来组织对视觉识别的运用也更加理性。

（二）设计 CIS 的基本原则

设计 CIS 需要遵循一些基本原则，以帮助 CIS 的有效运用。

1. 理念识别的严谨性

在设计 CIS 时，首要考虑的是内容的严谨，尤其是理念识别的设计。在对组织历史与现状全面分析的基础上，深入思考组织应确立的价值观、组织精神、组织任务与目标等。这些方面要能用精练的语言表述出来，要求用词格外严谨、准确和独特，不能出现任何歧义或含糊不清的理解。在 CIS 的传播中，理念识别的严谨准确、特别是独特，会有利于获得公众的欣赏与认同，有利于公众对组织的接纳。

2. 行为识别的规范性

在行为识别的设计上，应强调规范性。组织在贯彻落实理念识别内容而制定的一整套制度和行为准则上，要强调规范与标准，一切有章可循，使理念识别扎实落地。在必要的情况下，可以编辑工作手册或规范标准，将行为识别的内容固定下来，以便于公众识别。

3. 视觉识别的独特性

在 CIS 的设计中，视觉识别的设计最强调独特，以体现组织自身的特色与内涵，区别于其他同类组织的标识，视觉识别的设计要注意图案的色彩与搭配，字体的美感、线条的唯一，给人极强的视觉冲击力与美感，便于公众的识别与记忆，有利于组织对外活动、产品包装中的传播和展示。

4. 组织识别系统的稳定性

CIS 的策划设计应该是经过组织较长时间的反复选择与斟酌而确定下来的。一旦方案确定，就要保持相当时间的稳定性，不可轻易变动。CIS 整体推向社会，常常会给公众留下第一印象，会比较长久地留在公众心中。如果发生改变，极易造成识别系统的紊乱，导致公众对组织印象的模糊，最终可能招致对组织印象的淡化或排斥。因此，CIS 必须要保持持久的稳定性。

（三）策划 CIS 传播

CIS 完成设计后，传播工作的策划就开始了。

1. 确定传播渠道

传播 CIS，首先要确定通过哪些传播渠道来进行。常见的有两大渠道：一个是人际传播渠道，另一个是大众传播渠道。

1）人际传播渠道

CIS 设计完成后，首先要在组织内部进行传播。组织内的传播主要通过人际传播渠道进行，其次可以通过由内部辐射至外部逐渐传播出去。

组织内部传播渠道主要是通过上下级之间、以原有组织层级结构来进行。例如，从董事会到企业管理层，再到员工层，逐级传达 CIS 的全部内容，让内部全体员工知晓、了解、认同 CIS 的内涵，并进行专门的培训学习，最终在内部公众中确立新的组织文化、行为规范与形象标志认知。

组织外部传播渠道主要针对社区公众、政府公众、顾客公众、当地媒体公众、重要客户等来开展。组织可以有意识地通过产品介绍、CIS 宣讲会等方式与他们面对面地进行沟通传播，逐渐在组织周边环境中构建起一个熟知组织 CIS 的有利氛围。

2）大众传播渠道

组织在设计完成 CIS 后，可以根据组织所服务对象的覆盖面，来选择大众传播渠道进行必要的宣传。在电子类媒体中，可以选择电视广告、组织官方网站、手机微博和广播等进行专门的说明；而印刷类媒体选择的排序则为编辑专辑的宣传册和在专业的杂志上登载文章进行介绍等。

2. 选择传播方式

确定 CIS 的传播方式是结合传播渠道实现有效传播的重要决策，在选择传播方式上，主要有以下几种。

1）语言宣讲

语言宣讲即通过人际传播的渠道，选择组织优秀讲师讲解、阐释 CIS 的重要内容，逐渐传达给内部公众、社区公众、政府公众、媒体公众、顾客公众、客户公众等，有计划地在组织周边区域将 CIS 迅速传播开来。

2）公告栏展示

组织使用公告栏、宣传栏、黑板、电子屏幕等形式，将 CIS 的内容详细、全面地展示开来，让内部公众长期耳濡目染，努力达到耳熟能详，并逐渐内化为自身理念与行为习惯。

3）产品或服务展示

对于经营性企业来说，CIS 确定后，可以通过其所生产的产品来传播，尤其是视觉识别部分，更可以成为商标的组成部分，经注册登记后的视觉识别成为产品的商标或外包装的组成部分，更容易被广泛地传播出去。对服务型的组织则可将视觉识别印制到工作服、服务场所的墙壁、服务工具等方面，在潜移默化中把组织识别内容传播出去。

4）公关广告传播

在利用大众传播媒介进行 CIS 的传播时，较快速传播的形式是公关广告。组织可以通过广告的形式，以生动手法在针对性的媒体上进行集中的 CIS 宣传，尤其是理念识别与视觉识别，这样可以快速、有效地将之传播宣传。同时组织还可以利用互联网，以点击活动图标的形式将组织的新标识、新组织文化展示给公众，有利于在最短时间内传播给目标公众。

5）新闻宣传

在 CIS 开始使用时，组织可以通过新闻发布会或新闻稿、人物专访等形式，向社会公众阐释说明理念识别的内涵、视觉识别的寓意等，以引起公众的关注，形成最初的注意效果。

3. 监控传播过程

要想推动 CIS 顺利传播与推进，就必须高度关注 CIS 在传播中的情况。当组织的内部公众或外部公众面对 CIS 时，会有不同的反应，如欣赏、反应平淡或反感等，对此，组织的策划部门要密切关注，积极搜集反馈信息，随时调整传播计划，审慎思考下一步的传播工作，及时挽回不良影响，快速调整传播计划。切不可放任自流，不闻不问。CIS 的设计是否成功要靠公众决定，公众的认可是对 CIS 工作的最好评判。对 CIS 传播工作的全程监控，有利于组织及时应对不良后果，快速将负面影响降低到最小限度。

对CIS传播的监督还要包括一些低效率的传播方式的调整。例如，一些花费较多但收效甚微的冷频道电视广告或维修、停运公路上的户外广告牌等，都需要随之了解情况，及时予以调整。

4. 评估传播效果

当CIS传播工作开始后，组织的公关策划人员就开始准备评估工作了，需要在传播工作中，全面收集各种反馈信息资料。

1）确定评估指标

在评估CIS的传播状况时，要事先确定评估指标，以便做出客观的评估效果。一般来说，评估指标有：①接受CIS传播的公众人数。CIS传播不论是通过人际传播渠道，还是通过大众传播渠道，都需要掌握接受传播的人数。这是一个基本数据。②公众反应情况。在CIS传播期间，不论是通过人与人之间谈话、大众传播媒体的反馈或是网上的跟帖，都可以反映公众对组织CIS的关注情况。为了更充分地了解公众情况，组织公共关系人员还可以通过问卷调查、电话访谈、广告关注度测试等方式来了解公众反应，掌握公众对CIS的反馈情况。③大众媒体的评价情况。在对CIS的评估中，大众传播媒体的反应也十分重要，这一方面可以通过公众对CIS的认可度来了解，另一方面还可以从媒体的引用次数来看出公众的反应。④传播操作人员评估。在评估CIS时，需要高度关注组织CIS传播操作人员的反馈，他们在传播过程中对公众的了解也是一个不可忽视的重要指标。

2）提出评估标准

评估标准是CIS评估的基本内容。一般来说，评估会依据业界常规体系标准来进行，同时可以参考组织以前公共关系活动的状况，同时综合一些环境因素，提出一个基本合理的评估标准。

3）收集评估资料

在确定CIS传播的评估工作后，收集公共关系活动的全部资料工作相应开始。资料收集可依据三个渠道：①公众调查。通过问卷调查、访谈调查、观察调查等方法抽样了解目标公众对CIS的反应，整理数据，形成报告。这是评估工作的一手资料。②媒体报道。以收集媒体各种报道为主，特别要了解权威媒体引用率的情况。这个数据是评估工作中的重要资料之一。③组织内部公众反馈。通过进行内部员工CIS传播工作进程状况的调查和操作人员工作记录资料，可以成为评估该工作成效的基本数据，依次判断CIS的成功与否。

4）总结评估效果

通过对评估工作的开展，形成评估效果报告，推动CIS的传播工作走向结束。评估报告的完成应本着实事求是、客观公正的原则进行，对某些数据的缺陷不能主观武断，也不能夸大成果、淡化工作的不足，给后期的公共关系工作带来不利影响。评估总结报告一般提交CIS设计与传播的主管部门及领导审核。

第四节 组织宣传物编辑与发行

在组织的日常公共关系工作中，编辑与发行宣传物是十分重要的内容。

一、宣传物对组织公共关系工作的意义

组织宣传物是组织对内宣传、对外传播的重要载体之一，它对组织公共关系工作有重要意义。

1. 组织宣传物有利于组织内部的信息沟通

对于一个组织来说，内部信息的沟通非常重要。组织员工需要了解本组织的重大决策和工作安排，组织管理者有责任将管理内容、相关信息告知内部员工，只有这样，才可以实现全员一心、同心同德、工作推进有序、组织的凝聚力提升到有利于组织发展的高度、组织目标顺利完成的目的。在组织内部沟通中，内部宣传物具有重要的使命：一则组织宣传物时效性强，信息及时；二则宣传物成本低，利用率高，便于内部传阅；三则使用宣传物信息内容正式、严谨、规范、方便。因此，宣传物对组织公共关系工作有积极意义。

2. 宣传物有利于组织对外部的信息传播

组织在发展过程中，需要赢得外部公众的了解、理解以及支持，信息的及时传播是根本。组织宣传物能够有效地将信息传递给外部的目标公众，使外部公众及时、全面、完整地认识组织。这对于构建组织良好的生存与发展空间有积极意义。有些组织内外宣传物分别编辑，内外有别，对外宣传物针对性强、目的明确，可以有效地促进组织外部公众的了解与认可。

二、组织宣传物的种类

在组织的宣传物中，常见的有以下几种形式。

1. 内部报纸

内部报纸包括厂报、公司报、院报、机关报等。其定期出版，可以反映组织近期的基本动态和情况，也可就某一专题进行讨论或阐述观点。

2. 组织简报

针对组织的日常管理工作，定期编辑简要消息，在组织内部散发。简讯一般不做综述或评论，大多具有会议情况概述、重要决定发布的职能，较多地反映组织运行情况或管理层的决策等。

3. 组织刊物

组织定期出版的杂志，可根据情况确定月刊、季刊或年刊等。组织刊物一般容量大，除一般通知性的信息登载外，还可设专栏在一些问题上进行深入思考、讨论，也可根据情况刊载组织年度或季度工作计划，或登载领导人的讲话或文章，便于内部员工的学习与资料留存。

4. 组织宣传活页

组织在某一时期针对一些重大事件而编辑印制的宣传物。宣传活页内容集中，容量少，阅读简便，成本低廉，便于传播。若编辑严谨、内容精当则传播效果更好。

5. 组织海报（电子显示屏）

组织海报（电子显示屏）是组织针对某一宣传主题所制作的重要信息承载物。海报时效性强，传播面广，也是组织对内重要的宣传物。随着技术进步，现在很多组织开始使用电子显示屏（LED①板），其功能完全可以替代传统的海报，而且更新方便，承载信息量大，受到很多组织的欢迎。另外，黑板报是传统的内部宣传载体，在一些基层单位仍然被继续使用，定期更换，与组织海报类似，也对信息沟通发挥重要作用。

三、组织宣传物的编辑

组织宣传物的编辑工作是一项具有公共关系意义的策划工作，不可因为是内部传播为主、不是正式出版的发行物而降低编辑水平。

1. 风格确定

组织宣传物在编辑时要根据宣传物的内容、阅读者、版面容量等因素先将宣传物的风格确定下来。

（1）报纸可以根据不同版面考虑风格，如一版严谨、二版专业、三版亲和、四版活泼。但作为组织的报纸，总的报纸风格应以体现组织特色为主。

（2）简讯的风格则以严谨、简约、大方、规范为佳。

（3）刊物的风格以专业性、知识性为主，要有基本的栏目分类。

（4）宣传活页则以集中刊载某一方面内容为主，风格简朴、自然。

（5）海报的风格则要活泼一些，以一些休闲、娱乐性的通知为主，版式往往与内容相配合，醒目而略带俏皮。

2. 版面设置

组织宣传物的版面情况根据内容与阅读者的层次而定，可因时因地制宜。例如，报纸版面一般以四版为主，头版刊载重大会议性的新闻事件或消息，其他版面分别登载专栏文章、专业内容以及文体娱乐活动、散文诗歌作品等。在一些特殊情况下，如重大庆典活动、重大危机事件、重要事件方面，可以出版号外或增加版面，以提高传播力度。

---

① LED（light emitting diode），即发光二极管。

简讯的版面一般很少，多则 3~5 页，少则 1~2 页，起到通知和沟通信息的作用即可。刊物的版面根据杂志的规模、专业性确定，一旦设置了基本的版面后，就要相对固定下来，遇有特殊时期可设增刊。在对外发行的刊物中，版面的要求更加严谨，专业性也更加突出。例如，高等院校的学报在版面的要求上特别强调符合规范性与学术性。宣传海报或活页在版面上比较随意些，根据内容可多可少，没有太多拘泥。

3. 栏目要求

对于编辑比较正规的宣传物来说，栏目的安排是必要的，也是重要的。可以给读者一个条理清晰的感觉。例如，内部刊物可分为营销动态、领导出访、内引外联等栏目。简讯有时也会根据常规性的内容设置会议信息、重要议题、人事动态、业务通报等。宣传活页与海报则因为内容集中而不必设置栏目。黑板报会根据某一时期重点主题设置一些小栏目板块。

4. 文章排版

当宣传物的风格、版式、栏目确定下来后，稿件的排版就显得很重要。一般来说，稿件排版会根据作者的权威性、文章的重要性、内容的时效性及版面的容量等诸因素来确定。在必要的情况下，应善于对稿件进行删节。稿件的选用要考虑质量、创新性以及原创性，尽量不选用已在其他出版物上发表过的文章，更不能出现剽窃他人成果的文章。

四、组织宣传物的发行

宣传物制作完成后，其发行也需要一定的策划，因为只有快速而顺畅的发行，才会实现组织信息传递、顺畅沟通的职能。对于大型组织来说，可以建立稳固的发行队伍或渠道，保证宣传物快捷地送达组织的高层或基层员工手里，真正发挥组织宣传物的公共关系作用。为使组织内部能够顺利得到宣传物，一般发行渠道会与组织内部的层级关系一致。同时，要扩大宣传物的发行面，可以设置组织的公共信息平台，使组织内部每一个成员都可以便利地获取宣传物或宣传物内容。例如，公共阅报栏、公共资料发放橱窗（书架）等，对外部公众，组织一般可采用赠送的方式进行，如选择与目标公众接触的机会进行宣传并赠阅，在特定假日或节日（企业厂庆、消费者权益日等）集中发给公众，以最大范围地实现组织信息的传播。

第五节　电子媒体节目制作与网络宣传

对于一个组织来说，为了引起目标公众的关注，更加高效率地传递组织信息，为组织的生存与发展营造良好的社会环境制作电子媒体的节目，是十分必要的，也是日常公关策划的内容之一。

一、电视专题片的策划制作

电视专题片是指利用电视媒体，以宣传组织各方面信息为核心内容的电子视频材料。电视专题片需要大量音视频素材，通过剪辑形成完整的作品后方可以直接播放。它的策划制作有以下几方面。

1. 视频素材的采集

如果电视专题片是以专门反映某一组织发展情况为题材的，组织策划人员的第一步就是要对组织历史、技术状况、产品、重大荣誉、领导人活动、员工状况等进行录像拍摄，将之作为专题片的原始资料，以备后期编辑所用。

2. 专题片主题确定

在视频素材采集的基础上，确定专题片的主题，根据主题命名恰当的专题片名字、为系列专题片设置分标题等。专题片的制作主题要鲜明，全部内容要紧密围绕主题展开，不能随心所欲，让主题迁就画面或图片。例如，为了所谓的经典照片，而不顾及与主题的关联性，最后导致专题片主题分散，内容支离破碎。主题确定后，应对录像素材进行剪辑、编辑，形成专题片的基本雏形。

3. 解说词撰写

为配合专题片的主题与内容，需要撰写解说词。解说词的写作应该语言精练、优美，内容生动、深刻，并与专题片的画面协调一致，为专题片增色添彩。

4. 专题片配乐与解说

组织专题片，是一种具有极强表现力的媒体传播手段。在录像和图像资料甄选、编辑基本成形之后，应该精心选择与主题和内容恰当、匹配的音乐，配合音色端正、清晰的解说，使组织专题片达到内容饱满、表现力强劲的传播效果。有些组织会将厂歌、校歌或一些特定的乐曲作为配乐资料，这些如与内容配合恰当，也会起到良好的视听效果。

5. 专题片预播放

在专题片制作完成后，可选择内部媒体予以试播放，在内部公众中广泛征求意见，进行修改完善，增加必要的背景说明，删节不必要的细节交代，使之不断完善。

6. 专题片播映

专题片制作完成、审核通过后，组织可以认真选择大众传播媒体及组织网站，在恰当时间隆重推出，正式播放，有条不紊地实现专题片宣传组织实力、传播组织信息、塑造组织声誉的目的。

二、电视公关广告的策划制作

电视公关广告的特点在于，传播的广泛性和对公众的影响力，但公关广告时长较专题片要短、单位时间付费却很高，因而制作难度更大。故而，制作电视公关广告需要更加严谨、精巧。

1. 主题具有表现力

公关广告在主题上，应体现出鲜明的公益性、社会性、艺术性和沟通性。不论公关广告的目标是什么，其目的都是寻求被目标公众的了解与认同，让公众在观看广告中了解信息、受到启发，获得精神升华，或者赢得内心的认同。公关广告主题最忌站在组织的角度看问题。因此，公关广告在策划时要十分鲜明地表现出组织的理念与追求，尤其是社会公益主题，展示组织强烈的社会责任感，体现出组织对社会关注、对人类关心的真切之意。

2. 画面具有吸引力

制作电视公关广告，在画面上要想吸引人，就要精心设计和策划广告的表现方式，让画面优美、清晰、动感、内涵丰富、色彩明快，让人过目不忘。否则，电视公关广告会因为没有特色而淹没在大量商业广告中，并被公众忽略掉，最后得不偿失，无果而终。

3. 语言、音乐具有震撼力

电视公关广告是通过最具有表现力的媒体来展示的，因而要充分利用十分有限的时间，在语言和音乐方面精心锤炼，努力达到震撼的效果。一则电视公关广告长则十几秒、短则三五秒。语言多则 50 个字左右，少则 10 个字以内。而音乐更应具有清扬、独特的现场感觉。所以，策划语言与音乐必须惜字如金、精雕细琢，实现持久、深刻的视听效果。

职场案例观摩

瓶盖再利用，可口可乐“快乐重生”

可口可乐公司近日联手奥美中国开展全新传播活动“快乐重生”。该活动是可口可乐公司全球可持续项目的一部分，旨在通过创意瓶盖，将饮用完的可口可乐塑料瓶变身有趣好玩的实用物品，以此鼓励消费者对饮料瓶的再循环利用。活动将在亚洲市场陆续展开。

“快乐重生”提供了一组 16 个创新实用的瓶盖，这些瓶盖可以被拧到饮用完的可口可乐空瓶上，瞬间变身为生活中实用、有趣的物品或玩具，如画笔、喷水枪和铅笔刀等。只需购买一瓶可口可乐，消费者就能获赠这些创意十足的有趣瓶盖。可口可乐公司东南亚整合营销传播总监 Leonardo O’Grady 表示：“我们一直都在世界各地寻找更好的解决办法减少塑料使用量，并且增加再循环利用率。‘快乐重生’瓶盖的多种趣味用途向我们展示了很多简单实用的创意途径，赋予塑料瓶第二次生命，这与我们全球可持续项目的理念一脉相承。”“我们的创意瓶盖将原本废弃的饮料瓶瞬间变成好玩实用的物品或玩具，为人们的生活带来点滴的快乐。我们也希望能够为人们带来更多快乐感受，为世界带来积极的影响。”Leonardo

补充道。

“这个创意老少咸宜、没有国界，可以被复制到亚洲以外的其他市场。”北京奥美执行创意总监赵琦（Juggi Ramakrishnan）表示：“这些独特瓶盖的创意简单、聪明，并正在改变消费者的行为习惯和心态。好想法并不需要高科技，需要的是创意思维。”

资料来源：http://www.adquan.com/post-15-27569.html，2014 年 5 月 28 日

三、电视新闻片

社会组织根据自身发生的新闻事件，初步制作新闻报道资料片，经一定加工后报送电视台，配附新闻稿，由媒体决定采纳报道。

如今，组织与周边社会环境发生着许多联系，有许多新闻需要及时让公众知晓。如果组织的新闻报道都期待新闻媒体来上门采访报道，则记者的工作量是难以承受的。因此，组织公共关系人员在物质条件具备的情况下，将组织发生的新闻事件制作成电视新闻片，再由新闻媒体的编辑进行加工整理，则对组织新闻事件的快速播出是有帮助作用的。

1. 捕捉新闻事件

在组织的日常工作中，会有许多事情是有新闻性的。问题在于组织公共关系人员是否意识到其新闻价值。所谓的“制造”新闻，不是由组织公共关系人员或媒体记者去“炮制”新闻，而是组织的公共关系人员以新闻人员的眼光将刚刚或正在发生的事件确定为新闻，并及时报道出去，因此，制造新闻必须遵守新闻职业道德，绝不编造假新闻。平时，组织的公共关系人员要善于在工作中发现新事物、新信息，如果发现这些新事情具有新闻性，那么，就可以将之认定为新闻，以电视录像或照片等手段将之拍摄下来，再配以新闻稿，及时送达新闻媒体，如果被新闻媒体采用，则可以使组织的信息以最快的速度传递给公众。

2. 编辑新闻素材

当具有新闻价值的电视资料素材收集完毕后，要先对之进行编辑加工，从中删节无关紧要的画面，将新闻报道视点体现得更加突出与鲜明，使之更具有新闻报道价值。因此，组织的公关人员应不断增强新闻编辑能力，将组织的新闻片编辑得更加专业化，便于新闻媒体的采用。

3. 撰写新闻稿

电视新闻片基本制作完成后，新闻稿的撰写要同时跟进。新闻稿应该能够起到交代背景、阐述事实、提升意义的作用。一篇语言简略、措辞准确、表达清晰、与新闻画面基本匹配的新闻稿会有效地增强新闻媒体单位的采稿可能性，也会为组织的新闻报道起到锦上添花的作用。

4. 报送新闻单位

将制作完成的新闻片报送新闻单位，即电视台。报送前要仔细斟酌媒体单位，着重考虑两个因素：一是电视台的级别，如中央、省、市、县级电视台；二是电视台的频道及播出时

间，如综合台、经济台、科教台、社会台等，播出时间是在晚上黄金时间、还是白天时间等。在考虑媒体时，最重要的是依据目标公众接触媒体的习惯，只有让目标公众看到新闻片，组织的努力才算有了基本回报。因此，选择媒体十分重要。

5. 收集反馈信息

当电视新闻片报道播出后，公共关系人员应注意收集反馈信息，了解新闻传播的效果，分析新闻报道策划的得失，为今后的媒体报道及电视新闻片的制作打下良好的基础。

四、广播剧的策划与制作

在电子媒体节目制作中，可以利用广播媒体将企业文化、组织发展历史、企业家个人传奇等内容，制作成故事情节丰富、具有极强吸引力的广播剧定期播放，传播组织的重要信息。

广播剧的策划主要包括以下内容。

1. 主题策划

策划广播剧，首先要确定其主题，让整个内容围绕并服务于主题。一般来说，主题应该具有鲜明的社会性、公益性和组织特性。社会性是指广播剧的内容适合社会公众收听，具有广泛的受众群；公益性是指可以使听众从中受益，获得更大的人生启发或鼓舞；组织特性则可以使广大公众从广播剧中，感受组织的独特文化，从而产生了解与认同，最终实现组织在公众中的辐射力，实现组织的公共关系目标。

2. 情节设置

广播剧的情节需要具有感召力的故事性，否则无法吸引听众的注意。但情节的设置又不能太过曲折复杂，应该轻松简单而不失深刻和智慧，让听众获得愉悦的收听感受。广播剧的剧本编写要实事求是，同时不乏诙谐幽默。

3. 导演与排练

广播剧的剧本确定后，开始进入编排阶段。在公关策划人员的统一设计安排下，应由专业的导演进行专门的编排与演练，不同角色应精心安排妥当，使之达到较专业的录制水平。

4. 音乐与配器

在制作广播剧时，恰当的音乐伴奏必不可少，好的音乐伴奏可以增强广播剧的感染力。同时，还要根据剧情内容进行必要的配器伴奏，使之具有现场感。制作精良的广播连续剧，可以产生十分强大的社会影响力，如果可能的话，可以将广播剧制作成为品牌节目，以期产生更大的社会影响。

5. 选择媒体播放

广播剧制作完成后，组织可以选择能够覆盖目标公众的媒体，择机播放广播剧。如果播放效果反响良好，则可推出连续剧，将该档期节目做成精品节目，以产生更好的社会效应。

6. 监控广播剧效果

广播剧通过媒体播出后，需要密切关注播出效果，及时调整播出时段与播出内容。对不良反映要迅速应对处理，切不可放任自流，不管不问。

五、网页的策划与制作

在互联网时代，各类组织通过网络宣传自身已经成为常态。具有公共关系意识的组织，都会十分注意组织网站及网页的设计与制作，将之作为组织最重要的对外信息沟通与传播的窗口。网页的策划与制作是组织公共关系工作的重要内容。

在对网页进行设计时，要考虑这样几个问题。

1. 网页特色

设计制作具有特色的网页非常重要，它能给网友留下深刻印象。

网页特色主要包括网页版式的独特性、排版与画面的醒目性与网页内容的有用性。网页的独特性要求在网页的版式风格上能够令人耳目一新，与其他同类组织有较大差异性，如主要包括色块的运用、版图的划分、图案的展示等方面；在网页的醒目性上，要求策划人员能够充分利用互联网的优势，使其在色彩、动感、栏目划分等方面展示出组织的特色，给人以较强的视觉冲击力；在网页的内容方面要求充分体现组织的行业特色、技术优势、文化特性等，给人强烈的吸引力，并能获得一种精神享受，展示组织的综合实力与长远的影响力。

2. 网页内容

组织公共关系人员在网页策划时要清醒地认识到，网页不仅要有动人的美感，更要有实质性内容，优秀的网站一定是内容为王。同时，网页工作人员必须保持较高的工作效率，仔细审阅信息内容，随时更新信息，第一时间把需要放置的内容上传。在网页内容的编排上面，策划人员要考虑内容的精选，更要体现内容的全面，还要关注网页每条信息的可点击性，使公众通过网站窗口，能够全面地了解组织的各方面信息，并对组织有鲜明印象。另外，一般情况下，网页文字内容应简单、有条理，基本知晓即可，不必详细展示。

3. 网页及网站维护

组织在设计完成网页全部内容后，要注意监测与维护，密切关注竞争对手的网站情况，及时对本组织的网页及网站进行公共关系方面的审核与评估，努力实现全天候与网友快速、便捷的互动。如今，当网页维护懈怠时，网友会及时发现，如一些公共事务的管理网站，信息内容陈旧，回复网友的帖子始终是同样的一句话，然后就不再有下文，网友的留言反馈仍然是三五年前的内容，这样只能说明该组织管理存在漏洞。组织应该有专人随时了解和关注自身网页及网站建设情况，及时进行网页更新与网站修缮，始终保持组织网页及网站的高点击率，借此实现组织公共关系的目标。

第六节 领导人形象设计

组织领导人，在对内对外的活动中，自然是组织的形象代表。领导人的一言一行、一举一动已不再是体现领导人个人的风格与气质，而是集中体现了领导人所在组织的精神风貌、作风气质，甚至折射出该组织的企业文化、理想追求、信念理念及对未来的信心等。因此，在公众场合，组织领导人的一言一行、穿着打扮都需要设计，决不可随心所欲，自以为是。

一、语言设计

语言设计主要包括组织领导人在重要的活动场所该讲什么话、如何讲话、怎样展示语言魅力。经过设计的语言会增加领导人的个人魅力，也无形中传递给公众该组织的信心。

（一）会议讲话

1. 正式会议讲话

在一个组织中，外部或内部经常会有一些重要的活动需要领导人出席到场，并且成为主要的发言人。发言的内容有致贺词、作重要报告、开场发言等。因此，领导人的讲话一般应该有发言稿。发言稿忌讳讲大话、官话、空话。因此，对领导人的讲话稿要进行认真设计。这是日常公共关系工作的一部分。

正式发言稿要精心撰写，努力使之成为言之有物、言简意赅、发人深省、令人印象深刻的佳作。

1）发言稿内容主题鲜明

在正式场合的领导人讲话，首先应体现出开门见山、主题鲜明的特点，在向各位嘉宾问好后，应直入主题，不拖泥带水。大部分情况下领导人的讲话内容有更多的鼓励性成分，会让人产生较为强烈的内心震撼和认同感。

2）发言稿语言简洁、深刻

现如今，正式会议上的领导人讲话稿往往会印发出来，给与会者现场阅读。因此，发言稿的质量要求很高。发言稿除了在内容上条理清晰、逻辑性强以外，在语言的表达上也要精心锤炼、仔细推敲，努力做到简洁、深刻，让公众感到值得回味与留存。

3）发言者声音洪亮、表达清晰

在正式会议上主要领导人上台发言，应该声音洪亮、语言铿锵、表达清晰流畅，显示其身体健康、精神饱满、坚定自信、积极乐观，使与会公众从中感受到一定的教育作用和来自组织的强大影响力，并对组织的经营现状充满积极的期待。

2. 一般会议讲话

一般会议讲话是指组织领导人出席组织内外一些会议时所做的临时讲话。这种情况下，大多数属于即兴演讲，不需要带讲话稿。对此，组织领导人的讲话更要事先由公共关系人员设计安排。

虽然在一般会议上，参加的人员并非是社会知名人士或组织特别重要的公众，但即使是普通的听众，组织领导人也一定要认真对待，不可草率应付，因为很难预料台下的听众中是否有组织未来的重要公众。

公共关系人员为领导人设计讲话主要包括以下几点注意事项。

1）讲话思路清晰

公共关系人员为组织领导人安排的即兴演讲，要事先设计列出一个演讲提纲来，讲什么内容、哪几个方面、彼此的逻辑关系如何建立等，在构建一个讲话的完整内容基础上，公共关系人员要让领导人对之了然于胸，领会吃透。这样领导人的即兴讲话才能具有有的放矢的影响力。

当然，一般来说，一个领导人本身是具有在一般会议上即席演讲的能力的，但是，站在组织全局的高度，理性地阐述问题、把握主题，却是组织公共关系人员能够更好地把握的。因为领导人毕竟有太多事情需要场面应酬与考虑，不可能面面俱到。特别是对于一些比较专业的小型会议，需要领导人去评价与推动，而领导人未必精通专业，很多专业术语也不一定熟识，因此，公共关系人员事先的策划就非常重要了。否则，领导人没有一些基本的思路，则在台上的发言就可能语无伦次，难以顺畅地传达领导者的思想，结果可能会带来公众对组织的实力产生怀疑、对组织的信心产生动摇的不良效果。

2）内容简洁明晰

领导人在即席演讲时，要紧扣会议主题，内容既要高度概括，又要言简意赅、高屋建瓴，让听众感到有思想、有内容、有高度、有深度，清楚、明晰，令人心服口服。领导人讲话切忌言语拖沓、离题万里、言之无物、让人不明就里，故而在必要的情况下，领导人的即席演讲要进行一定的训练与排演。

3）语言抑扬顿挫

领导人讲话需要生动鲜活，注意与下面公众的呼应和互动。根据公众的不同情况，在语言的运用上要情感丰富、抑扬顿挫，注意留给公众消化、吸收、思考、应答的间歇，让领导人的演讲成为带动公众情绪、影响公众士气、强化公众价值观的重要催化剂。因此，演讲中必要的引经据典和插科打诨是很重要的。在这方面公共关系人员应该予以一定的准备，让领导人在讲话时信手拈来，增强演讲的感染力。

4）表情亲切自然

组织领导人在一般会议上进行即席演讲，是一个展示组织领导层人员素质、组织实力及组织文化的重要机会。因而，领导人在演讲时，也要注意表情方面的设计。讲话中要注意语速适中、表情自然、面带微笑、风趣亲切，让人感受其亲和力与内在的人格魅力，使聆听演讲成为一种享受。领导人在演讲时忌讳面无表情、双目无神、语调平淡、表情呆滞、语言乏味老套，让公众对领导人及组织厌倦或失望。

（二）日常对话

领导人与公众的日常对话分为两种。一种是组织的基层员工、中层干部及媒体记者等到领导人办公室与领导人对话；另一种是领导人下到基层与内部公众的对话。对于这两种情况，需要组织的公共关系人员进行一定的策划设计，确定基本的常规对话规范，充分利用这种便利条件为组织的发展铺设良好的基础。

1. 办公室对话

当组织的基层员工、中层干部及媒体记者、外部其他人来到组织领导人的办公室与领导人进行商谈或对话时，领导人的语言表达需要进行事先的策划与设计。

1）平等温和

当组织的基层员工、中层干部及媒体记者走进组织领导人的办公室时，领导人要以平等的状态来接待，切不可以主人自居，居高临下，摆出一副官腔样子吓唬人。在与其他人交谈时，领导人的态度应该温和而平静、宽厚而礼貌，给人一种可以信赖、亲和的感觉。

2）谦和倾听

一般情况下，走进组织领导人办公室的人往往是来向组织领导人汇报、请示或反映情况的。因此，领导人面对他人的态度应该是认真倾听，谦和坦诚，让对方知无不言、言无不尽，讲对讲错都不必有顾虑，给所有与领导人接触的人留下良好的印象。

3）适度表态

领导人不是和事佬。在与他人对话中，组织领导人在适当情况下面对一些问题应该予以适度表态，对一些正确的做法或说法予以支持，对一些不合适的做法表示谨慎的不同意见。但不管怎样，领导人面对来访者，均要清晰传递组织信息，表明对某些重要问题的明确立场，给来访者以积极的信息，借此传递组织负责任的基本姿态。

4）礼貌接待

对于走进领导人办公室的人，领导者应展示出温良、宽容、礼貌、平和的心态，不轻慢任何一个来访者。谨守端茶倒水、请坐寒暄、送客出门的基本程序，让来访者感到温暖与尊重，树立起尊重、开放、包容、平和的领导人形象。

2. 基层访谈

当组织领导人下到基层与内部或外部公众（内部公众，如本单位职工；外部公众，如消费者、顾客、中间商等）见面交谈时，应该讲什么、怎样讲，也是组织公共关系人员要提前策划的内容，因为这是领导人在公众中确立组织声誉的重要时机。

1）谈工作，虚心听意见

领导在内部下基层常去的地方可能是职能部门或车间、工地等；在外部则更多地是与消费者、顾客或客户见面。在这些地方，双方谈的主要话题是工作。公共关系人员要提醒领导人多听少说，少做指示，多当小学生。当领导人与内部职工谈工作时，注意不要颐指气使、发号施令，而应该虚心听取下属意见，坦诚地与一线员工交流看法，全面了解清楚组织内部某一方面的实际情况。领导人给员工留下的印象应该是——工作作风朴实、工作态度虚心、决策讲求民主、对组织基层情况熟悉。

2）谈生活，真正关心人

组织领导人下基层与内部或外部公众交谈，除了谈工作外，一定要谈谈生活。这一方面需要公共关系人员的提醒与设计，同时是领导人必须具备的平等心态。领导人与员工谈生活，首先要让领导人提前了解内部员工的一些基本情况，特别是一些值得关心的特殊员工，然后领导人在下基层时有的放矢地去关心下属和员工，问询员工个人及家庭成员的生活、身体及父母等情况，专门看望特殊员工，不忘与基层员工合影留念，让员工感受到组织的温暖，展示组织领导人的知人懂人关心人的魅力。

3）谈细节，彰显真功夫

组织领导人在与内部或外部公众交谈的时候，要注意把握细节。对某些问题，要有刨根问底的认真劲儿，不要浅尝辄止，让公众感到是搞走马观花的形式主义，而要抓住问题不放，执着探究事情的原委，直到彻底把事情搞清楚。公共关系人员要提前提供一些基本情况或难以解决的问题供领导人参考，让领导人下基层的目标明确，有效推动一些问题的解决，另外也可以使公众（主要是内部公众）知道不能敷衍领导，领导人具有明察秋毫的观察力，必须扎扎实实地把工作做好，从内心认同领导人。

4）问名字，深度了解人

领导人下基层与公众交谈，公共关系人员要提前提供一些重点关注的名字，让领导人心中有初步印象，然后在下基层后，就可以重点关注这些人，使领导人对他们有深刻的印象，领导人也由此加深对基层的了解。同时，领导人在基层主动问询交谈对方的名字，是对公众的尊重，体现组织领导人亲和、热情的一面。这方面组织公共关系人员需要事先认真安排。

（三）宴会讲话

作为组织领导人，出席一些重要的宴会，是一件十分平常的事情。但在宴会上，领导人常常作为重要客人去讲话或讲些祝酒词等，这需要认真对待。组织公共关系人员需要为领导人的赴宴讲话进行一定的考虑与设计，因为如果领导人言语不周，影响的会是组织的形象。

酒宴是一个十分重要的社交场所，领导人说什么话，该如何表达，酒宴上应该表现出什么样的形象或风采，绝非小事。如果领导人在平时场合表现得彬彬有礼，在宴会上，几杯酒下肚，行为上变得随意或放纵，对组织的负面影响较大。

1. 讲祝福的话

领导人在酒宴上敬酒或被敬酒，要说的话多是祝福的话，这些话看似平常，但把握好分寸则要讲究艺术性。同样是祝福语，不同的人要用不同的表达方式讲出不同的话，也要事先有所考虑。酒席上很忌讳说错话，以及讲对方不爱听的话。因此，预先对参加宴会的嘉宾有所了解，适时讲出令对方快意的祝福语，是领导人必须具备的能力。

2. 讲感谢的话

在宴会上不论是本组织来做东，还是出席他方的宴会，领导人要多说感谢的话。一些平时场合说不出的话，敬酒时却可说出来。因而，领导人在出席宴会时，对老领导、老朋友、重要客户等要多讲感谢的话，借此表达组织对重要客人或客户的谢意。

3. 讲问候的话

领导人在酒宴上，与业界中的前辈见面时要多讲问候的话，以加深与新老朋友更加亲密的关系。尤其是对年纪较大的同志，更要注意多多问候，不可怠慢。最忌讳领导人在酒宴上一个人喝闷酒，旁若无人，或者只与几个熟悉的朋友推杯论盏，那样的话，损害的不仅是领导人个人的形象，更是组织的形象。

4. 讲告别的话

领导人在酒宴上要提前离场或最后结束的时候，要注意讲告别的话，千万不可不打招呼悄然离场，这被视为很失礼。打招呼时要先与重要的客人告别，同时不忘与新朋友真诚道别，互致祝福，给对方留下深刻印象。

总之，在酒宴上，领导人切忌不可喝酒过量，更不可借酒胡言乱语，大放厥词，要始终注意维护和展示自身良好的形象，为构建组织诚恳、可信的形象做出贡献。对此，公共关系人员要予以必要的提醒与设计。

二、行为设计

组织领导人行为的设计，主要是指领导人举止上的表现，特别是在公共场所，领导人的举止行为体现了领导人的修养，更体现出其所在组织的整体管理水平与经营理念。

组织领导人的行为设计包括以下几个方面。

（一）公众场合的举止表现

组织领导人在公众场合的表现，体现的是所在组织的整体素质和管理水平，并由此令公众推断组织的经营理念和社会责任意识等。因此，领导人的举止表现，具有重要的代表意义。

1. 谦和而自信的站姿

领导人在公众场合出现的时候，往往成为众人关注的焦点，举手投足都被很多人注意。其一举一动会被人看在眼里。因此，其站姿应该是谦和而自信，稳重而优雅，既不显得孤单无助，又不表现为傲慢自负。站姿不松垮或随意抖动。谦和的站姿要求领导人身体放松，自然而优雅；自信的站姿要求领导人身体挺拔，站有站相，沉着稳重。

1）不东奔西跑

在公众场所，除非在找人，否则领导人不要表现出东奔西跑的不安定站姿，否则会被认为有点彷徨无助、魂不守舍。

2）两手不晃

在与人交谈时，领导人虽然站着不动，但两手也不要有太多动作，不可乱晃，如说话打比方，幅度不要太大；在打招呼、寒暄或告别时，动作点到为止，举止优雅大方；与人交谈中站姿不松垮或随意抖动；接听电话时沉着平和。

3）两腿沉稳

领导人在站立时，要注意不要有明显的摆腿或抖动的动作，更不要出现上踢或下蹲等大幅度动作。对于女性领导，在一般情况下，更要注意举止温和、柔美，不要有高抬腿部、双脚交叉踏地或交叉站立的动作，否则会十分不雅。

4）腰身挺直

除非身体有病或腰部受伤，否则领导人站立时，腰身一定要挺直，不可左右扭动身体或前后摆动。因为腰身不挺拔，则人的整体会萎靡不振，或显得太过随意，这种站姿会传递给公众不负责任、玩世不恭的味道。

2. 沉静而自持的坐姿

领导人的坐姿一般是交谈或会谈的姿态，这种坐姿一个重要的原则是：坐如松，即坐稳不晃，不频繁调整坐姿，坐下后上身挺拔，双腿平放地下，女性注意双脚放于侧方或前后交叉，两腿不抖。沉静而自持的坐姿体现出领导人的自尊与自信。特别要注意以下几点。

1）上身不松塌

不要因为坐久了，就将上身松塌后泄，窝成一团，那样会显得精神不振。

2）两腿不前伸

不要坐下后，将双腿伸向前方，占用很大的空间，会显示出一种张狂与霸道的傲慢姿态。

3）双腿不抖不晃

特别是与同仁共坐在一个长椅上时，在坐下后，更要注意不能抖腿或不停地变换坐姿。

4）目光平移

在坐下后头部不要东张西望，或紧盯着一个地方不动，目光应该平静地移向说话的人，头部的动作要缓而少。

5）手不指人

说话时，领导人注意保持与他人平等交谈的态度，手的动作要少，一般情况下不要用手指指人，但不排除必要时做任务的安排需要这样的动作。但在与他人观点不同发生争辩时，则伸手指人会显得有些发号施令、举止傲慢，甚至有侮辱人之嫌。

3. 平静而节制的表情

领导人在公众场合的表现，还包括其面部表情。它是与举止密切相连的重要组成部分。领导人的面部表情在重要的场合同样需要事先的训练与设计，否则，会造成难以预知的后果或误解。

在大部分的情况下，领导人的面部表情应该保持平和、放松的状态。

1）面部沉静、温和

在没有事情时，领导人的面部要保持沉静温和的表情，给人坚定、沉稳、开放、自尊的感觉，看上去令人肃然起敬。

2）去除不良习惯

在公众场合，领导人的表情是很多人关注的焦点。因此，领导人切忌不可有一些不良的坏习惯，如挠头、捏鼻子、摸下巴、打哈欠、打喷嚏、皱眉、挤眼、鼻子抽动、咬牙、舔嘴唇等，也包括与人打招呼时，做鬼脸、夸张的大笑等。

3）目光柔和而坚定

在与人接触中，领导人的目光容易给人留下深刻的印象。领导人应该双目有神、目光坚定、沉静、柔和、自然，目光尽量扫过在座的所有人。善于与人目光交流，亲切而又坚定。

4）勿大笑大叫

在公众场合，领导人高声交谈或大叫大笑，都给人十分不好的印象，被视为严重的失礼行为。在遇到好友或知交的情况下，可在单独一隅畅叙，回避众人目光。

（二）公共场合的举止表现

公共场合的举止表现主要是指组织领导人在公共场合，作为普通人的举止表现，如作为顾客、食客、乘客、游客、司机、路人、听众及观众等。对于一个有影响力的组织，领导人可能会不知不觉成为公众人物，被很多人所熟识。其在公共场所的表现也有可能被一些公众所关注，一些不当行为有可能通过网络的微博、微信等自媒体传播开来。因此，在作为普通人出现的公共场所，领导人要格外注意自己的言行。组织的公共关系人员也需要有意识地帮助策划或设计领导人的表现，使之在一些特殊的场合，不经意地为自己的组织添光增色。

1. 做事低调

组织领导人在公共场合的形式应尽量低调，不要招摇摆谱。例如，出门不要携带随从、秘书或保镖，不开豪华车或将车停在贵宾车位，尽量服从服务人员或工作人员的统一安排与调动，随遇而安，不搞特殊化，不要求特殊服务，尤其是在他人已认出组织领导人或有意主动提出特别安排时，更要显得谦虚诚恳，客随主便，悄然影遁，不惊扰他人。

2. 举止自敛从容

组织领导人在公共场合的举止要比较收敛，举手投足幅度要小，在与他人打交道时，要显得自然、从容，不大张旗鼓，动作夸张，更不要有意显示自己的特殊身份，举止上显得特殊或张扬，如独享公共资源、高门大嗓说话、出手付账生猛、因小事与人发生肢体碰撞等。若出现这种情况，受害的是领导人及领导人所在的组织。

三、服饰设计

组织领导人在很多场合可被称为是组织的形象代表。因此，不仅其言行与举止要由组织的公共关系人员进行策划设计，服饰方面也要进行策划与“包装”。

（一）正式场合

在正式场合组织领导人的服饰要注意以下几点。

1. 身着正装

男士一般是西装革履，打领带，全身整洁。西装应大小合身，熨烫平整，不打褶，不油污，领带色彩偏素，与衬衣颜色相搭配，西裤干净平整，没有下坠或凸痕，后面（臀部位置）不显得光亮，皮鞋以深色为主，上面不得有明显油污。整个形象感觉精神、大方、得体、文雅。

女士一般着套裙，长袜、皮鞋，色彩根据正式场合的内容而定，也要与自己的肤色匹配。套裙要收身得体，内衣与外套的颜色协调搭配，根据情况选择项链或胸针，穿套裙或一定情况下搭配得体的短裙时，必须穿长筒袜，最忌光腿，穿高跟鞋的颜色要与套裙相协调，同时考虑与手提包的色彩相协调。套裙的质量要比较挺括、平整，整体显得娴雅大方。

2. 饰物得当

不论男性领导或女性领导，佩戴饰物已是一件比较平常的事情。但在正式场合，饰物的佩戴要注意得当。男性领导着西装可选择恰当的领带夹，上衣口袋可放置恰当的胸花，手上可带结婚戒指，女性领导则佩戴合适的耳环、项链、戒指等。但不论男女领导，在公众场合，饰物要少而精，更不可将价值昂贵的珠宝在正式场合带出来，这样做既不合适，也不安全。

职 场 案 例 观 摩

朴槿惠服饰遭"政治解读"

作为韩国首位女总统，朴槿惠上任24天里的一举一动都备受关注，甚至她衣着的款式、颜色都成为其政治动向的风向标，被媒体争相分析解读。韩国《朝鲜日报》3月20日报道说，朴槿惠视察民生经济时一般选择亮丽的颜色。例如，朴槿惠在之前去韩国交易所视察时，穿的是象征股价上升的红色夹克。朴槿惠的秘书说，这是朴槿惠向国民传达希望的信号。

《朝鲜日报》还报道说，朴槿惠穿着素色服饰是为了传达安全信息。3月14日，朴槿惠参加警察大学毕业暨任命仪式时，穿了一件金色纽扣的橄榄绿外套。她在总统就职仪式上就穿的这件衣服。韩国弘益大学服装系教授表示，选择草绿色服装是为了展现沉着、冷静的形象。在讨论朝核等严肃问题时，朴槿惠一般选择无彩色服装。2013年2月初，在针对朝鲜第三次核试验举行朝野三方会晤时，她也穿了无彩色的衣服。

韩国《中央日报》20日称，朴槿惠通过衣服颜色迂回传递政治信息的例子还有很多。此外，韩国专家还认为，朴槿惠佩戴的胸针也包含某种信息。她在就职仪式上佩戴的蝴蝶型胸针象征着"飞翔""复活"。韩国《中央日报》援引青瓦台人士的话说，朴槿惠的服饰颜色反映着韩国的政治状况。朴槿惠总统一般会根据时间、状况、场合来选择合适的衣服。因此，只要看看当天朴槿惠的衣服颜色，大概也就能知晓她想强调的心理状态。韩国News1通讯社此前也曾分析说，朴槿惠幼年时是在青瓦台度过的，她深谙如何协调时装与格调的关系。分析称，朴槿惠的衣服大部分都是量身定做，所以很难知道衣服的品牌和价格，但她的衣服一般都会穿十多年，就像她的发型数十年不变一样。有趣的是，韩国民众对朴槿惠的服饰和配饰也很感兴趣。数日前，朴槿惠在首尔某超市买菜时，拿出一款淡紫色钱包。这款价值仅4 000韩元（约合人民币22元）的布艺钱包一经曝光，便被抢购一空。钱包公司的网站和电话甚至连续几天陷入瘫痪。

资料来源：驻韩国特派记者马菲、特约记者赵毛兵报道，《环球时报》，2013年3月21日

3. 慎用香水

在正式场合，领导人要注意慎用香水。女士香水不要太浓，否则令人窒息，男士适当使用香水，反倒显得有绅士气，但男女香水均要清淡雅致，不要影响工作氛围。

（二）非正式场合

1. 身着便服

组织领导人在非正式场合，着装上应该穿便装，甚至可以入乡随俗，与非正式场合相协调，衣着要普通、简洁，不要显示名牌或花哨。着便装不一定很考究，但要得体合身；不要太时尚，也不能显得落伍；不可太亮丽，但一定要干净、整洁，既显示出领导人的优雅风度，又让人觉得普通亲切。这样的形象在公共场合可以给人深刻的印象。

2. 饰物从简

在一般非正式场合，领导人在饰物上应该从简素雅，不张扬显摆，给人感觉自然、从容，放松、随意。特别是女性领导，在朋友聚会或与家人团聚时，在饰物方面简约随意，反倒容易增加更多的亲和力，让公众平添几分对其所在组织的信任感。

3. 气味淡雅

在一般非正式场合，可根据情况喷洒一些香水等，以营造一种适宜、轻松的氛围，体现领导人优雅与浪漫的另一面。

第七节　全员公关教育

组织中开展日常型公共关系活动中一项重要的工作就是对组织内部全体公众开展公关教育，这项工作对于组织内部有效提高柔性管理效率、提升凝聚力、塑造品牌和营造组织生存环境等都具有极为重要的意义。

一、全员公关教育的内容

对内部上下全体员工开展公关教育工作，主要包括以下内容。

1. 声誉至上教育

对于组织的成员来说，声誉教育是头等重要的事情。因为一个组织中比资产和技术更重要的，是组织的声誉。一个组织的声誉就是这个组织的声名，是组织经过多年打造累积在公众心中的信任度与忠诚度，塑造声誉、维护声誉、为组织赢得声誉是组织中每个人的最高使命和义不容辞的义务。声誉教育是组织永远不能终止的核心教育。组织应该长期不断地加强声誉至上的教育，让每一个人都自觉地为维护组织的声誉而工作，为传播组织的声誉而尽责。一个具有公共关系意识的组织应该将声誉教育放在组织文化的核心内容中去宣传。在长期持续不断的宣传与教育中，将声誉意识内化成组织员工的自觉行动，使声誉教育成为组织文化软实力建设的核心内容。

2. 主动沟通教育

公共关系的核心是平等沟通。公关教育的一项重要工作就是主动沟通教育。具体包括组织中上对下的主动沟通、下对上的及时沟通、上下级之间以及同事之间的流畅沟通。要通过长期的教育使员工形成主动而平等沟通的公共关系素养，实现每个人都是组织的公共关系人员的最佳状态。由此当组织员工面对外部公众开展各种各样的业务活动时，他们就会积极、主动地宣传自身，为塑造组织的品牌、传播组织的声誉自觉地做出贡献。

3. 尊重公众教育

公众是改革开放后才出现的新名词。在中国，尊重公众的意识比较淡薄，等级观念深刻地影响着中国人的思想。以职业、职务、经济收入、衣着、消费方式、年龄等为标准区别待人的情况十分普遍。因此，对全体员工开展尊重公众的教育非常重要。要让全体员工知道，面对任何一名公众个体时，都应该以衣食父母的理念平等对待，不论其年龄、性别、收入水平、职务、职业等，尊重公众就是尊重他们的民族、习性、偏好；尊重公众就是要把公众放在心中最重要的位置。通过主要的教育使员工在从事自己的各种工作时，踏实、尽责、主动地站在公众的角度看问题，一切为公众着想，这样组织的发展才会稳定长久。

4. 着眼长远教育

在大部分人的工作理念中，往往只是为了眼前利益而着想，不会站在公众长远发展的角度而考虑。对组织全体员工的公关教育应着眼于长远的发展，不过分看重组织一时一事的得失。在组织产品生产、销售、社会责任承担等方面都应该加强质量意识、诚信意识、社会公益意识等方面的教育，不为眼前的利润指标而损害公众利益、丧失公众的信任。因此，对员工的教育要站在有利于组织长远发展的高度，将正确的经营理念贯彻到全体员工中去。

二、全员公关教育的形式

开展全员公关教育，其形式有多种。

1. 当面授课

由公共关系人员利用工作间歇、下班及周末等时间，集中对全体员工进行培训，将声誉教育、沟通教育、尊重公众教育、长远意识教育等灌注到员工的心中。当面授课的好处是可以充分交流，及时反馈，切中问题要害，及时发现问题、解决问题。

2. 电化教学

电化教学即运用多种电子传播手段进行集中播放收看，如电视专题片、专题录像片、电视讲座等。这种形式的教育一般来说，内容生动，收视效果好，操作简单，传播面广，但无法了解反馈效果，不一定对症下药，也易将公共关系人员的教育工作流于形式，走了过场。

3. 资料发放

公共关系人员还可以有针对性地编辑一些公关教育资料，定期发给全体员工，让他们自己阅读学习。这种潜移默化的教育可以不占用员工的工作与休息时间，也能起到一定的传播教育效果。但缺点是对文化水平较低的员工，资料的利用率会较低，有些人因为忙于其他事情会忽视这些资料，特别是缺乏监督机制，这样的教育会被各种事务型、私人性的事情稀释掉，效果无法评估。

4. 网络教育

如果利用组织内部网络，开展员工教育，效果也不错。例如，定期更换教育内容，同时在线讨论、答疑，让员工学习与讨论主要的观点。这种形式兼具以上学习教育形式的优点，又不局限在线人数，如果参与的员工普遍，则效果会很好。但可能有相当多的员工不接受网络在线的沟通方式，也很难监控在线学习的状况，学习效果可能很难保证。

当然，组织可以根据自身情况，选择一种或多种教育形式，提高学习效率，将全员公关教育工作长期不懈地抓下去。

第八节　公共关系调查与咨询服务

在组织的日常公共关系工作中，定期开展公共关系调查并提供专业的公共关系咨询服务，是公共关系人员的重要工作之一。

一、公共关系调查

公共关系调查是公共关系四步工作法的第一步，同时，策划一定主题的公共关系调查，并深入开展调查工作，也是一次公共关系的宣传活动。组织公共关系人员绝不能将公共关系调查仅仅看成一次普通的信息采集工作，而要从组织战略的高度，扎扎实实地做好公共关系调查工作。

从公关策划的意义上看公共关系调查，则在安排公共关系调查时，应做好以下几个方面的工作。

1. 做好公共关系调查主题宣传工作

每一次的公共关系调查工作都要围绕一定主题或内容来开展，提前做好宣传工作对下一步公关策划活动的开展有十分重要的意义。组织的公共关系人员在开展公共关系调查之前，应该利用各种媒体将调查的主题传播开来，让目标公众周知，在开展公共关系调查时则可以进一步把公共关系的沟通工作做好。

例如，杭州市开展社区垃圾分类工作时，前期进行了大规模的宣传活动。其主要宣传标语如下：

垃圾分一分，环境美十分

配合垃圾分类，争做文明市民
举手之劳，资源永续的源泉
积极参与废电池回收
参与垃圾分类，保护地球家园，共创美好世界
垃圾分类益处多，环境保护靠你我

2. 做好公共关系调查的信息传播工作

组织开展的公共关系调查大部分情况下是调查人员直接与被调查者面对面进行的，如问卷调查、访谈法等。在针对目标公众进行调查时，公众不仅会对组织的调查产生兴趣或疑问，也会对组织本身产生一些好奇，因而有可能创造一个组织员工与目标公众互相交流沟通的机会。对此组织公共关系人员要利用调查工作积极宣传组织的基本情况，如调查的动机、调查工作对社会的公益意义等，同时可以适时介绍组织实力、经营理念以及人员素质情况等，让公众（被调查者）近距离地对组织予以了解。

3. 做好公共关系调查人员培训工作

开展公共关系调查工作，实际上是组织的公共关系人员——调查者与组织的公众——被调查者之间重要的人际沟通。不论是面对面请公众填答问卷，还是直接进行访谈，都要经过打招呼、问好、提问、解答疑难、完成调查、道谢、告别等过程。因此，组织公共关系人员的沟通能力是一项十分重要的能力，其好与坏对组织的声誉、公共关系调查的顺利开展，都具有直接的影响力。因此，有必要对公共关系调查的人员进行一定的训练与培训。

4. 做好调查资料整理与结果分析工作

公共关系调查工作完成后，要对调查情况进行汇总、整理，对调查数据进行分析，然后撰写调查报告，以之作为决策参考。同时在必要的情况下，要将调查报告向公众公布，并对调查中反映的问题及时做出处理以飨公众。组织通过公共关系调查活动的策划与开展，可以充分向社会展示组织创新、负责任的形象，实现一次成功的公共关系活动。

二、公共关系咨询服务

公共关系咨询服务曾被美国的公共关系学者认为是公共关系中最重要的职能。因为它对组织生存的社会环境发挥着一种环境监测、决策参考的重要作用。毋庸置疑，组织公共关系部门所提供的咨询服务主要针对其决策层。公共关系部门应该在组织决策时提供所需要的相关参考资料。这些资料越真实越好、越及时越好、越详尽越好。这应该是组织公共关系部门日常的基本工作。

（一）公共关系咨询的内容

1. 目标公众的情况

组织的公共关系人员应在平时掌握尽可能详尽的目标公众情况，以便在组织决策层考虑

问题时，作为重要的参考。例如，政府公众的情况、顾客公众的情况、重要客户的情况、媒体公众的情况、社区公众的情况、内部公众的情况等。当组织决策层考虑某一个问题时，公共关系人员应该能够及时提供详尽、准确的情况，以便对组织决策起到重要的参考作用。

2. 软环境监测

在组织决定重要问题时，公共关系人员应该能够对组织的软环境提出咨询意见。组织的软环境主要包括：政策环境，即政府相关政策的变化情况；法律环境，包括国内外相关法律的最新变化；舆论环境，即一定时期内公众对一些重要话题的舆论反应；制度环境，即及时评估组织内外部有关制度的推动或制约作用；等等。软环境情况的搜集需要公共关系部门的工作人员平时注意积累这些方面的信息，随时准备提供组织决策时参考。

3. 经验与教训评价

公共关系四部工作法之一——评估所具有的职能就是对组织已完成的重大事件予以客观评价。它对组织决策会起到重要的提醒、警戒作用。在重大决策讨论开始时，由公共关系人员提供以往工作的经验教训和评估结论，特别是从客观数据中提出的重大缺陷或失误，会对组织所进行的决策起到十分积极的参考作用。

（二）公共关系咨询的方式

1. 参与决策讨论

由组织公共关系工作人员直接参与决策层的重大决策会议，提供必需的参考资料，对重要问题提出意见建议，这样的咨询工作十分重要。陈述是最好的辩论，对组织来说公共关系人员不参与决策，但参与决策讨论会对组织正确的决策起到十分积极的作用。

2. 提供参考材料

公共关系人员在某种情况下可以通过提供相关问题的参考资料来进行咨询服务，积极为领导决策提出重要的参谋帮助。参考资料包括二手资料的数据、一手资料报告、视听资料等。

3. 帮助征询意见

在一定的情况下，公共关系人员可以帮助组织决策层将重大决策草案提交内部公众或股东讨论，向他们征询意见，然后将意见汇总分析，提出有建设性的思路与建议，供决策层再次决策时参考。

在组织的日常公共关系工作中，大量的工作是默默无闻的收集资料、持续不断的培训教育、点点滴滴的指导咨询、兢兢业业的品牌维护等工作。这些工作虽然没有轰轰烈烈的场面与动辄巨大的财务开支，但对于组织的生存与发展环境营造来说，却是至关重要、不可或缺的。

研究与演练

一、理论研究

1. 新闻意识指的是什么？
2. 如何在公关调查中做好公共关系工作？

二、实践演练

1. 读案例巧分析。

归真堂向媒体开放养熊场活熊取胆　疑问仍未解

（2012年）2月22日，福建省惠安县，处在舆论漩涡中心的归真堂对媒体开放了“黑熊养殖基地”。这个备受关注的开放日，吸引了上百家媒体的记者。不过，在亲眼目睹所谓的“无管引流”活熊胆汁之后，一个多小时的“专家座谈会”让记者心中的疑惑依旧，问题并没有得到解答。当天，力阻归真堂上市并执意与媒体一并参与开放日的动物保护机构“亚洲动物基金”，九个人的团队被归真堂以“不遵守正式程序”为由拒之门外。

“活熊取胆”参观过程五分钟，记者问题未得工作人员答复

按照归真堂的流程安排，22日早上6点40，记者到惠安东南酒店大堂集合。7点20分出发，20分钟之后，媒体到达归真堂黑熊养殖基地。

据了解，这里是中国南方最大的黑熊生态养殖基地。目前基地共有600多头黑熊，年繁殖小熊能力超百头。可以看出，归真堂的黑熊养殖基地规模非常大，且新建不久，不少地方还在大兴土木，不过可能为了开放暂时停工。从硬件来说确实比较先进。按照流程，整个熊场参观时长2个多小时，参观活熊取胆过程，前后约5分钟。

此前的1月21日晚间，记者抵达东南酒店时，与归真堂签署一份《知情确认书》，遵守多达8项禁止事项。 其中包括“禁止擅自与黑熊接触”“禁止在熊舍内大声喧哗”“禁止使用闪光灯”“禁止在引流员引流期间与其交流，避免黑熊受到惊吓”等事项。还要求记者遵守“应尽量远离笼舍，在过道中间行走”“在散养区请勿离护栏过近”等。在其他开放区域，熊场安排了大量工作人员，不过对于记者抛出的问题，一概回答“不知道”。有工作人员表示是“从总公司调过来的，对于熊场情况不很清楚”。

据记者了解，归真堂已经建好的取胆室共有九个，但昨天只开放了其中一个。

新闻发布会问题无确切答案，专家称造瘘引流类似穿耳洞

在熊场没有得到解答的疑问，在归真堂之后召开的“专家座谈会”上，依旧没有得到确切的答案。原定于10点40分开始的发布会，一直到11点15分才开始。12位中医药学专家、4位动物学专家与会，归真堂董事会秘书、投资方鼎桥创业投资管理有限公司的高级管理人员和保荐券商万联证券代表等同时出现。回答问题的过程中，北京中医药大学教授张世臣指出，养熊取胆在我国现在的法律法规状态下是允许的。中国药科大学教授周荣汉说：“活熊取胆时我不知道熊的感觉，但从熊的表面现象，没有感觉到熊有（反应）。”在场专家认为，作为传统中药的重要来源，我国的“养熊引胆”早已摆脱过去“接管子、挂袋子、夹铁板”的野蛮生产阶段。争论虽然激烈，但长达两个多小时的专家座谈会却并未达成共识。会议尾声，张志鋆仍然表示：“归真堂是一家合法合规的企业，成长性非常好，我对公司上市有信心。”

回顾：归真堂上市风波始末

2010年6月，福建归真堂药业股份有限公司谋求上市事宜首次曝光。福建省环保厅公布了对归真堂的环评报告书，表明其已通过上市前环保核查程序。归真堂上市计划甫一披露便遭到了外界质疑。

2012年2月初，证监会公布一份IPO[①]申报企业基本信息表，归真堂仍然在列。由此引发亚洲动物基金等多家民间机构抵制归真堂上市。

2月14日，“北京爱它动物保护公益基金会”联合另外两家机构，以及72位名人联名致函证监会，“恳请”证监会对归真堂的上市申请不予支持及批准。

2月16日，中国中药协会在京召开发布会，希望“还事实一个真相”，就国内养熊业的现状，以及熊胆在中药中的地位功效等与媒体进行沟通。会后，中药协会网站被黑。

2月18日晚，归真堂在官网发布了公开邀请函，决定2月22日、24日两天对媒体和相关人士开放养熊场，并承诺活动“全透明”。

2月21日，亚洲动物基金在京召开媒体沟通会，力陈“任何一种活熊取胆方式都不人道”。

2月22日，归真堂养熊场首次开放。

资料来源：http://news.xinhuanet.com/fortune/2012-02/23/c_122742133.htm，2012 年 2 月 23 日，内容有删节

2. 归真堂的策划活动存在哪些问题？
3. 如果你作为公关策划人员为归真堂做媒体开放日活动，还有更好的做法吗？

---

① IPO（initial public offerings），即首次公开募股。

第六章　交往型公关策划

第一节　政府间公关交往

一、公共关系意义上的政府交往

（一）国际关系与公共关系

在公共关系来到中国三十多年的时间里，对于公共关系学的核心内容及概念界定仍然存在着较大分歧与比较混乱的认识，将公共关系与人际关系、国际关系混为一谈的情况屡见不鲜。

1. 国际关系与公共关系内涵不同

国际关系是研究国际间某国与他国及多国之间政治、经济、军事等方面矛盾处理、实力较量、利益博弈等的问题应对与解决过程；公共关系是研究社会上某一组织构建与其他组织良好关系的管理手段。国际关系的内涵包括国与国之间政治关系确定、边界划分、势力范围分割、军事结盟、经贸事务及冲突解决等。国际关系的处理对一国的命运有深远影响。

公共关系的内涵是指围绕组织声誉的构建而开展的对组织周边社会环境的监测、策划沟通活动与具体实施、对目标公众的传播与影响，进而实现对组织的了解与信任等。组织公共关系的好与坏决定了该组织在社会中的生存质量。

2. 国际关系与公共关系主、客体不同

国际关系在外延上只局限于国家与国家、国家与地区、国家与联合国等国际组织之间的关系处理。从事国际关系活动的主体是政府，国际关系的工作人员是政府高级官员或政府所授权委托的代表，国际关系工作的客体即对象是其他国家的政府及其官员。公共关系的主体可以是任何一个组织，其客体会涉及组织周边几乎所有公众，尤其是与之生存相关的顾客公众、政府公众、媒介公众、社区公众等，公共关系要处理的问题更加细致与多方面。

3. 国际关系与公共关系手段不同

国际关系开展的手段大多通过外交渠道进行，如递交国书、外交说明、外交照会、官方谈判、甚至军事威胁或打击等，国际关系中为了赢得有利地位，一国不惜使用十分隐秘的计策，或突然抛出秘密武器来压迫对方就范或让步，国与国之间的斗争，极尽斗智斗勇之策，很少讲究规则甚至道德。而公共关系开展的手段绝大部分情况下是通过组织传播、大众传播、人际传播等来获得的双方共识，使用的手段全部可以公开，开展公共关系的组织（也包括国家）会非常注意遵守基本的职业道德或社会公德。

4. 国际关系与公共关系目的不同

国际关系实现的目标是确定一个国家在国际事务中的独立主权和政治地位，并维护国家权益；公共关系实现的目标是构建一个组织在发展中顺畅的生存环境，主要是与周边的其他组织建立稳定、良好的关系。因而，国际关系中国与国之间的关系不一定是平等的关系，而公共关系中双方的关系一定是完全平等的关系。

国际关系与公共关系也有一些共同的内容，正是这些内容易使公共关系与国际关系陷入模糊之中。

1）国际关系与公共关系都以与人打交道为主要工作方式

国际关系虽然与公共关系工作范畴不同，但大部分情况下二者的表现均是以代表各自组织的人际交往为主要工作方式，如二者都有互访、谈判等。

2）国际关系与公共关系都使用大众传播媒介

绝大部分情况下，国与国之间的国际关系情况，会通过大众传播媒介来告知于天下，但告知的内容会非常谨慎，很多内容对媒体是永远封闭的；而公共关系则将公开传播作为影响公众的最重要手段。只要是能告知的，都会广而告之。同时，国际关系公开的内容一般是事后结果，而公共关系则是事前计划。

（二）政府公共关系的表现形式

政府公共关系是指作为公共关系主体的政府主动采取传播沟通手段针对目标公众进行营造组织生存与发展环境的战略性管理活动。

政府公共关系与其他组织的公共关系均是双向平等的沟通活动，其目标公众既可能是与自身相对等的其他政府，也可能是政府管辖区内的所有公众。

1. 政府公共关系的特点

政府公共关系与其他组织的公共关系有一定的差异性，其特殊点在于以下几方面。

1）权威性

政府是一个地区公共事务的管理者，对所辖区域的事务有垄断性的权威，政府对公共事务的决策会影响到一个区域内几乎所有组织及个人的生存与发展。政府之间关系的建立具有其他组织所没有的排他性。

2）非功利性

政府公共关系的目的是营造政府所在区域的良好生存与发展环境，表现为在社会公众中建立创新与亲民声誉，赢得当地公众的了解与合作，在其他地区或国家树立较高认可度和信赖度等。政府开展公共关系会投入很多的人力与物力，但其本身不会有直接的利益要求或功利性目的。

3）长远影响性

由于政府现阶段在一个地区或国家所处的独特地位，因此，政府公共关系的每一个举措都会对这个地区及国家的发展产生深远的影响力，会在当地公众中留下深刻的、正面的印象。因此，政府公共关系对促进一个地区或国家的发展具有十分重要的意义。

2. 政府公共关系的表现形式

1）重大庆典的举行

政府为重要的纪念日、重要事件、重要节日等举办大型庆典。通过这样的活动，增加公众对政府的了解与好感。

2）重要新闻的发布

将政府管辖内的重大事件及时进行新闻发布，让公众知晓、加深印象。新闻发布既有好消息，也可能有不好的消息。

3）政府领导人出访

政府领导人去其他政府管辖的地方访问，也可能是在自身管辖区域内考察，这样的活动对于树立政府良好的口碑、拓展政府在外部的影响都具有十分重要的意义。

4）重大政策或举措的推广

利用传播媒介针对所辖范围的公众，对欲推行的重大政策、举措等进行宣传与解释活动。

（三）政府交往活动的公共关系意义

政府之间的交往其表现形式是政府主要代表人物（主要是最高领导人）的互访。在双方友好、平等的交往基础上，领导人的访问具有公共关系的意义。

1）政府领导人的互访有助于促进双方政府的了解，构建求同存异的友好关系

在现代社会，国与国之间、政府与政府之间，无法再奉行小国寡民般的闭门自守政策，而是在一些需要共同面对的问题上，进行平等、友好地交往与协商，这有利于彼此了解、理解，达成基本的共识，解决共同面对的问题，政府尤其是主要领导人更需要积极主动地有所作为。

2）政府领导人的互访交往有助于推动地区与地区、国与国之间公众的相互了解

在现代传媒极为发达的环境下，政府领导人之间的行为几乎无一遗漏地被大众传播媒介跟踪报道，领导人之间商讨的重要议题、谈判内容等会通过媒体快速被各国或地区的公众知晓。这对于增进国与国、地区与地区、民族与民族之间的了解创造十分便利的条件，也对缔结国与国、地区与地区、民族与民族之间的友谊奠定了重要的基础。

3）政府领导人的互访有利于扩大所辖地区或国家在对方国的影响力

国与国或地区间领导人的互访，对于扩大一个国家或地区在另一国或地区的影响创造了极为重要的机会，会对国与国之间的经济发展、文化交流、和平相处等带来重要的影响，也会减少或消除彼此之间的误解、隔阂，化解郁结的矛盾，打开封闭的大门，增进一国公众对另一国的了解，对推动由官方到民间的往来，带来十分积极的影响。

今天，政府领导人的互访已成为政府公共关系的重要表现形式。

二、国际间政府领导人公关交往的策划

国与国之间在政府层面的公关交往主要是国家领导人之间的友好互访，互访的目的在于促进双方的了解、理解，通过直接沟通，达成或增进两国直接的友好关系。因此，这样的访问具有鲜明的公共关系意义。

策划政府间领导人公共关系交往活动，主要有以下步骤。

（一）新闻发布的预热

一个国家或地区领导人的出访或来访，对出访国与访问国来说，都是一件重大事件，尤其是出访的国家或来访的国家领导人是国际关系中分量很重的国家，则意义更加重大。因此，在本国领导人出访之前，或来访国领导人到来之前，应该进行前期的新闻发布预热。如果是本国领导人出访，则可以进行新闻发布会，介绍领导人将要出访的国家、出访的目的、随行的人员等。如果是他国领导人来访，则可以在主要媒体或政府网站上发布来访领导人的基本情况、来访国的情况介绍等。

新闻消息的发布既是外交上的基本礼貌，也是对本国公众与他国公众的尊重，可以引起社会公众对该事件的关注。

（二）相关资料介绍的铺垫

对于要出访的国家或要来访的领导人所在国家，如果本国公众了解得不多或原来有一些误解或隔阂，则这时需要进行一定的情况介绍，尤其是欲访问的国家或来访者所在的国家在外交关系上地位很重要时，资料的介绍和宣传是十分必要的。

具体的做法有：在平面媒体上推出一些访问国或来访国情况的介绍文章，着重报道该国家的正面新闻；在电子媒体，主要是电视上播放一些该国家的资料片、电影或风土人情的新闻报道等，在政府网站上也可登载一些访问国或来访国的资料介绍等。

通过新闻报道或情况介绍，有助于营造比较积极、适宜的外交接待或出访氛围。

（三）政府领导人出访（或接待）的高调宣传

当本国政府领导人去他国访问或他国政府领导人来本国访问时，如果双方外交关系十分重要，则在新闻报道上应该高调宣传，即注重宣传他国来访的领导人情况，或本国领导人出访或接待的情况，让两国公众对这一重大外交事件予以及时了解。宣传内容包括核心媒体的新闻播报、报纸头版的大幅照片、特别推出的新闻专稿、新闻通讯等。

（四）巧妙安排国家领导人与公众接触的机会

国家领导人的来访与出访，既是一次重要的外交活动，更是一次影响面宽广的政府公共关系活动，恰当利用这种机会，对于增进国与国公众之间的相互了解、促进两国公众之间的友好感情有极为重要的意义。

创造政府领导人与本国或当地公众的接触机会，可以从以下几个方面展开策划。

1. 参观活动

出访的本国领导人或来访的外国领导人去当地或本国参观著名的企业、学校、社区和风景名胜等。在参观中，应精心安排领导人与普通公众交谈或直接接触。如果领导人之前曾经到访或在将参观的地点生活过，则应该精心设置一些怀旧仪式，来表达对本国领导人或访问国领导人的特别情感，如敬献鲜花、发表演讲、表演怀旧性节目等。

2. 大（中）学演讲

大（中）学演讲即本国出访的领导人或他国来访的领导人前去大（中）学做演讲及与大（中）学教师、学生进行交流。

策划领导人去大学或中学进行公开演讲，应注意挑选恰当的大学或中学。最好是与某一方领导人有某种联系，如是出访国领导人的母校，或是来访国领导人曾经读大学的地方等。领导人的公开演讲是政府领导人展示个人及国家形象的重要机会，更是让当地或本国公众了解他国或本国领导人及本国情况的重要时机，因此，公关策划人员要高度重视，将演讲周到安排。万一演讲中发生一些意想不到的事情，如故意有人捣乱、现场出现有人昏厥、设施故障等问题，都应沉着应对，保证领导人展示应有的风采与气度。

3. 与企业家洽谈

当今社会，和平与发展成为世界各国的主旋律，各国领导人出访或来访的目的中，绝大多数情况下均把促进两国经贸合作或解决经贸合作中的矛盾作为出访或来访的目的之一。因此安排国家领导人与当地企业家会谈见面是一项十分重要的活动，因此在活动整个过程上要格外用心和周到，既要对洽谈的意向内容有明确的说明，又要对本国随行的企业家或对方国家企业家的情况有充分的了解，要给出访或来访的领导人创造更多与企业家沟通的机会，促进本国经济与他国经济的进一步交流与合作，这样的活动，对于融洽国与国之间的外交关系具有深远的意义。

4. 与社区公众聊天

为体现国家领导人亲民、随和的真实形象，公关策划人员也可以安排出访或来访的领导人亲临居民社区，与社区的老人、小孩等进行交流。这样的活动通过媒体宣传报道，会起到很好的传播作用，易于引起两国公众的情感共鸣。

职场案例观摩

德国总理感受“活力安徽”

——默克尔访问安徽侧记

（2015年）10月30日上午10时3分，一架银白色专机缓缓滑行后，稳稳停在合肥新桥国际机场的停机坪上。舱门打开后，身着墨绿色上装的德国总理默克尔快步走下飞机，开启了对安徽省的访问之旅。

一场秋雨过后，合肥的气温已降至10℃左右，阵阵凉意袭人。但是，在10小时左右的访问旅程中，每到一处，默克尔都感受到安徽人民发自内心的热情以及深化与德国交流合作的开放胸怀，体会到生机蓬勃的“活力安徽”。

在高等院校——“新的合作可以从合肥学院开始”

默克尔此次访问合肥的第一站，是与李克强总理共同参观合肥学院。

2015年，正值中德共建合肥学院（原合肥联合大学）30周年。一进合肥学院，映入眼帘的是汇聚在路边挥舞着两国国旗的大学生们，一张张年轻的面庞上写满了兴奋和激动。

在青年学子们不时爆发出的阵阵欢呼声中，默克尔来到该校图书馆，参观了“中德合作共建合肥学院三十周年展”。30年来，合肥学院已经与德国17所应用型本科院校建立合作关系，该校共派出超过1 700多名师生赴德留学进修，德方有600多名留学生、300多名教师来该校学习交流。丰硕的合作成果，不时吸引着默克尔驻足观看。

卡尔·布鲁姆教授和她的外孙女玛利亚·伏尔玛祖孙两代人都与合肥学院结缘，成为合作共建的一段佳话。在展示合作情况的展板前，默克尔与祖孙二人愉快地交谈。她还饶有兴致地品尝了该校学生学习德国啤酒酿造工艺酿制出的黑啤，与图书馆阅览室里正在学习的大学生们用德语交流，祝愿他们学习取得更大进步。观展后，默克尔欣然题词：“合肥学院以30年的合作成果，为中德交流作出卓越示范。”

“我看到这些非常积极、勤奋的年轻人，备受鼓舞，更感到应当不遗余力地推动两国年轻人之间的交流合作。”默克尔说，“2016年是‘中德青少年合作交流年’，新的合作可以从合肥学院开始”。

在农家田园——“给我留下的印象非常好”

30日下午，默克尔来到合肥市包河区大圩镇沈福村。

“我们德国也有这样的基层卫生站。”默克尔首先来到沈福村卫生站，看到这里宽敞明亮的就医环境，顿生亲切感。她观看这里的医疗设施，详细了解村民就医服务流程。村医向她展示了为村民建立的详细健康档案。

沈福村圩西河南岸，矗立着一排排整齐的农家房屋。绿树掩映下，房前屋后一块块绿油油的菜畦，装点出一派田园风光，也激起了默克尔的浓浓兴致。得知默克尔来访，村民们站在路边，用朴实的话语热烈欢迎她的到来。

村民沈自根通过种植大棚蔬菜致富后，盖起了楼房。但是，老沈不愿意将三十多年前盖的3间瓦房拆掉，保留在院子里，当做对过去时光的记忆。在沈自根家，默克尔在主人的热情引导下，参观了这间农家小院。新旧对比之下，她更加直观地了解到中国农民生活水平的改善和提高。

默克尔与老沈一家7口人坐在一起拉家常，详细询问老沈的家庭收入、子女们的工作生活、孙子孙女们的学习情况。随后，默克尔来到老沈家的蔬菜大棚。棚中一垄垄芹菜散发出阵阵清香，老沈告诉她，自己共有9间大棚，每年收入12万元左右。默克尔详细询问农机使用、农田灌溉、蔬菜销售等情况，认真考察中国发展设施农业的新进步。此刻，作为中国的农业大省，安徽农村正在发生的新变化新进步，真切地打动着这位“远方的客人”。

在乡村小学——“我小时候也像你们一样会做手工”

在大圩镇的最后一站，默克尔是和乡村小学的孩子们一起度过的。

在大圩镇金葡萄小学，孩子们首先向“默奶奶”展示了雄壮的鼓乐“才艺秀”。默克尔走到孩子们中间，给予他们亲切的鼓励和赞扬。手工课堂上，孩子们正在专心致志地用拼豆、绘画、剪纸等技艺制作一幅幅奇思妙想的作品，引发了默克尔的浓厚兴趣。“默奶奶”沉浸在天真童趣之中，不由勾起了儿时记忆：“我小时候也像你们一样会做手工。”

在二（2）班的数学课堂上，“默奶奶”当了回老师，还故意写错一道算式，在孩子们面前幽了一“默”。她与孩子们愉快地交流，直到身边工作人员提醒她时间到了。“噢，我晚上还要坐飞机回德国呢。”默克尔略显俏皮地和孩子们话别。

“你们知道哪位德国足球明星？”看到操场上孩子们正在踢球，默克尔颇有兴致地走过去和他们互动。“诺伊尔！”一位孩子立刻抢答。这让她非常高兴，答应了孩子们在足球上签名的请求，还和小队员们合影留念。“谢谢你们，让我度过了一段快乐时光。”临行前，默克尔与老师们握手告别，道出自己的心声。

30日晚20时许，默克尔乘坐专机离开合肥，直飞德国，结束了她的第八次访华之旅。

资料来源：记者胡旭报道，《安徽日报》，2015年10月31日，第2版，内容有删节

（五）离访后的收尾报道

当政府领导人访问结束、启程回国或离国时，公共关系人员也应做些收尾宣传的策划，如将访问中的花絮、感人事例等予以报道。这样的通讯文章可以起到总结、回顾的记忆作用，同时，预示着政府领导人公共关系活动策划与实施的结束。

三、国内地方领导间公关交往的策划

国内地方领导间公关交往的策划是指国内地方政府之间互相的公共关系活动。这样的交往具有邻里之间相互走动的亲和色彩。在国内，不同地方政府领导人之间的相互交往活动，是融洽该政府与其他区域政府之间相互关系的重要举措。

策划政府领导人与其他地区政府之间的互访，主要包括以下几方面的内容。

（一）做好事前沟通

地方之间主要领导人的互相来访，是发展本地区经济文化、促进本地区与其他地区相互了解、构建本地区更好生存与发展环境的重要举措。在主要领导人准备访问前，访问方的公共关系人员应做好充分的事前沟通，对访问工作进行周详的安排。具体包括：

（1）了解被访问方的工作情况，商讨彼此合适的会晤时间；

（2）了解被访问方主要领导人的工作日程安排，确定具体见面时间、时段、时长、会议议程、拟解决的问题等；

（3）与拟访问的单位进行充分沟通，确定对方具体安排的详细情况；

（4）告知对方己方访问人员的具体情况，如人数、性别、职务、民族、拟到访的具体事项等；

（5）告知对方己方的出发时间、行程时间、车辆详情等；

（6）必要的情况下，告知对方己方主要领导人的特殊要求及癖好等；

（7）了解对方地区或区域经济、政治、文化等方面的基本情况；

（8）了解对方政府领导人的详细个人情况，如民族、癖好、工作节奏、性格、爱好等；

（9）如签订双方合作协议，要事先充分磋商协议草案，并准备好草案文本；

（10）准备先期的新闻宣传。

对于准备出访的一方来说，事先的策划与准备应该尽量细致而全面，不可有大的纰漏。因为如果领导人在出访前，对拟出访的接洽工作联系得不充分，对拟出访地区的情况了解得不够全面，则领导人的出访就会显得仓促（如对方主要领导人恰好出差、己方在当地的一些做法违反了民族风俗等），出访收到的效果就会很小，公共关系的意义就不大了。

（二）形成新闻热点

当一方政府主要领导人计划去其他地区访问时，公共关系人员应提前做好新闻宣传工作，积极形成新闻媒体的报道热点，引起两个地区公众的重点关注。

要做到这一点，具体策划的内容有：

（1）撰写新闻稿件；

（2）确定新闻媒体——争取在主客两个地区的主流媒体上被充分报道，如电视台、报纸及电台等；

（3）安排新闻报道的时段、频道、版面等，成为新闻头条，实现最大化的新闻宣传效果；

（4）报道及时、客观、充分，宣传讲究实际效果，不哗众取宠；

（5）报道突出领导人，但落点要放在影响两个地区社会经济文化发展的公益层面上。

（三）双方领导人开展深度交流

国内不同地区政府领导人的公共关系往来活动，一般是在行政级别相同的层面上开展。领导人间的交流会谈是这一公共关系活动的核心内容。在安排双方会谈时，要事先经过双方工作人员的充分沟通，确定本次会谈内容，准备好必要的工作文件、协议等材料，做好双方交流会谈的铺垫工作。会谈一般主要包括文化交流、经贸合作、地方帮扶等方面的问题。为营造双方融洽的会谈气氛，公共关系工作人员应注意：列出清晰、简约的会谈提纲；提出初步的合作构想；标出协商的重点议题；等等。

（四）走访重点单位

在政府领导人出访其他地区时，安排领导人去当地基层走访参观，是增进领导人与当地公众接触了解、扩大领导人出访影响的重要举措。访问方公共关系人员在与被访方协商安排后，可选择典型单位进行参观、调查、学习取经。如果访问方领导人恰有在被访问方区域工作或生活的经历，则还可用心而巧妙地安排去该地旧地重游。在领导人一行参观时，注意安排现场的交流座谈，创造彼此融洽的合作气氛。

（五）做出一定的公益奉献

政府领导人间的访问，重点是增进相互的沟通与合作，同时通过这一活动，关注对方地区公众的生活与工作状况。在可能的情况下，可以做些社会公益活动，体现访问方地方政府对被访问方公众的关注与切实的关心。公益奉献应与对方认真磋商，选择好项目和受益公众，对项目的落实予以切实的监督，保证公益活动不仅在面上做好，更要让其真正发挥出效果，以期能够对当地公众产生长久的影响作用。

（六）低调离访

访问方政府领导人一行，在完成与被访问方的广泛沟通交流后，可以低调离访。在新闻媒体方面，可以通过发表比较简短的新闻报道告知公众，注意不要搞大张旗鼓的欢送仪式惊扰百姓。在当地媒体上刊发人物专访、大篇幅的通讯等，把出访领导人的情况做一个总结式的宣传，给当地公众留下长久的印象，这应是一个恰当的安排。

第二节 企业间公关交往

在市场经济的机制下，以营利为目的、主动开展各种各样活动的企业是市场机体上最活跃的细胞。在企业开展的诸活动中，为使业务扩大或保证业务工作正常、顺利发展，与自身有密切关系的组织开展广泛的相互沟通活动是企业最常进行的工作。沟通活动主要是在企业领导人、企业核心业务负责人之间进行。

一、针对业务客户的公关交往策划

在企业里，与自身业务的客户开展日常工作交往是一件十分平常的事情，彼此之间的沟通在每时每刻都可能发生。但是，双方之间的沟通未必总是通畅的、顺利的。在某些业务工作中，发生沟通不畅的情况也是十分常见的，这就需要企业双方领导人或业务主管通过面对面的沟通交流来增进彼此的了解，化解一些误会，推动业务工作更加顺利地进行。

策划企业业务客户间的公共关系交往，有两种情况：一种是与主要客户的单独交往，一种是与所有客户的集体交往。

（一）策划企业与主要客户的单独交往

1. 选择公关由头

企业与自身关系密切的客户保持通畅的沟通、交流是十分重要的。选择适当的时机进行面对面、深入地沟通是公关策划的主要内容。选择公关由头也就是寻找恰当的时机使双方自然而愉快地走到一起交谈的机会。

1）一方发生喜庆之事

当一方单位或个人（主要是领导人）有一些重大好消息时，彼此见面分享快乐、表达感恩谢意就成为自然而贴切的理由。

2）重要节日、纪念日

在一个重要的节日或纪念日时，企业向重要的客户领导人发出邀请，借节日或纪念日之名，双方见面叙旧话情。

3）对方祝寿

如果组织的公共关系人员留心，记住一些重要客户领导人的生日，之后借给客户领导人祝寿之名，诚请客户领导人相聚，由此创造彼此交流的良机。

有时，公共关系由头的寻找会很随机，组织可以随时确定，积极创造机会，与组织的重要客户开展交往型公共关系活动。

2. 参加重要活动

在企业邀请重要客户领导人来访时，不仅是彼此见面交流，更重要的是让组织的重要客户参加企业组织的一些重要活动。例如，家族聚会、内部联谊会等，加强重要客户对组织的进一步了解，有利于强化组织与重要客户的合作关系。

3. 安排广泛接触

企业重要客户领导人的到访，正是企业对重要客户开展公共关系的良好时机。因此企业公共关系人员要注意安排客户领导人与企业各个层面的领导进行广泛的接触与了解，使客户的领导人自然地融入企业中，对企业的情况有更加深入的了解与认同，双方易于达成更多的共识，促进企业与主要客户长期、稳定的合作。

4. 进行深度交流

在与主要客户领导人的交流中，企业要创造更多的机会，加深彼此间对业务工作的更多了解与认同，对一些双方合作中存在的误解或不同看法，进行广泛的交换意见，真诚、坦率地将自己的情况告知主要客户，赢得客户的了解，真正实现双方稳固的合作关系。

5. 达成主要共识

与主要客户领导人的见面交流，要有比较明确的目的性，努力为双方达成一定的重要共识而努力。例如，签订重要的备忘录，签订重要的补充性协议等，使这次公共关系活动结出重要的果实。

职场案例观摩

中国驻印度尼西亚大使：用诚意和实力拿下印度尼西亚高铁

一度被炒得沸沸扬扬的印度尼西亚雅万（雅加达—万隆）高铁项目，终于尘埃落定。中国和印度尼西亚相关企业成立合资企业协议的签署，标志着雅万高铁项目正式落地。雅万高铁竞标一波三折。2015 年 9 月，当中日之间白热化的竞争引来国际媒体围观时，印度尼西亚突然宣布取消高铁项目，同时退回中日方案，各方愕然。但接下来，该项目又峰回路转，中国最终成为赢家。围绕这条高铁都发生了什么？《环球时报》就此采访了中国驻印度尼西亚大使谢锋。

中国胜出有几大因素

《环球时报》：雅万高铁被称做中国在海外真正落地的第一条高铁，是这样吗？

谢锋：雅万高铁是中国高铁第一次全系统、全要素、全产业链走出国门、走向世界。它的设计时速是250~300千米，符合国际高铁定义，将全面采用中国标准、中国技术、中国装备，中方将参与勘察、设计、建设、运营、管理全过程。双方签署成立合资企业协议，标志着雅万高铁项目正式落地。该项目计划于11月上旬举行启动仪式，预计2018年建成，2019年开通运营。

《环球时报》：雅万高铁项目几经波折，中方最后胜出的原因是什么？

谢锋：围绕雅万高铁的竞争十分激烈。中方最终能够胜出，是党中央、国务院坚强领导，国家发改委①、外交部等部门协调推进，中国铁路总公司、国家开发银行等企业奋力拼搏的结果。

第一，战略对接的重要推动力。过去不到一年时间里，习近平主席和佐科总统3次来往访，两次通话，贯穿始终的主题就是对接中方“21世纪海上丝绸之路”倡议和印度尼西亚“全球海洋支点”战略，深化和拓展各领域务实合作。两国元首还亲自见证中国国家发改委与印度尼西亚国企部、中国铁路总公司和印度尼西亚国有建筑公司等签署雅万高铁合作谅解备忘录和框架安排。借着这股“东风”，双方有关部门和企业积极跟进，通力配合，促成了雅万高铁这一标志性战略项目。

第二，中国高铁的强大硬实力。我们拥有世界上规模最大、速度最快、现代化程度最高、管理经验最丰富的高铁网络，已建成运营近1.7万千米，占全球的55%。时速300千米高铁线路长达9 600千米，占全球的60%。年运送人次高达9.1亿，占全球高铁年运送旅客人次的55%。中国具有在多种地形地貌和气候条件下建设运营高铁的丰富经验，包括建成世界最南端、与雅万高铁在气候和地质条件上非常相似的海南高铁。中国的高铁建设能力强大，建设速度全球领先，京沪高铁全长1 300多千米，仅用3年多即建成运营。

特别要指出的是，中国高铁符合国际标准化组织、国际电工委员会、国际铁路联盟的技术标准，并与阿尔斯通、西门子和庞巴迪技术标准兼容。印度尼西亚采用中国技术还意味着今后印度尼西亚的高铁市场仍将是开放的。而有些国家的技术与世界其他标准不兼容，一旦采用，将造成市场封闭和垄断。哪个更符合印度尼西亚利益，印度尼西亚朋友自会做出正确判断。

第三，中国很有诚意。我们视印度尼西亚为好邻居、好伙伴、好朋友，自始至终坚持合作共赢的理念和共商、共建、共享的丝路精神。中方理解印度尼西亚的实际需求，尊重印度尼西亚提出的不使用政府预算、不提供主权担保的决定，同意与印度尼西亚在友好协商、平等互利基础上进行合资修建，印度尼西亚占股60%，中方占股40%，双方作为雅万高铁的共同业主，是名副其实的利益共同体和命运共同体。中国坚持义利并举、以义为先，承诺向印度尼西亚转移高铁技术，进行本地化生产，帮助印度尼西亚培训高铁管理和运营人才，在推动中国高铁走出去的同时，将中国高铁技术与经验带到印度尼西亚，与印度尼西亚人民分享中国高铁的发展成就。这种诚意让印度尼西亚感动。

---

① 全称为国家发展和改革委员会。

7个月激烈角逐内幕

《环球时报》：中日都是竞争者，后来印度尼西亚宣布双方的方案都不适合，这其中有什么原委细节？

谢锋：围绕雅万高铁项目的竞争很激烈，过程很曲折，甚至相当戏剧性。

日本早在2008年就开始跟踪雅万高铁项目，先后做了3次可行性研究报告，但印度尼西亚政府始终没有做决定。看来两届印度尼西亚政府对日本提出的方案并不十分满意，想寻找更能满足印度尼西亚需要的合作模式。

2015年3月和4月，中国和印度尼西亚有关部门与企业分别签署了关于就雅万高铁开展合作的谅解备忘录和框架安排。中日竞争趋于白热化。日本2015年以来先后4次派特使到印度尼西亚陈情游说，不断优化可行性研究报告，不遗余力争夺。

7月上旬，日本特使访问印度尼西亚期间，提交了优化后的新方案，在贷款利率、配套措施等方面提出更加优惠的条件。印度尼西亚政府遂做出进行"选美比赛"的决定。对此我们处变不惊，沉着应对，按照既定方案稳步推进。8月10日，国家发改委徐绍史主任作为习近平主席特使专程赴印度尼西亚向佐科总统面呈中方可行性研究报告，宣介中方方案的主要内容、突出优势和建设目标，积极回应印度尼西亚重点关切，表达中方与印度尼西亚合作把雅万高铁建设成两国务实合作标志性项目的诚意与信心。从公平竞争计，我们明确要求印度尼西亚正式关闭可行性研究报告后，再对双方方案进行评审。

但8月26日，日本再次派特使访问印度尼西亚，再次调整、优化方案，降低了要求为贷款提供主权担保的比例，并提出加强两国海洋合作，包括帮助印度尼西亚发展东部地区等配套优惠条件。8月28日和31日，我分别约见印度尼西亚新任经济统筹部长、雅万高铁项目政府评审小组主席达尔敏和小组副主席、海洋统筹部长理查德尔，再次就雅万高铁项目做工作。会见前和会见后，媒体蜂拥而至，追问我日方再次优化方案，中方是否要调整方案。我强调，既然是"选美"，就应该遵守规则，不能一改再改，没完没了。中方只有一个方案，而且是最好、最符合印度尼西亚需要的方案，已经递交，相信印度尼西亚政府会做出正确选择。

值得一提的是，7、8月间印度尼西亚媒体突然集中炒作中国产品质量、高铁安全以及所谓中国劳工"入侵印度尼西亚"等问题。我们立即采取行动，摆事实，讲道理。我们把高铁展办到雅加达商业中心，通过模型、图片、视频、演讲和接受采访，深入细致介绍中国高铁的技术经验、安全性能以及中方方案的综合优势；邀请3批印度尼西亚媒体朋友到中国亲身体验中国高铁的舒适与安全。

针对有人用2011年甬温线动车事故抹黑中国高铁，我举了个例子。我平时出行有专职司机，自己开车每周不超过半小时，没出过事故。而我的司机每天开车，周复一周，年复一年，偶然有一天发生了一起事故。这能说明我开车技术比专业司机更好、更安全吗？任何国家在安全记录上都不是尽善尽美。就在7、8月，日本新干线不也因电缆起火而多次停运吗？如果把事故数量和里程总量对比分析，会得出更为客观的结论。据国际铁路联盟统计，过去10年，中国铁路每十亿人千米旅客伤亡率仅为0.02，在世界上保持最低水平。

我强调，无论是在中国还是外国，中方都把质量和安全作为高铁建设的生命线。雅万高铁建设将由两国国企“明星”团队担纲，采用最高标准、最先进技术，确保安全第一。这些话印度尼西亚公众听进去了。最终，印度尼西亚政府经过认真、反复权衡，决定以B-B方式修建高铁。双方企业经过密集磋商，就成立合资公司兴建和运营雅万高铁达成一致。

春华秋实。双方从3月开始洽谈，到金秋10月结成硕果，令人感慨，令人欣喜。在整个过程中，我们始终保持信心，始终坚信中国高铁的实力是有目共睹的，中方的合作诚意是实实在在的，中方方案是最符合印度尼西亚需要的。我们清楚，印度尼西亚发展基础设施的需求很大，愿望迫切，但目前阶段预算相对不足。根据印度尼西亚最新公布的发展规划，今后5年印度尼西亚需要投入近4 000亿美元用于发展基础设施，但印度尼西亚财政每年可支出的只有200多亿美元。我们理解和尊重印度尼西亚不提供政府预算和主权担保的要求，决定以合资公司模式建设和运营高铁，这是为印度尼西亚量身定做的。

资料来源：记者谷棣报道，《环球时报》，2015年10月16日

6. 深情道别

当重要客户的领导人一行离开企业时，要精心设计或策划真诚的道别仪式，表达企业与重要客户牢固的合作关系与深厚的友谊，给客户留下美好而深刻的印象。

要注意重要客户领导人来访时，企业可能出现的一些不恰当的做法：

（1）将重要客户领导人来访仅仅看成与主要对口业务部门的见面交流，将重要客户的活动范围仅仅局限在与组织高层及业务部门经理间的交往中，而不是让其广泛地与企业员工接触和交往。

（2）将重要客户领导人的来访，仅仅看成吃一顿饭、喝一顿酒的事情，而不是双方深度交流，广泛与组织员工进行接触、交流的重要机会。

（3）将重要客户领导人的来访看成个人关系的加深，而不是重要客户与企业的公共关系，对客户领导人的来访没有明确的目的性，对重要问题的讨论停留在议而不决的层面，使这次来访活动看似热情洋溢，实则劳而无功，甚至如果接待不周，还可能产生副作用，淡化了重要客户与企业的关系，最终有可能导致疏远或中断与重要客户的合作。

（二）策划企业与合作伙伴的集体交往

对于日常业务量十分繁忙的企业来说，一定时段与全体合作伙伴进行统一集中的见面沟通，是十分必要的，也是较为高效率的公共关系活动。

具体策划步骤如下。

1. 提前安排集体见面时间

企业要开展与几乎所有重要合作伙伴的见面交流活动，对企业来说是一次较为重大的公共关系活动。必须提前数月或年度开初就确定并较早向合作伙伴发出邀请，以便他们安排时间出席。

对于一家经营性的企业来说，重要的合作伙伴大致有以下一些类别：原料供应商、地区总经销商、当地政府主管领导、社区领导、银行重要负责人、对外贸易合作伙伴、法律顾问、专业调研机构、公关或广告公司业务负责人、新闻媒体业务负责人等。

企业每年选取一定时间或为某一重要主题与这些合作伙伴进行面对面沟通交流，对增进双方了解，促进彼此联系，会起到十分重要的作用。

2. 举行隆重的欢迎庆典仪式

当八方宾朋齐聚企业时，企业的欢迎仪式，可以策划得精心而周到，以表达企业对合作伙伴的期盼诚意。

欢迎仪式的策划，主要包括：

（1）现场的布置，如标语悬挂，彩灯、彩旗的设计与挂放，主席台的设计，嘉宾的签名，签字簿、台签的设计，安保、礼仪人员的周到服务，暖场音乐，小节目或乐队的配合等，形成让所有来宾感觉十分温馨、热烈的欢迎场面。

（2）仪式程序的安排，在仪式的安排上不仅要安排企业重要领导讲话、具有代表性的客户讲话，还可安排企业员工代表讲话、员工家属讲话、新产品展示、新获奖荣誉展示等，令人激奋、感动。

欢迎仪式的进行主要体现在两个方面：

（1）看重所有伙伴，展示组织的感恩之心，让每一个受邀者感到自己十分被企业看重，企业有着感恩、仁义的君子待客之道。

（2）展示企业文化，感受企业的凝聚力量，在欢迎仪式上让内外公众深深体会到企业尊重、团结、积极、高效的企业精神，受到企业文化的熏陶。

3. 企业领导人到会致辞

在安排企业领导人出席欢迎仪式上，领导人的现场致辞十分重要。公共关系人员要对演讲词进行认真推敲、设计，努力使之激情洋溢又真挚感人，真正表达出企业全体员工对合作伙伴的欢迎之意。

4. 增进广泛的交流合作

这是公共关系活动的重要内容。由于到来的合作伙伴人数多、类型复杂，因而，企业与合作伙伴的交流要有序进行，分类安排，忙而不乱，面面俱到，不冷落任何一位合作伙伴，不怠慢任何一位来宾，借此将平时彼此合作工作过程中存在的一些问题、疑问一一坦诚交流。

5. 参观企业与员工接触

在企业与合作伙伴的交流活动中，要创造条件让合作伙伴更多地了解企业，因此，参观企业是本次活动的重要内容之一，在参观企业中，要安排企业员工代表主动向合作伙伴介绍情况，或者举行不同层面的座谈会、联谊会，加深他们对企业的全面感知，联系他们与企业员工的感情，增强合作伙伴与企业持久合作的信心。

6. 举行专业性论坛或沙龙活动

针对企业与合作伙伴面临的共同话题，以及在理论上或实践中的重要前瞻性问题，企业可以举行专业性的论坛或沙龙活动，邀请著名学者或专家讲授最新前沿发展动态，学习研讨与交流对一些重要专业性问题的认识，提高彼此对问题的认识深度，传递企业文化，加深彼此之间思想的碰撞与交流，在互相研讨中促进思想的深度认同。

7. 安排一定的文娱联谊活动

主要由企业专门的文艺团队进行表演，还可举行大型舞会、足球赛、桥牌赛等，通过文娱活动，放松精神，愉悦心情，融洽感情，增进友谊。

8. 诚挚道别

在交往活动的尾声，公共关系人员要有序地安排道别，特别是赠送有一定纪念意义的礼物来增进友谊与了解，这种交往的公共关系意义是十分必要的，同时企业的主要领导人要倾情送别至机场、车站、码头等，做好公共关系活动的重要收尾。道别最重要的是心诚，要通过深情送别让合作伙伴获得一种自己在该企业中的重要感，为今后双方的合作铺垫下持久温馨的伏笔。

二、业务拓展中的公共关系交往策划

企业在业务拓展中，会遇到新的重要的合作伙伴，对此，企业需要专门去探访或诚请对方今后来访，以建立或巩固双方的合作关系。

具体策划要点如下。

1. 企业最高领导人或主管业务领导人亲自出访

对于业务拓展中新建立关系的企业伙伴，如果认为该业务伙伴十分重要，则企业最高领导人或主管业务的领导人可以考虑专程出访，以表示本企业对新业务伙伴的重视及尊重。这样的出访会引起新业务伙伴的相应关注，有利于今后双方关系的稳固。

2. 举行双方高层会谈，达成合作协议

通过与对方公共关系人员的具体洽商，可以安排企业领导人与新合作方的高层进行会谈，广泛交换对今后合作的看法，以增加双方了解，融洽双方关系，以期最终达成一定合作协议或为今后双方合作奠定稳固基础。

3. 安排企业领导人演讲

企业领导人的到访，不是简单的双方见见面认识一下，而是彼此了解、求同存异、达成合作的目的。如果条件许可，公关策划人员可以安排到访的企业领导人在新业务伙伴的管理层或主要业务部门中进行演讲，以阐述本企业的基本情况，提出企业对市场、技术和今后合作的看法，增加新合作伙伴中重要公众对企业的了解，进一步夯实企业与新业务伙伴的合作基础，为双方今后的合作铺垫扎实的基础。

4. 参观合作伙伴，与基层员工交谈

企业公关策划人员与受访企业协商，安排企业领导人参观合作伙伴的生产与研发场所，了解合作伙伴的真实情况，借机与合作伙伴的员工进行一定的接触与了解，增强合作伙伴对企业的认识与好感，实现双方进一步的了解与认同。

5. 安排答谢

企业领导人可通过座谈会或宴会的方式，向新合作伙伴表达一定的答谢之意，也可借此阐释企业与合作伙伴开展合作的意义及合作内容，为双方今后的合作营造良好的氛围。

6. 真诚道别

企业领导人与新合作伙伴真诚道别，互致留恋之意，难舍之情，也可交换下私人性的小礼物，来表达对彼此的敬意，由此揭开企业与新伙伴的合作序幕。

第三节　上下级间公关交往

在一个组织中经常存在着上级与下级之间的礼节性交往活动，要使这些活动具有公共关系的价值，就必须进行精心的策划，以公共关系活动的理念和操作手法进行安排，而不能将之视为常规性的上下级之间的简单来往。

一、上级对下级的公关交往策划

上级对下级的公共关系交往，一般被看做上级深入基层的调查活动、上级对下级的看望，或是上级对下级工作的监督检查等。如果作为公共关系的交往活动，则具体安排的工作较之常规出访要有所区别。

1. 了解所探访、调查的下级单位的基本资料

当上级领导要到下级单位走访时，要先让上级领导对欲造访的基层单位有比较全面的了解，对其人员、业务、以往成绩或问题、突出的特点和现存在的问题等有较全面的掌握，以便实地考察时有的放矢。

2. 指导下级安排简约、热情的欢迎仪式

欢迎上级领导走访是下级单位的必然之举，但欢迎仪式切忌搞的隆重奢侈、劳民伤财甚至哗众取宠。例如，个别单位在欢迎上级领导到来时，不惜动用大量人力、物力、财力来烘托气氛，实则虚张声势，弄巧成拙。因此，对上级领导的造访，要通过自然巧妙又简约大方的形式来展示，表现出下级员工对上级领导的敬重而不阿谀、欢迎而不谄媚的态度。

3. 与下级负责人亲切交谈、坦诚沟通

安排专门的会议室举行调查、沟通与恳谈活动，上级领导以倾听下级汇报为主，先不对问题发表意见，营造一个积极、热烈、开放的会议氛围。

4. 对下级重点与亮点工作进行调研参观

上级部门领导来访，重要内容之一是对一些重点或亮点工作进行实地参观，了解进展程度、面临问题、遭遇的困难、取得的成绩等，通过眼见为实，鼓励已取得的成绩，并现场提出指导建议，帮助协调一些难以疏通的关系，有效推动基层工作。

职场案例观摩

解读：李克强广东考察释放啥信号

人民网北京1月7日电（记者杨芳） 2015年元旦刚过，国务院总理李克强在深圳拿到了一份特殊的“新年礼物”。

礼物的赠送者是被称为新一代工业革命主角的创客。这一概念源自国外，意指将与众不同的想法变成实物的人。1月4日下午，深圳柴火创客空间创始人告诉总理，柴火寓意“众人拾柴火焰高”，成立4年来吸引了1万多人参加活动。他希望总理能成为柴火创客的荣誉会员，并送给总理一份“创客护照”。

“好，我再为你们添把柴！”李克强欣然应答。

事实上，李克强在广东“添”的远不止这一把“柴”。在深圳，他见证了首家互联网银行的第一笔订单，考察华为公司最新技术实验室；在广州，他寄望广东自贸区争创审批“特区速度”，鼓励中国企业到海外市场接受严苛检验。人民网梳理此次广东考察的路线图，发现其中释放了不少信号。

大众创业、万众创新的活力将成为中国经济未来增长的不熄引擎

“想不到总理也如此重视创客文化！”25岁的创客孙泽波告诉人民网记者。4日下午，这位哈尔滨工业大学的毕业生向李克强展示了自己团队制作的智能机器人。该机器人能够完成跑步、下蹲、射击、对战等300多种动作姿态。

出乎孙泽波意料，李克强除了称赞创客产品更接地气外，还表示“希望中科院的专家过来看一看民间的创新”。

李克强还指出，创客的奇思妙想和丰富成果充分展示了大众创业、万众创新的活力。这种活力和创造将会成为中国经济未来增长的不熄引擎。

如果把这番表态放在当前国内外经济形势复杂、传统增长动力减弱的背景下，就会意识到其中意味深长。当前我国经济发展进入新常态，面临许多新挑战，诚如李克强所说，必须着力推动面向市场需求的大众创业、万众创新，为发展增添新动力。

事实上，柴火创客空间所在的地方，过去曾经是“三来一补”企业的厂房。这一变化也体现出深圳从制造业向高新技术业的产业转型。如今，这座昔日的小渔村早已不再是中国制造的廉价生产地，而以“设计之都”“创意之都”闻名世界。

无疑，正如35年前作为首批经济特区为中国发展探路一样，深圳的经验将再次为中国未来发展探路。

这也是此次考察，李克强来到了成立不久的国内首家互联网银行——前海微众银行的原因。他甚至用“微众银行一小步，金融改革一大步”来鼓励其在互联网金融领域闯出一条路子，倒逼传统金融加速改革。

李克强强调，要促进生产要素更多向有前景的新产品、新技术、新业态、新模式集聚，让众多“创客”自由创业、能够成业，使千千万万小微企业成长壮大、活力迸发。

考察电力设计公司，期待中国经济转型升级

一方面为小微企业、草根创业者鼓与呼，另一方面，李克强不断为中国装备寻找新出路。

1 月 5 日，李克强总理考察广东电力设计研究院。该公司通过拓展海外电力工程总包市场，带动了大量国产电力设备和技术标准走出国门。李克强说，中国装备走出去不仅能转移消化国内富余优质产能，更能让中国企业到海外市场接受严苛检验，促进中国制造升级换代。

这不仅仅是对中国装备的期望。在随后召开的外向型企业座谈会上，李克强鼓励与会者“捡干货说、捞实的说”，以便“针对需求对症下药”。

有企业提出在对外贸易中屡遭一些国家不公正待遇。李克强表示，你们要把一些普遍问题向相关部门反映，我也会在国家间谈判和政府磋商中直接提出，哪怕是小企业碰到的各种不公正待遇。政府为企业争利就是为国家谋利！

这番表态的背后是李克强为中国制造转型升级开出的一剂药方。他表示，国际市场需求不振和竞争加剧，倒逼我们必须加快打造对外竞争新优势。要以中国装备“走出去”为突破口着力提高对外开放水平，推动更多高附加值的中国制造、中国标准到国际市场竞争，促进产能合作，实现出口升级、产业升级。

“开放”“改革”“升级”“发展”是李克强考察广东提及最多的词汇，这也是中国经济未来发展的方向。

1 月 5 日，他换上了笔挺的西服，来到深圳市莲花山公园，向邓小平铜像敬献花篮。随后，李克强在群众围拢下与当年陪同小平同志南行的部分老同志远眺深圳城区，回忆南行场景，再次提及了“改革开放”。

“发展是硬道理，今天仍要紧紧扭住经济建设这个中心不放。不改革开放只有死路一条。”李克强说。

资料来源：人民网-时政频道（http://politics. people.com.cn/n/2015/0107/c1001-26342381.html），2015 年 1 月 7 日

5. 安排与普通员工交谈、接触的场合

上级领导走访基层，并非止于领导层面的见面，而是要在基层员工中打造对上级主管领导亲切、随和、关爱下级的良好印象。因此，安排上级领导与下级普通员工的交流、接触，应是这一造访活动的中心内容，而绝非走过场。

与普通基层员工的近距离接触，有以下形式可以选择：

（1）邀请上级领导做专题讲座。

（2）安排上级领导与员工在工作场所交谈。

（3）举办上级领导参加的员工座谈会。

（4）举行联欢会、员工生日会、单位某一节日庆典或国际性节日的纪念活动。

（5）安排上级领导与劳动模范、先进团队或后进变先进员工见面交谈。

（6）举办有员工代表、退休员工、伤残员工等参加的茶话会、宴会等。

（7）邀请上级领导观摩各种劳动竞赛、业余文化活动、游艺活动等。

（8）安排上级领导通过内部网络与员工在线沟通、交流、答疑解惑等。

6. 召开基层干部参加的正式会议

在所走访的单位，召开有基层干部参加的干部大会，请上级领导对当前形势、该单位及

其他同类单位存在的一些紧迫性的问题做重要讲话：对好的做法予以肯定，对不好的现象予以严肃的批评，勇于揭短，对今后工作做出重要的指示，提出目标，指出方向。

7. 低调告别

上级领导走访基层单位结束后，应悄然离去，不张扬、不惊扰下级普通员工，不影响下级单位的正常工作，留下的仅是基层员工对上级领导美好的回忆。

8. 全程新闻关注

在可能的情况下，对上级领导的公关交往活动应进行全程新闻关注，在当地媒体上进行及时的新闻报道，让更多相关公众了解此事，知悉上级领导指示的重要精神。

9. 内部与外部媒体的及时报道与综述

当上级领导离开所走访的下级单位时，组织内部与外部的媒体，应及时报道，并进行较有深度的综述。让上级领导的公关交往活动影响力持续延伸。

二、下级对上级的公关交往策划

下级对上级的公关交往活动，一般被视为下级对上级领导的请示和汇报，虽然对下级来说，向上级领导汇报情况并接受指示，本身也需要认真的准备与安排。但这样的行为应成为真正的公共关系活动，而不是一般性的简单拜访和接受指令。

1. 与上级主管领导的工作秘书协商公关交往活动

下级领导在确定对上级领导开展公关交往活动前，要先由具体负责的公共关系人员与上级领导的工作秘书了解拟拜访的主要领导的日程安排、最近工作情况等，以确定是否为最佳的拜访时机，如果领导近日工作忙碌或有出差事宜，则拜访活动推迟。

2. 确定准确的拜访时间

在没有其他事情冲突的情况下，将具体拜访时间确定下来，地点一般在上级领导的工作场所。

3. 准备必要的汇报资料

下级人员不要把对上级领导的拜访看成官场上的拉关系、送礼物，与领导去套近乎、为小集团谋取私利等，而应该将之视为下级对上级领导正常而必要的沟通交流活动。因此，下级要认真精心地准备对上级的汇报资料、沟通的诸事项内容等，以期通过面对面地沟通交流，使上级对下级部门情况有全面的了解，对下级人员的处境和需求有切实的体会，能够面对问题做出全面而审慎的决策性指示。在必要的情况下，下级还应该提供一定的实物佐证，如产品样品、农业种子、照片、资料片等一些有利于说明问题的材料，以利于上级领导全面地掌握情况，做出决定。

4. 安排在上级领导出席的干部会上发言

下级部门领导在对上级领导的公关交往活动中，要努力争取参加上级部门领导主持的干部会议并获得一定的发言机会，争取让更多职能部门的领导对下级部门情况有充分了解，这样的机会必须主动创造，以推动下级单位的情况被上级各部门领导所了解、关心，以赢得上级各职能部门对下级工作的日后支持。

实际上，下级人员对上级的公关交往活动最主要的内容就是下级面对上级各职能部门的这次发言机会，这一次活动的安排是此次公关交往活动的核心。

5. 去上级重要部门拜访分管领导

下级领导对上级领导的公关交往活动，需要专门安排下级领导对上级重要相关部门及领导的拜访活动，以便将下级遇到的问题积极主动地与上级部门及分管领导进行汇报、沟通，赢得上级部门与领导的了解与支持，为今后工作做好铺垫和打好基础。

6. 举行必要的答谢告别宴会

在完成诸项汇报、请示工作后，下级有必要通过举行比较正式的答谢宴会，向上级领导表示答谢告别。在中国传统交往文化的影响下，通过比较正式的宴会表达下级部门的感谢诚意是被普遍接受的一种做法，也是公关交往活动结束的信号。这样，下级人员的公关交往活动可以完美收场。

7. 下级内部刊物或媒体的报道

下级人员在对上级领导的公关交往活动应全程记录，保留必要的资料，交往活动结束后，及时通过组织内部的传播媒体如内部刊物、电视、广播、网站等进行报道，并专门将有关报道情况送达上级领导及部门予以了解、知晓，使这一公关交往活动被下级单位全体员工周知，增强全体员工的信心和凝聚力，发挥公共关系的辐射作用。

8. 保持与上级各部门领导的请示汇报联络机制

下级领导对上级领导的公关交往活动不是一次性的特殊活动，而应该成为彼此沟通的常态，下级部门应主动建立或保持这种正式、通畅的沟通渠道，使之常规化，并实现长期的稳定性，使下级单位的工作始终处于与上级部门透明、通畅的交往状态中。

第四节　跨行业间组织的公关交往

在组织的公共关系活动中，不仅有同行间的、上下级之间的公关交往，而且还有跨行业间组织的公关交往活动。这是应组织发展需要营造其生存与发展环境而开展的必要的公共关系活动。常见的跨行业间的公关交往有企业对政府的公关交往、政府对企业的公关交往，事业单位等与政府或企业间的相互公关交往。

一、企业对政府的公关交往

企业对政府的公关交往是指企业作为公关交往活动的主体，在必要的情况下对当地政府、本国政府或他国政府开展的公共关系沟通拜访活动。

要做好企业针对政府的公关交往活动，事前必须精心策划、周密安排，借助媒体影响公众，努力获得最大的社会效益和较大的经济效益。其具体步骤包括以下几个方面。

1. 企业领导人亲自出访

当企业在经营中认为需要与当地或本国政府建立相互了解、理解和信息沟通的关系时，企业领导人就有必要主动拜访当地政府领导人；同样，当企业在开拓海外市场、需要赢得某国政府的了解、接纳和信任的时候，企业领导人就需要策划去拜访某国政府领导人及其主管领导的活动。

这里有两点需要注意：

（1）企业领导人去拜访或邀请本地、本国或外国政府主要领导人见面，绝不能以昂贵的礼物或豪华宴席来接待，否则明显有行贿之嫌。

（2）企业最高领导人应该亲自出访，以表示企业的最高礼遇与尊重。

在企业领导人确定拜访政府主要官员时，前期的了解是十分重要的。在与政府的工作人员反复接洽、商议的过程中，公关策划人员需要提前确定准确的时间、地点、谈话主题等，这些必须要提前做好安排。

2. 争取与当地、本国、外国政府最高领导人见面

企业领导人出访当地、本国或外国政府部门，其公关交往的目标是沟通企业情况，了解政府的相关政策、法规，增进政府对企业的了解、认同与信任，为企业的发展创造顺畅的生存、成长环境。因此，当企业领导人要对政府部门开展公关交往活动时，就要努力实现政府最高领导人出场会见的目标，因为企业最高领导人与政府最高领导人的见面与沟通，可以最大限度地实现政府重视、公众关注的公共关系目标，进而赢得政府其他相关部门的支持，获得最大的公关交往活动效率。

3. 开展社会公益活动

在企业领导人开展与政府部门的公关交往活动时，企业可配合开展有力度、有创意的社会公益活动，由此表达企业优秀社会公民的诚意，赢得政府的好感与对企业的信心。

4. 安排与当地公众的联谊活动

企业领导人针对政府开展的公关交往活动，绝不是不可曝光的私下活动，而是正大光明地与政府及当地的社会公众的全方位接触。因此，由企业最高领导人出面同当地的公众接触，进行轻松愉快的联谊活动，是企业增进公众了解和认可、赢得信任的重要举措，更是这次公关交往活动的重要内容之一。

5. 实现媒体全程跟踪报道

企业可首先通过新闻发布会向媒体说明这次公关交往活动的基本情况，激发媒体报道兴趣，然后进一步推动媒体全程报道企业领导人的公关交往活动，形成新闻报道热点，让更多社会公众知晓和关注企业。

6. 制作专访报道节目或在线沟通

在公关交往活动中，要特别安排企业领导人在当地有影响的媒体如电视、网络上亮相，集中介绍企业情况，展示企业领导人的风采，扩大企业影响力，让公众对企业有更全面、深入的了解与认识，获得这次公关交往活动的最大社会效益与较大经济效益回报。

二、政府对企业的公关交往

政府对企业的公关交往是指政府主要领导人去企业视察，与企业员工开展面对面双向沟通的活动。政府与企业的公关交往对双方都具有积极的公关关系意义：一方面作为政府主要领导人，需要深入基层调查了解典型企业的实际情况，通过现场办公，解决企业中存在的宏观环境方面的问题，为政府决策提供实证依据，同时会增加公众对政府的了解；另一方面，企业能够接待政府领导人的来访，是政府对企业的巨大的支持与鼓舞，企业得以有机会与政府领导面对面沟通交流，对营造企业在当地良好的生存环境有极大的益处，更有利于推动企业一些需政府协调解决问题的快速处理。

1. 通知企业政府领导人来访的行程安排

从政府角度来说，主要领导人要去企业调研考察，一般会提前通知企业方面，并要求安排好必要的接待事宜。企业领导人会高度重视，在政府部门的具体部署下，将企业的各方面工作做好，以接待政府领导的来访。

2. 政府与企业员工接触：视察企业

政府领导人一行人到达企业，一般要进行一个简短而热烈的欢迎仪式，这是政府领导人与企业员工的近距离接触，政府领导人可以主动与企业主要领导、员工代表握手、问候，企业领导与员工代表要表现得积极大方。

简单地与企业员工寒暄后，政府领导人一般会对企业的生产车间、科技研发实验室、员工生活区、附属医院学校等进行参观、视察，了解企业概况，与一线工作人员简单交谈，对企业某些方面的问题进行实地了解，现场办公。

3. 政府领导人与企业领导人（层）沟通交流

政府领导人一行视察结束后，与企业领导人及其决策层、管理层人员面对面的交谈就开始了。虽然政府领导人可以对企业领导人及领导层、管理层的工作进行指导，但从公共关系角度看，双方的交流是平等的，而不是有上下级的等级关系，交流应该是坦诚的，是相互学习的。政府对企业的公关交往中，要实现彼此平等通畅的沟通氛围，主要是由来访的政府领导人营造的。

在政府领导人到企业调研的过程中，企业可以抓住时机，将企业目前的情况予以全面的介绍，情况说透，问题说足，既让政府领导对企业有信心，也要使政府感到自己的责任与使命，双方交流可能时间不多，但效率要高。

4. 政府领导人与企业员工的全面接触

政府领导人对企业的公关交往，核心内容不是与企业领导的见面，而是与企业员工的近距离接触，这是现今很多政府领导到企业视察时容易忽略的地方。政府工作人员要提前安排好领导与企业员工全面接触的场合或聚会，让政府领导人的影响力深入企业的基层。具体内容如下。

1）对全体员工的主题演讲

政府领导人以企业大会的形式面对企业全体员工做振奋人心的演讲，会让基层员工感受到政府的支持与关怀，了解政府在企业所在行业的政策和指导意见，了解政府应对问题、解决问题的勇气与做法，感受政府领导人的魅力，由此对政府和企业产生信任与忠诚。

2）召开企业骨干参加的座谈会

政府领导人通过这样的座谈会可以在较大层面与基层员工深度接触，双方通过平等、坦诚的交谈，让政府了解到更多基层员工的情况，也使政府领导在骨干员工中有较大影响力，由此，使政府领导人及政府形象通过骨干员工传播到企业更大多数的员工中去。

3）深入某一典型班组进行交流、座谈

在企业难以召开全体大会的情况下，政府领导人也可选择一个先进或典型的班组，走进去，坐下来，与班组的全体员工进行近距离的亲切交谈，了解情况，沟通信息，亲切交谈，嘘寒问暖，将政府对企业员工的关怀体现出来。

以上三种形式在条件允许的情况下，可以通过电视转播、电话会议形式、网络在线实况播放等，让企业未能参加的员工及全体企业甚至全社会公众了解与知晓，并实时参与活动，将政府对企业的关心与关注辐射到社会的其他企业及全体公众身上。

5. 媒体及时报道

政府领导人深入企业调研与考察，公关策划人员应提前通知新闻媒体做好报道与播放的准备。记者在现场可适时参与采访，捕捉新闻点予以及时报道，新闻报道既要考虑到政府领导人，又要对企业基层员工予以关注，对领导人来访的反馈可及时采集资料，进行加工报道。

职场案例观摩

习近平会见中美互联网大佬　扎克伯格秀中文

当地时间（2015年）9月23日，第八届中美互联网论坛在美国西雅图召开。当天下午，中国国家主席习近平来到会场，会见28名中美互联网企业巨头并发表讲话。

讲话中，习近平称赞在场的互联网大佬是互联网界推动了技术革命、行业变革的领军人物、重量级人物。他强调，中国倡导建设和平、安全、开放、合作的网络空间，主张各国制定符合自身国情的互联网公共政策。中美都是网络大国，双方拥有重要共同利益和合作空间。

双方理应在相互尊重、相互信任的基础上，就网络问题开展建设性对话，打造中美合作的亮点，让网络空间更好地造福两国人民和世界人民。

此次论坛的主题是“互信、互利、合作、共赢”。国家互联网信息办公室主任鲁炜到会发表了主旨演讲，他讲的“二人同舟”的故事给人留下深刻印象。

一共有300多名中美互联网代表参会，其中包括苹果首席执行官库克、脸谱创始人扎克伯格、阿里巴巴马云、腾讯马化腾、百度张亚勤等大佬级人物。

扎克伯格：这对我个人来说具有里程碑式意义

参加会见的新浪董事长兼首席执行官曹国伟对《南方都市报》记者说，他从2007年以来已经连续8年参加中美互联网论坛，2015年是参加人数最多、来的互联网大佬最全、规格最高的一次。

会见时，脸谱公司创始人扎克伯格还“秀”起他的中文。他说，我一直在读习主席的著作，我知道他今天所讲的与此前的思想都是一致的，那就是中国会坚定不移地对外开放。他是一个很坚定的人，今天的讲话展现了一贯的立场和态度，也给美国的互联网企业以信心。

他随后在脸谱上发表感想：“这是我第一次完全用外语和一位世界级领袖交谈。我认为这对我个人来说具有里程碑式的意义。能见到习近平主席和其他官员是我莫大的荣幸。”

英特尔首席执行官科再奇说，习主席的讲话信号非常清晰，语言很朴实也很亲切。“我非常同意他所说的，美国互联网企业把技术引入中国，就要遵守中国的法律法规，为中国消费者提供优质服务。我觉得我们不应该互相指责，而应该开展合作，这样会让事情朝好的方向发展。”

马云：我体会最深的是真诚、信任、尊重和沟通

参加会见的阿里巴巴集团董事局主席马云说，从习主席的讲话中，我体会最深的是真诚、信任、尊重和沟通。“习主席表达了沟通的重要性，中美之间需要相互信任和尊重，而沟通是实现目标的途径。”

浪潮集团董事长兼首席执行官孙丕恕对《南方都市报》记者说，他从讲话中感受到习主席对互联网企业的期待，那就是互联网企业很重要，不单影响着国家、社会，包括我们每个人，尤其是现在的年轻人对互联网依赖很大，因此，互联网企业应该有很高的社会责任。

奇虎360公司董事长周鸿祎则对《南方都市报》记者说，他最大的感触是，有了网络就会有安全威胁，网络攻击、网络间谍等非法行为不分地域，随着互联网的进一步扩展会更加频繁。无论中国、美国还是其他国家，如果没有合作机制解决网络安全问题，那么大家都是受害者。“希望借此机会在中美两国互联网公司之间建立一定的合作机制，我认为这是非常好的契机。”

资料来源：记者彭美、蒋伊晋报道，《南方都市报》，2015年9月25日，第A9版

6. 企业内部情况反馈

当政府领导人一行对某一企业的公关交往活动结束后，政府还应适当关注企业方的反馈。企业可及时将反馈情况通过内部简讯、报纸、电视、刊物、网络等形式报道出来，然后

将内部媒体反馈的情况向上级政府汇报，实现公共关系活动效果的追踪与评估。

三、事业单位与政府的公关交往

事业单位是中国社会单元的一种特殊组织，其经营与管理的模式介于政府与企业之间，既在人员管理上归国家统筹，又在经营方面具有较大的自主灵活性；既承担着社会服务的公益职能，又具有一定的市场竞争性和营利性的内在动力，成为中国市场经济进程中保留的最后一块特区。今天，典型的事业单位主要是医院、学校、研究机构等。

（一）事业单位对政府的公关交往

事业单位是具有较强社会服务性与学术研究性的组织。它们与政府的公关交往主要是在直属的上级单位及当地政府相关的管理部门间进行。因此，事业单位对政府的公关交往活动具有比较明确的目的，即沟通信息、增进了解。其具体策划的步骤包括以下几方面。

1. 确定事业单位领导人出访

无论事业单位是学校、医院还是研究机构，如果与上级主管单位（教育厅、卫生厅、科技厅等）或当地平级单位（如市政府、区级政府等），需要就某些事情专门进行沟通协调时，必须是该事业单位的最高或主管领导人亲自带队，除非有其他特殊情况则另当别论。随行出访的成员应是负责相关工作的中层干部，既要了解情况又要卓有见识。

2. 准备相关的汇报材料

拜访政府机构之前，应由事业单位公共关系人员对拟汇报的情况做充分的准备，撰写完整的汇报材料，同时与政府相关部门的公共关系人员进行沟通对接。这样一方面有利于出访人员汇报时条理清晰、头脑清醒，与政府主要领导——拜访对象的沟通交流更加充分；另一方面，有助于政府领导及主管部门负责人了解比较全面的信息，对事业单位产生信任和好感，也更体现事业单位来访的认真与慎重。

3. 确定恰当的时间

事业单位领导在决定拜访政府有关部门及领导后，应由公共关系人员与对方单位有关人员进行充分的沟通与交流，确定好双方见面的时间，以便政府提前安排工作日程迎接事业单位领导人一行的来访。

4. 安排事业单位领导做学术讲座（演讲）

事业单位领导一行人到政府及有关部门进行拜访、交往，不是人与人之间的感情增进，而是事业单位与政府及相关部门的正常工作往来，其目的是希望政府部门能够对该事业单位有更加全面、深入的了解，因此，交往性活动不能走马观花式地只与主要领导或部门负责人见见面、吃吃饭就结束了，而应该让这次交往活动的影响面扩大至政府相关部门的最大多数的公众中，因此，事业单位的来访人员可以通过校长、院长或所长等的学术性报告，向政府机关介绍学术前沿动态，并将本事业单位取得的研究成果和发展情况系统地介绍出来，这样做不仅影响力度大、效果好，更能巩固这次公关交往活动的效果。

5. 开展与政府主管领导或部门负责人的坦诚交流

这是公关交往活动的核心内容，对此，事业单位领导人一行应精心准备，在交流中既表现出理性、严谨的工作思路，又展示出温和、亲切的沟通诚意，将与政府交流、协调的内容充分地谈出来，努力促进这次出访的成功。

6. 简单告别

在完成与政府有关领导或部门负责人的沟通交流后，事业单位来访一行人既可以通过打招呼而轻松告别，还可以举行简单的答谢酒会表达对政府部门的感谢，进一步融洽感情，增进了解，权作告别仪式。

7. 一定的媒体报道

事业单位一行人结束公关交往活动后，应通过内部媒体进行报道，同时将有关情况反馈至政府部门，为之后的进一步来往打下良好的基础。

（二）政府对事业单位的公关交往

作为主管或管辖区内的政府部门，对于事业单位，具有重要的管辖或监督权力，因而适当的下访调研与交流是十分必要的。策划政府工作人员对事业单位的公关交往，需注意以下步骤。

1. 提前与被访的事业单位公共关系人员确定该活动

政府重要领导或部门负责人及其工作人员要到事业单位来访，相关的公共关系人员或负责此事的工作人员应提前与被访的事业单位公共关系人员进行联系，以便安排此事的具体事宜。

2. 确定政府人员来访的时间与逗留时段

来访的政府工作人员行程安排比较紧凑，特别是重要领导来访，时间的要求更加严格，因而要事先向事业单位通知好来访者一行的具体情况，包括领导级别、随行人员情况、逗留时间、参观场所、其他活动等。

3. 安排新闻媒体随行报道

根据政府部门来访领导的行政级别、访问事项等，通知相应的新闻单位进行随行报道。

4. 通知被访事业单位的有关部门准备好接待

在政府领导人一行来被访单位调查与视察时，要提前安排拟参观的部门、科室、实验室及设计研究室等做好接待准备工作，同时要求各部门的工作人员表现得热情大方、诚恳、礼貌。

5. 安排政府领导现场即兴演讲

为扩大政府领导对事业单位调研的影响力，将这次公关交往活动做实，应该安排来访的政府领导人即兴演讲。演讲的内容主要针对事业单位的工作提出努力目标、要求与希望，这些讲话通过外部与内部媒体传播出去，可以有效提升政府领导的公关交往活动的影响力。

6. 开展政府来访人员与事业单位领导人员的会谈

政府来访人员与被访事业单位领导人员的会谈是这次公关交往活动的最主要内容，政府领导的指示将会对事业单位的各方面工作起到重要的推动作用。事业单位主要领导应积极全面地将本单位工作向政府领导进行口头汇报及多媒体演示，努力给来访的领导留下良好的印象。

7. 关注媒体报道与被访事业单位反馈

政府部门公关交往活动结束后，还应关注媒体的报道，同时了解被访单位的反映，评估该次调研情况，为今后公共关系活动积累经验。

四、事业单位与企业的互相公关交往

现在，事业单位的对外发展，与企业的交往变得十分频繁，如研究所、高校的技术成果转让，专业技术与能力的社会服务，中小学教学设备配置，医院的药品采购、医疗设备的增设、维修与淘汰等，都离不开与专业企业的交往，因此，事业单位与企业之间开展一定的公关交往就显得十分必要。但是，由于事业单位与企业之间具有跨行业的特性，发生业务往来也仅局限于彼此某一方面的范围，因此，它们之间的公关交往一般比较简单。

1. 事业单位对企业的公关交往策划

（1）事业单位主管企业业务的负责人带队出访。
（2）通知被访企业安排接待。
（3）事业单位来访一行参观企业，与一线工人交谈。
（4）事业单位来访者与企业最高领导见面，与相关部门领导会谈及签约。
（5）来访者与企业相关部门工作人员座谈，增进了解。
（6）简约告别。必要情况下，举办答谢晚宴。

2. 企业对事业单位的公关交往策划

（1）企业主管相关业务的负责人带队出访。
（2）企业出访一行确定与事业单位有关负责人见面的时间。
（3）企业来访一行与事业单位相关负责人会谈及签约。
（4）企业负责人举行小范围的产品说明会或意见咨询会。
（5）企业方举办茶歇会或答谢宴会，增进双方了解。
（6）简约告别。

事业单位与企业之间的公关交往活动对双方的发展都具有十分积极的作用，这样的活动要精心安排，用心创意，努力实现双方更加全面的了解和稳固的合作。

研究与演练

一、理论研究

1. 交往型公关策划诠释了公共关系怎样的价值？
2. 跨行业间组织的公共关系交往为什么成为组织发展的必然选择？

二、实践演练

1. 精心策划一起交往型公共关系活动：代表你所在的学院或系去拜访学校附近的企业或社团组织，达成合作意向事宜。
2. 利用假日，走访久未联系的亲戚或同学——注意用心策划一下。

第七章　庆典型公关策划

第一节　开业（上市）庆典

一、举办开业（上市）庆典的目的

按照传统惯例，如果一个公司准备新开张或上市，会事先认真地做些准备，然后约一些至亲好友或者主要的合作伙伴，到场举办一个或大或小的仪式来庆贺一下。

在现代社会，每一个组织都面临着一定的生存竞争压力，其生存与发展都依存着其周围的目标公众，组织的每一个重要举措都可能会与周边公众发生密切的关联，对于开业或上市这样对组织的生存与发展极其重要的事情，通过庆典形式来引起公众注意就变得很正常了。

（一）举办开业（上市）庆典是对公众的尊重

每一个组织，都不是孤立地存在于社会，其生存与发展都要依靠周围上下其他组织或公众的认可与支持。要做到这一点，首先需要让公众了解组织。而让公众了解组织的前提是尊重公众。

对于一个商业企业来说，开业是事业的第一步，是极为重要的开端，好的开端等于成功的一半，举办一定隆重程度的庆典，表面上看是企业大张旗鼓自我宣扬；深层次看，是企业郑重其事，对自己目标公众的尊重，是以这样的形式表示企业主动开放自身的心迹。对于一个从事制造业或高新技术产业等的企业来说，上市意味着企业正式步入现代企业管理的行列，企业不再是一个自生自灭的自我行为，而成为社会“公民”，同时意味着公司的事业从此向纵深发展或成为进一步前进的重要里程碑。不论是开业还是上市，企业通过庆典形式来凸显它，邀请重要目标公众及媒体代表出席，都是对公众的尊重，是向社会证明组织在重要事件上对公众的重视。

（二）举办开业（上市）庆典是对公众的告知

如上所述，举办开业（上市）庆典是组织发展的大事，必须要让组织的目标公众知道，特别是要让周边——主要是社区公众和自己未来的目标公众知道，这一活动也是组织向全社会展示自己积极、开放、接纳、友好的一种姿态。因此，组织要认真策划，通过举办恰当的庆典活动，为组织开一个好头，给目标公众留下良好的印象。

（三）举办开业（上市）庆典是对声誉的构建

对组织来说，举办开业（上市）庆典，意味着帆船即将远航、行者准备上路，新的事业马上开始，从根本上说，正是组织声誉的正式构建。因此，开业（上市）庆典的举办意义重大。策划严谨、进程顺利的开业（上市）庆典不仅意味着组织对社会公众的高度重视，更意味着组织对自身声誉的倾情打造。反之，则一定程度说明组织对公众的忽视和对自身声誉的不自信。因此，有责任感的组织往往都极为重视开业（上市）庆典的策划，绝不会将之看成可有可无的事情。

二、开业（上市）庆典的策划

策划庆典，可由组织的公关部或临时组建的策划团队来完成，也可以由特聘的公关公司委托策划，庆典策划要根据组织实际，始终与组织的主管领导进行密切的沟通交流，使策划工作得以顺利实现。具体策划工作包括以下方面。

（一）确定开业（上市）时间

万物择日而行。在开业（上市）的重要时刻，要慎重选择良辰吉日。需要注意以下方面。

1. 注意回避传统节日或重大纪念日

因为这些时间可能是法定公休日，或者被告知特别关注，因此，组织的开业或上市的日子要尽量避开或错开这样的时间。

2. 注意回避特别的纪念日

今天，我们面对的纪念日很多，有些纪念日与组织开业或上市的内容冲突，要格外注意回避。例如，烟草公司不能在国际禁烟日搞开业或上市庆典，男装商店不在三八妇女节开业，儿童食品店不在九九敬老日开业，等等。

3. 选择恰当的公休日

公休日一般是公众出门购物、心态闲适之时，在这样的日子举办开业（上市）庆典，普通公众可以闻讯参加、观览，重要嘉宾也可以抽空出席，现场气氛会比较热烈。

4. 选择民间认为的吉日

在传统文化的影响下，开业或上市庆典作为组织的重大事件，也要符合当地民俗，不可无所顾忌。例如，农历逢三、六、九，公历逢六、八的日子，都可积极考虑，努力做到皆大欢喜。

（二）确定嘉宾及参加人员名单

开业（上市）庆典的举办，邀请嘉宾到场是其主要的内容之一。

1. 邀请行业或政府主管领导

他们的出席对开业（上市）庆典的规模及档次具有决定性意义，也在某种程度上是对主办者重要的心理支持。

2. 邀请组织的重要客户

通过对重要客户的邀请，体现主办者对客户的感谢和重视，更是标志组织与之业务合作序幕的拉开或深化。

3. 邀请相关媒体人员

媒体是社会公众呼声的反映者和社会进程重要事件的转述者。对媒体的重视，也是对公众重视的一个反映。要选择与组织业务有较强关联度的媒体工作人员参加，借此扩大组织开业（上市）庆典活动的影响力。

4. 邀请内部或外部公众代表

在组织员工中有一些具有很大影响力的员工，如劳动模范、老员工等，可邀请作为嘉宾出席，组织外部的公众如顾客、邻居、社区代表等，也可以作为嘉宾出席。

5. 邀请社会公益的受益者

若组织在开业（上市）活动中安排公益活动或之前已开展了公益活动，则可在此时适当邀请受益者代表出席，如受扶助学生、受资助群众、受关照的清洁工人或残疾人士等。

（三）创意活动形式

开业（上市）的活动形式是开业（上市）庆典的重头戏，活动形式决定了庆典的质量，因此，要认真策划有新意的开业形式。具体要求有以下几方面。

1. 形式独特但不哗众取宠

开业（上市）的活动形式要尽量表现独特，不要仿效他人，让人耳目一新，印象深刻，但切不可为追求独特而做出令人啼笑皆非的事情，否则会在众多嘉宾和公众面前贻笑大方。

2. 内容健康但不平庸流俗

开业（上市）的活动形式是庆典内容的集中体现，因此，在创意时必须保证活动内容积极向上，但同时活动的表现形式又不能平庸而普通，更不能迎合社会的低俗与媚俗，必须保证在活动现场气氛热烈、形式健康、活动新颖、过程顺利。

3. 现场隆重但不奢华张扬

在开业（上市）庆典活动上，既要营造出比较隆重热烈的气氛，但又不提倡动用大量钱财搞一些过分奢华、令人惊诧的活动，让人感觉组织出手大方气派但不善于理财，更显得张扬或霸气。这样的印象将是庆典活动的失败。

经典策划方案

阿里上市纽交所开盘价 92.7 美元 淘宝店主等八位代表敲响开市钟

浙江在线 9 月 20 日讯（《浙江日报》记者李倩） 一声芝麻开门，沉重的石门缓缓打开，里面的珍宝熠熠生辉。阿里巴巴，这个《天方夜谭》里的神话故事，在一位来自中国浙江的企业家手中变为现实。

美国当地时间 20 日早 9 时 30 分，边送快递边为贫困地区收集旧衣旧书的快递员窦立国、通过天猫将车厘子卖到中国的美国农场主 Peter、10 年淘宝粉丝乔丽、带动青川地震灾区电商创业的海归王淑娟、卖山货的农民淘宝店主王志强、淘女郎何宁宁、90 后云客服黄碧姬和前奥运冠军现淘宝店主劳丽诗，一起身着青花瓷淘公仔，在纽约证券交易所敲响了阿里巴巴开市钟。敲钟层楼下，马云和其他高管，以及所有受邀嘉宾，一起为他们鼓掌。

开市钟响后，原本就不宽敞的纽约证券交易所大厅更显得熙熙攘攘，所有镜头和目光的焦点都投向了实时数据大盘，人群里不时发出惊呼。询价区间突破 85! 突破 88! 突破 90! ……距离开市钟敲响超过 2 小时，美国当地时间 11 时 52 分，阿里巴巴终于开盘交易，开盘价 92.7 美元，较发行价上涨 36.3%。开盘 5 分钟内，最高价一度冲到 99.7 美元。以开盘价计算，阿里巴巴集团市值约 2 383 亿美元，目前在全球互联网上市公司中市值仅次于 Google。阿里巴巴集团此次 IPO 融资规模 217.7 亿美元，也由此成为美股史上 IPO 金额最高的企业。

8 个人，代表了阿里体系搭建的 8 个生态系统。在中国这片经济增速最快的土壤中，马云和他的小伙伴们一起，将现实中信用缺失、支付困难、零售业中间价格高、小企业融资成本高、物流基础差等不足变为爆发式的盈利点，让互联网经济走出大格局。

资料来源：王素幔编辑整理，浙江在线—浙江日报，2014 年 9 月 20 日

（四）策划活动报道

新闻报道对于组织的开业（上市）庆典意义重大。它可以很快扩大组织的影响力，引起广大层面社会公众的关注，产生较为广泛的影响力。因此，对活动报道的策划是开业（上市）庆典活动策划中的重要一环。这些年来，关于开业（上市）庆典的报道早已不成其为新闻，难以引起社会公众的关注，所以，要实现庆典的新闻报道，必须注意从以下角度做好工作。

1. 选择报道视角

一个纯粹的开业（上市）庆典，很难引起新闻界的注意，成为记者报道的内容，但开业（上市）活动背后蕴含的丰富信息或信号，会成为新闻关注的热点，如行业背景、经营特色、经营团队、消费者关注的热点等。

2. 确定报道话题

策划开业（上市）庆典的组织要从社会公众需求、特别是媒体的角度确定新闻报道的话题，挖掘出庆典的社会价值或意义，由此引起社会公众对组织开业（上市）的关注。

3. “制造”报道热点

有创意的开业（上市）庆典容易吸引新闻媒体的眼球，并因之成为报道的热点，尤其是

具有公益性的活动或者是激发社会良好风尚的开业（上市）活动形式，都会成为新闻报道的热点，引起全社会对此庆典的关注。

（五）确定活动程序

这是开业（上市）庆典的全部过程安排。对程序的精心设计前提是保证活动顺利、圆满完成。活动程序的确定，既要按一般庆典形式符合基本常规形式，又要有一些特别的颇具感人意味的内容安排；既要让在场的人感到意外，积极参与，受到感动或震动，又要符合心理上的预期，合情合理，巧妙而快乐，增加开业（上市）庆典的影响力。

（六）策划场景布置

一般来说，开业（上市）庆典的现场往往布置的热烈而令人眼花缭乱，但重要的是，在红旗飘飘的掩映下，宣传口号的内容是否有吸引力或震撼力，是否是具有积极社会意义，更大涵盖度的公益性公共关系目标。如果现场没有提示庆典内涵意义的标语体现，则再热闹的场景布置，在所有现场公众看来，都不过是过眼烟云，印象模糊。因此，场景布置要特别体现开业（上市）组织者的用心，展示更大的社会关爱和更多的社会责任。

（七）策划活动收尾

开业（上市）庆典的收尾也很重要，不要给人锣鼓一响、鞭炮一放、礼物一发、拍腚走人的不良印象，而要努力做到意犹未尽、意味深长，让嘉宾和现场的观众印象深刻。尽管开业（上市）庆典已经结束，却是组织事业的开始或新台阶的里程碑。因而，活动收尾时，也要精心设计，如深情的告别仪式、有序的离场、悠长的音乐、令人爱不释手的小礼物等。

（八）策划纪念品

大部分情况下，开业（上市）庆典都会设计纪念品。因而，纪念品的设计也十分重要。对此，以下几点需要把握。

1. 纪念品要有长久的留存性

纪念品能够成为日常有美感、有展示性质的物品，使之长久留存。

2. 纪念品不要成为消费品

如果纪念品成为日常消费品，则很快会被遗忘，所以工艺品常被作为纪念品。

3. 纪念品设计要独特

由于太多单位用工艺品作为纪念品，因而使用一般工艺品作为纪念品已不再被很好地珍惜，而有特色、有长久留存价值的纪念品必须要精心策划。

4. 纪念品不要成为奢侈品

不要把纪念品定位在价格昂贵、装饰豪华的奢侈品上，否则会让公众对组织产生不良印象。

总之，开业（上市）庆典是组织第一次面对公众登台亮相，是一件十分重要的事情。这一亮相的好与坏，很大程度上决定了公众对组织未来的初步期望与印象，因而策划好开业（上市）庆典意义重大。

第二节 节 日 庆 典

一、节日的分类

节日是因传统、事件或发起者特别的目的而确定的专门日子。从古到今，节日总在人们的日常生活中发挥着重要的作用，人们会以不同的方式来庆祝节日。

节日一般分为以下三类。

1. 传统风俗节日

这种节日是由某一地世代生活的人们在生产、生活中自然形成的一个重要节点，或者是与当地的宗教活动、图腾崇拜等有密切联系的纪念日。在中国，民间的节日非常多，如一年的开始是春节，然后是清明、端午、中秋等。宗教活动形成的节日，如基督教的圣诞节、复活节、感恩节等，伊斯兰教的开斋节、古尔邦节，佛教的成道节（腊八节）等。

2. 国际组织或国家确定的节日

在民主与环保运动不断发展的过程中，国际组织不间断地规定了一些特定的日子作为纪念与推动这些活动的重要形式，如三八国际妇女节、六一国际儿童节、国际禁烟日、环保日、爱牙日、戒毒日、植树节、五一国际劳动节等。各国政府也在公共事务管理中规定了一些重要节日，如国庆节、建军节、国耻日、重要人物诞辰日及去世日、重大事件纪念日等。

3. 日常生活或当地文化经贸活动节日

日常生活中有些节日是被人们逐渐约定俗成，或者被一些特定人群关注而形成节日，如情人节、愚人节、母亲节、父亲节等。这些年，某些地方又开始掀起一些经贸活动节日，如风筝节、荔枝节、苹果节、服装节、啤酒节等，这些节日逐渐成为当地文化经贸活动的重要载体。

二、举办节日庆典的目的

从以上三类节日中可见，举办特定节日庆典的纪念活动，一般有三类主体，一是国家（含地方政府）或国际组织、宗教组织等，或合二为一；二是一些企业或商家；三是个人、家庭或小团体组织。

1. 国家或地方政府以及宗教团体举办庆典的目的

从政治上说，国家或地区政府举办庆典是为了巩固政权、增强国民的凝聚力与向心力，并向外界彰显自身的实力；从经济上来说，是政府为了创造商贸交流的机会，借此扩大业务，促进经济快速发展；从文化上来说，政府或宗教团体举办节日庆典是为了追溯传统，纪念先人，传承文化精髓。很多国家都会举办国庆节、建军节等，一些宗教国家和宗教团体会每年举办与宗教有密切关联的节日。因此，确定举办节日庆典是一件十分重大的事情。

2. 企业或商家举办庆典的目的

节日庆典的举行总是蕴含着一些商机，因此，企业或商家是节日庆典的重要推手甚或主要策划者，通过对节日的隆重纪念，可以借机传播企业的名声，扩大企业或商家的业务，形成商业销售的热点，同时他们的行为不自觉地承担起了一定的文化传播的社会义务。例如，中国的端午节、西方的情人节等。

3. 个人、家庭或小团体组织举办庆典的目的

特定节日的举行还是家庭聚会、朋友交往、个人传情达意的重要载体。中国春节、西方的圣诞节等，都会被家庭成员精心策划，成为心灵放松、精神调适、沟通交往的最佳时机。

因此，不论是由谁发起的节日庆典，总会推陈出新地进行认真策划，使之实现其希望达到的目的。这里我们重点阐述政府、企业或事业单位针对节日的庆典。

三、节日庆典策划

节日庆典是一件隆重而喜庆的大事，对一个组织来说，则是一件需要高度重视的公共关系活动。在组织确定要在节日期间开展一些特别的纪念活动时，公关策划人员就到了全力以赴开始工作的时候了。

（一）节日气氛的预热—策划新闻事件

在某一节日到来之前，组织要提前开始营造节日的气氛，传递举办节日庆典的信息，让公众对之有所了解、有所准备、有所期待。

预热一般有两个方面，一方面是做好举办庆典活动现场的各种物质准备或资料介绍，另一方面是开始在宣传舆论上造势。

对庆典活动的策划者来说，要把庆典的预热气氛营造起来，需要策划 1~2 个新闻事件，以此推动公众对组织拟举办节日活动的关注。

具体可以从以下几个角度来挖掘新闻策划的切入点：

（1）介绍庆典活动举办地的风俗民情；

（2）报道庆典活动举办方的准备情况；

（3）介绍与庆典有关的节日由来、传说故事等；

（4）报道公众对庆典活动的期待和看法；

（5）政府颁行与节日庆典相关的一些政策、法规，以及商家推出的特别优惠等。

如此，通过新闻媒体的报道与节日庆典活动准备工作的介绍，可以营造节日到来的气氛，吸引公众了解与关注该节日，达到对该节日庆典活动积极关注和期待参与的目的。

（二） 节日活动的创意

开展节日庆典活动，要把独特的公共关系创意作为实现庆典活动成功的前提。庆典活动的策划者在进行创意时，必须把握几个原则：

（1）创意的形式与内容要与节日的特点有关系。例如，春节是团圆欢聚的主题，六一国际儿童节要以儿童为中心，愚人节以荒诞怪异为主格调等。如果公关策划人员对主题或中心把握不好，再精彩的创意也只是南辕北辙。

（2）创意的形式要与传统表现方式有内在的承接性和某种延续性，符合人们的心理接纳习惯。公共关系人员在进行创意时，最核心、最有难度的是创新，创新必须与继承相联系，二者不能割裂。因此，在创意时，策划人员必须要对某些重大节日的庆典活动在表现形式上准确把握或具有传统或历史的延续性。例如，圣诞节要有圣诞树、圣诞老人，中秋节要有月饼，情人节要有玫瑰等。否则，离奇的创意将会因违背公众的心理接受习惯而遭到冷落或受到公众的抨击。

（3）创意的主题要表现节日的文化内涵。在开展节日庆典的创意时，创意主题的确立是首先要明确的。创意主题不仅需要精练概括，更需要策划人员能够精彩地用短语表现出来。既然每一个节日都是某种文化的集中表现或主旨强调，因此，节日庆典的主题应该鲜明地表现这一节日的文化内涵，在创意时不偏离主题，使活动的表现形式服务于主题，如此才能保证节日庆典获得成功。

（4）创意应体现出层次与辐射面。在开展节日庆典创意时，策划者应特别考虑创意体现出的层次与辐射面。在庆典活动中，要有起转承合的节目安排及节日主题的递进与多元化表现力，节目与节日之间既有内在联系，又有清晰的边界，节目的影响力要能够覆盖到不同的公众群体，让组织的公共关系活动目标真正得以实现。

（5）创意活动要避免商业气息与功利化色彩。不论是什么样的组织发起的节日庆典，在策划时都要特别注意回避展现商业化或功利性的目的。节日庆典是影响社会公众日常生活的公益性活动，不是专门为某一组织服务的工具。不论是传统的节日，还是由地方政府或国际组织新设立的节日，都是从让广大公众受益的角度出发的。因此，创意节日庆典活动时，非常忌讳将之与企业产品宣传、商家促销、主办方自我宣扬相挂钩。否则，这样的公共关系活动其效果就可能是负面的。

总之，庆典活动的创意是节日庆典最重要的内容，在创意时必须把握一定的原则，不偏离公共关系活动的总目标，努力实现组织的根本目的。

（三） 节日时间的安排

在策划节日庆典时，要对活动的开展时间进行认真的安排。一般的人可能认为，节日庆典举办的时间应该是节日的当天，实际上应视具体情况而定。

1. 重大节日应遵从传统习惯安排庆典

中国的春节、西方的圣诞节等，庆典仪式的举行都是在晚上。各国的国庆节、普通的国际性节日如五一国际劳动节，各国的经贸节日如服装节、啤酒节等，则在上午举行。因而，在节日庆典活动的时间安排上，要符合社会公众的传统习惯，以保证公众参与度高、活动效果好。

2. 企业或商家主办的活动最好提前举行

如果是企业或商家要借特定节日来举行庆典，则最好是提前数天拉开序幕，并且庆典的高潮要避开节日，让过风头，给公众留下自我享受节日活动的余地，也能在公众心中留下对企业或商家的良好印象。

3. 某些公益性节日可推后举行

对于一些国际组织确立的公益性节日，则可以略加推迟举行，拉长公益活动的推广时限，将公益活动向纵深推进。植树节、戒烟日、心脏日等，都可以在相关协会或社会公益组织的支持下推后进行，以便将这一活动的宣传工作做得更加深入、普及。

4. 媒体宣传活动的配合

在策划节日庆典活动时，媒体的配合宣传是重要的策划内容之一，也是保证节日庆典公众参与活动与扩大社会影响的重要保障。做好媒体宣传要注意以下几方面内容。

1）有序安排新闻通稿的写作

要让媒体做好节日庆典活动的宣传工作，组织公共关系人员必须对新闻通稿做总体的安排，而非由新闻记者自己报道，否则可能影响整个庆典的效果。

2）精心安排记者招待会

对于记者招待会的安排，庆典活动的策划者要事先谋划，不要等很多记者要求时才举办，更不能等新闻媒体爆料时才被迫召开。组织应该根据庆典活动的总体安排，在恰当时间主动召开，让媒体感到各项活动的安排是有序的，是充分关心与尊重媒体及公众的。

3）随时接受媒体的专访与问询

在策划节日庆典的宣传工作时，要确立主动积极接受媒体采访的态度，组织新闻发言人可以随时接受一些重要媒体的采访，公共关系人员也可安排组织领导人接受媒体的专访，由专人解答媒体提出的疑问与探询，为媒体的报道创造一切方便条件。

4）对突发事件主动配合媒体报道

如果节日庆典活动因有一些原因发生了意外，给这次活动的顺利举行带来了一些困难，策划者也应本着诚实、开放的态度，协助媒体主动报道此事，绝不隐瞒真相或擅自解释一些原因，而是在维护组织声誉的前提下，配合有关部门积极解决问题，协助媒体做好报道与宣传工作。

5. 节日道具、礼品的设计

在重大节日庆典活动时，准备庆典活动的专门道具与礼品是不可或缺的。组织在提前设计活动用道具与礼品时，除了道具与礼品的形式独特、内容与节日有密切关系外，还应注意以下几方面问题。

1）表现的内容积极健康，不庸俗不媚俗

在现代社会，一些设计者在设计庆典道具或礼品时，不仅追逐式样新颖，而且更有一些过分夸张的表现力，迎合一些低级趣味、庸俗媚俗的东西。因此，在道具、礼品的设计上，要彰显积极向上的表现内容，体现主办方博大的组织文化与核心价值观，传递组织经营理念与节日本身的内在相关性，塑造组织的良好社会声誉。

2）内容与形式要服务于环保与社会和谐

在道具与礼品的设计上，策划者要本着环保与促进社会和谐的理念来进行，在相当长的时间里，社会环保与社会和谐发展始终是政府提倡、公众响应的主题。因此，道具的设计要考虑使用与回收的方便，礼品的设计要彰显社会和谐、天人合一的主导思想。努力使道具与礼品的表现性有助于节日庆典活动的良性效应。

3）投入的资金要适度

节日庆典的举行，一般要本着量入为出的原则，不铺张浪费，不浮躁哗众。因此，庆典使用的道具要简洁、朴实，不夸张浪费。设计礼品时要本着意蕴丰富、风格简约的思路进行，切忌一掷千金，显富摆谱，招摇过市，给嘉宾及公众留下不善理财的印象。

6. 节日庆典活动的收尾

节日庆典一般有两种收尾方式，即缓慢退出和戛然而止。

对于一些重大传统节日，组织采取缓慢退出方式更合适一些，即慢慢将活动规模缩小，宣传报道也逐渐减少，直到节日气氛愈来愈淡，活动再完全停止。

对一些社会公益性节日或政府组织的一些节庆活动，则宜采取戛然而止结束的形式，在特定时间开始，在规定时间结束，不拖泥带水，不留尾巴。在活动收尾时，也要仔细设计过程，达到完美落幕的目的，努力将组织的庆典活动与社会公益活动完美结合，给社会公众留下美好的印象。

第三节 周 年 庆 典

对于一个国家、企业、学校，甚至一个城市来说，都十分重视其自身的创建日或成立日。每到一定时间如五年、十年及其倍数时，都会被隆重地纪念，这样的重大活动，即周年庆典。

一、周年庆典的公共关系意义

第五届中国大学生公共关系策划大赛选题

举办周年庆典，对于一个组织来说意义非凡。

1. 可以使组织引起外部公众的高度关注

对于绝大部分的组织来说，不论成立或存在的时间长短，往往不会被太多的人关注，其个性与特点会被淹没在大量同类的组织中。通过举办周年庆典，组织可在平凡的同行中脱颖而出，显出其独有的魅力，或通过活动使组织独有优势凸显而令世人尊敬，或因为品质持久非凡而备受信赖等。因而，通过周年庆典活动，给组织一个自我宣传的平台，可以借此将自身推向社会公众的聚光灯下。

2. 可以提振内部公众的信心，提升自主竞争力

对于一个组织来说，在发展的一定时期很需要选择一个节点来进行内部历史的回顾、成果的总结、经验的归纳以及对未来的展望，而周年庆典则是一个重要的契机，可以在一个较长时间段（每隔 5~10 年）内，对自己进行回顾与铺垫，对员工进行教育与鼓励，并从中凸显组织的竞争力，增强员工对组织的信心。

3. 可以拉近与密切组织重要公众的关系

一个组织的周边有很多对组织发展有重要作用的公众，他们或是组织重要的支持者，或是组织不可或缺的合作伙伴。在组织周年庆典时，可以借机表达对这些重要公众的感谢之意，进一步巩固与密切同这些公众的联系，增进这些公众对组织的认知，对组织的发展必然会带来更加稳固的支持。

二、周年庆典的策划

（一）周年庆典的预热

一个组织不论是大到国家，还是小到一个店铺、学校，要举行周年庆典，对其来说都是一件十分重大的事件。组织公共关系人员可能会提前几个月或一年的时间来准备。

1. 时间的确定

如果是一个国家或庞大的机构，则庆典的时间往往是其当时成立的时间。在决定举行庆典时，时间上应该已经明确了。但对于某些成立时间特别久远的机构或单位，则需要事先认真地追溯、考证，然后才能确定下来。例如，全聚德举行成立 260 年的纪念活动，就需要认真考查成立的时间；山西省太原市举办建城 2 500 年庆典活动，更需要经过细密的考证、经市委研究后方可确定。

2. 宣传造势

周年庆典的举行是组织的一件重大事情。宣传的造势是要认真策划的。一方面组织庆典的策划者可以有序地将组织的历史资料进行传播，在公众中宣传组织发展历史、企业文化，激发公众对组织的了解，增进公众对组织的好感与信任，加深公众对组织庆典日的期待；另一方面，策划者要有序地将庆典的准备工作通过不同媒体传播给内部与外部公众，逐渐营造组织庆典的气氛。

3. 物质环境的营造

在重大周年庆典举行前，组织周边内外环境都需要进行一定的设计与整修，通过修缮、布置和绿化等，给届时到访的嘉宾耳目一新、赏心悦目的感受，增进公众对组织的好感。

（二）周年庆典的策划与设计

为成功地举行周年庆典，组织的策划者需要认真、精心地为庆典活动进行策划与设计。

1. 庆典主题的确定

虽然一个组织每隔一些年会举行同样的周年庆典，但是由于时间不同，举办庆典的主题会有很大的差异。因此，庆典主题的确定是一件十分重要的事情。只有确定了主题，才会为庆典活动的色彩、现场布置的格调与气氛、活动的内容与形式、邀请的嘉宾与媒体记者等确定下基本的框架与原则。

主题的表达是庆典活动的灵魂，应以简单、凝练的口号式短语作为表达的主要形式，让人看后容易记忆，上口好记，平易简单，成为活动的符号代表。

2. 庆典活动内容的创意

组织的重大周年庆典，不论是1周年还是100周年的活动，要保证其精彩与成功，最关键的是独特创意。

当然，周年庆典都会有常规性的议程安排，如剪彩仪式、文艺演出、研讨会、参观游览、晚宴等。但庆典让人难忘的一定是有亮点出现。要实现这一点，需要做到以下几点：

（1）活动内容的表现形式令人耳目一新。这种表达方式或运用了他人从未有过的形式，或动用了高科技的手法，表达的效果令人震撼、感动或心悦诚服、印象深刻。

（2）活动内容紧扣普通的公众，具有极强的公众性。在周年庆典上，组织向公众传递的信息主要是感恩与答谢，活动影响的对象应该是公众，公众应具有很强的代表性，能唤起现场及传播受众的高度认同感，对组织产生较好的美誉强化作用。

（3）活动现场具有较强的公众自觉参与度。组织举办周年庆典活动并不能认为是组织的一个自卖自夸活动，当地公众是不是参与似乎意义不大。实际不然，组织是社会肌体的一个细胞，组织健康发展、得以举办重大庆典，也佐证了社会发展的良性态势，其成功也会让社会多方群体受益。因而当组织在举办周年庆典时，要能有更多的公众主动地关心并参与其中，对组织来说就是一种最高的奖赏和最大的信任，也无形中证明了活动内容与形式的成功。

3. 庆典现场的布置

周年庆典现场的布置也是策划的一个重要组成部分。在布置现场时，要表现出格调高雅、气氛热烈、风格简约、内涵丰富，不搞复杂而招摇的游戏，不铺张浪费，同时要选择安全而足够空间容量的地点，保证嘉宾与代表及参加者的参与，并兼顾到硬件设备的先进及局部活动时的季节与天气。

另外，庆典现场的布置不要太多俗套，应予以适当创新，具有良好的公益表现力和新闻性，恰当体现庆典活动的主题。

4. 庆典程序的安排

一个组织举办周年庆典，其程序的安排虽然有一些常规内容，但也要根据组织的性质、邀请的嘉宾、庆典活动内容等予以恰当的考虑和综合的安排，最忌讳落入俗套，虎头蛇尾，或者前松后紧，首尾脱节。庆典程序要尽量做到内容紧凑但不显得凌乱，进程推进稳妥但不拖沓，保持善始善终，完美收场。

5. 礼物的设计

周年庆典选择并设计礼物，也是策划的重要组成部分。

礼物在设计时，除了要考虑组织的标志、周年庆典的核心内涵之外，还要特别注意礼物的实用性与持久影响力，要便于嘉宾在今后对礼物的留存、对外的展示，要能够永久性地传播组织的信息，持续扩大组织的影响。在今天科技快速发展的条件下，礼物的设计已成为嘉宾参加庆典的一个重要期待，设计的礼物要尽量能够让所有人乘兴而来，尽兴而归。

6. 媒体的传播与沟通

在举办周年庆典时，要及时坦诚地与媒体沟通，努力为组织营造十分积极、正面的公众舆论环境。对于媒体，公关策划部门应在事先安排专人与媒体联络，比较恰当的做法是：在周年庆典之前，先召开新闻发布会，向社会公开即将举行的庆典信息，引起媒体对组织的高度关注。在举行正式的周年庆典时，邀请主要媒体到场，并安排组织重要领导人接受媒体采访，向新闻界提供充足的组织信息；在周年庆典举行的全过程中，应有专人协助媒体进行各种采访，全方位将组织的庆典活动向社会发布，借此扩大组织的影响力，将庆典活动传播给更加广泛的社会层面，为组织未来营造更加良好的生存与发展环境。

庆典活动过程中，可安排一定的信息收集工作，为今后的评估工作做好准备。

经典策划方案

以国家的名义，致敬英雄！
——习近平等党和国家领导人同外国来宾共同出席盛大阅兵仪式侧记

阅兵前夕，长安街一夜未眠。歌声、号角声、脚步声回荡长空，从夜色如墨、晨曦微露到朝霞满天。

时钟滴答，奔向 10 时。天安门城楼上，一面面红旗迎风猎猎，在阳光下是最饱满亮丽的鲜红。

城楼栏杆前，中共中央总书记、国家主席、中央军委主席习近平等党和国家领导人同外国来宾一起凭栏远眺。

礼炮轰鸣，他们的目光，投向远方：200 名国旗护卫队官兵护卫着五星红旗，从人民英雄纪念碑阔步走来。

人头攒动的广场，这一刻变得安静肃穆。

纪念中国人民抗日战争暨世界反法西斯战争胜利 70 周年大会，隆重举行。

铭记历史、缅怀先烈、珍爱和平、开创未来。16 字主题，镌刻在这片饱经沧桑的大地上，镌刻在每一个热爱和平的人心中。

阅兵，为了铭记那段浴血抗争的历史

70 年了！岁月再流逝，也无法洗涤一个民族的苦难征程。

人民英雄纪念碑，近一年前的国家首个“烈士纪念日”上，就是在这里，习近平向人民英雄敬献花篮。今天，国旗护卫队从这里出发，足音铿锵，步伐坚定。

从纪念碑到旗杆，121 步；中华民族从甲午战争一路走来，121 个春秋。习近平的目光久久凝望。

一声“起立”，天安门广场人海静静肃立。一声“起立”，直抵千家万户电视屏幕，无数国人昂然起身。熟悉的国歌，诞生于战争的烽火硝烟，在和平年代，每一句歌词依旧点燃神圣的情感。“我们万众一心，冒着敌人的炮火前进！前进！”

习近平转身迈上城楼台阶。站在讲台前，身后朱红色的大门合拢，面前开启的是一段新的历史。他神色凝重，声音有力：“在那场惨烈的战争中，中国人民抗日战争开始时间最早、持续时间最长。”“捍卫了中华民族 5 000 多年发展的文明成果，捍卫了人类和平事业，铸就了战争史上的奇观、中华民族的壮举。”“中国人民抗日战争胜利，是近代以来中国抗击外敌入侵的第一次完全胜利。这一伟大胜利，彻底粉碎了日本军国主义殖民奴役中国的图谋，洗刷了近代以来中国抗击外来侵略屡战屡败的民族耻辱。”

阅兵，为了缅怀那些可歌可泣的先烈

乘检阅车，过金水桥，进长安街。世界目光追随着习近平的身影。

沿天安门向东，11 个徒步方队、27 个装备方队意气风发。习近平亲切问候、招手示意。检阅军人，检阅军魂，检阅一脉相承的英雄气概。

阅兵式开始，抗战老兵方队率先驶过，习近平立即起身，向这群经过血与火洗礼的军人致敬。这些老兵，代表万千逝去的战友参加检阅，他们的脸上写满沧桑，但依旧脊背挺直，气概不减。

方队中，一位老兵，一再拿手绢擦拭湿润的眼角。

城楼上，一位叫史保东的老兵，立正、行军礼，从始至终，汗珠顺着脸颊滚落。

习近平专注凝望着老兵方队。45 辆礼宾摩托护卫抗战老兵行进，相比于外国元首国事访问的 11 车护卫，这次阅兵护卫使用了有史以来最高规格。前一天，中国人民抗战胜利 70 周年纪念章颁发仪式，很多老兵为他的那句话动容：“包括抗战英雄在内的一切民族英雄，都是中华民族的脊梁……”

一部民族史，一部英雄史。

八路军、新四军、东北抗联、华南游击队等抗战英模部队，组成 10 个气势恢宏的方队。

“狼牙山五壮士”英模部队、“平型关大战突击连”英模部队、百团大战“白刃格斗英雄连”英模部队……每一个闪光的名字，都有气壮山河的史诗篇章。

南京保卫战“战斗到最后一刻”，台儿庄血战“不惜用生命填进火海”，平型关大捷“打完子弹就上刺刀冲锋”，百团大战“以血肉之躯消灭精良装备”……人无分老幼，地不分南北，这是全体中华儿女的抗战，是全民族的抗战。

一个有希望的民族不能没有英雄，一个有前途的国家不能没有先锋。

阅兵，为了珍爱这份来之不易的和平

城楼上，习近平千余字讲话，18 次提到这个满是阳光的字眼：和平。

打开历史卷轴，更能体味和平的来之不易。“那场战争的战火遍及亚洲、欧洲、非洲、大洋洲，军队和民众伤亡超过 1 亿人，其中中国伤亡人数超过 3 500 万，苏联死亡人数超过

2 700 万。绝不让历史悲剧重演……”

同习近平主席并肩站在天安门城楼栏杆前的很多外国元首，对这句话有着深切体会。

不会忘记，又怎能忘记，为了孜孜以求的和平，中国同很多国家共同反抗法西斯侵略，风雨同舟、携手并肩。

习近平同外国来宾，一道目送 17 个国家的军队方队或代表队，高擎国旗、军旗，依次健步走过天安门广场。

阅兵场上，一首首激昂的熟悉旋律，唤起深沉的历史记忆。城楼上，有人击打节拍，有人忘情哼唱，有人热泪盈眶。

方队走来，习近平在城楼上向他们示意。

“战争是一面镜子，能够让人更好认识和平的珍贵。”18 次提到“和平”，像春天播种，把和平的种子撒到更广袤的田野。

阅兵，和平观的有力昭示。

习近平讲话提到的两个词，尽显中国和平观。

一个词面向世界，“命运共同体”。“为了和平，我们要牢固树立人类命运共同体意识。”这一理念，在国际社会得到高度认同。

一个词观照自身，“和平发展道路”。“为了和平，中国将始终坚持走和平发展道路。”讲话中三个“永远不”，是中国坚持这一道路的铿锵承诺：“无论发展到哪一步，中国都永远不称霸，永远不搞扩张，永远不会把自身曾经经历过的悲惨遭遇强加给其他民族。”

“我宣布，中国将裁减军队员额 30 万。”

这个消息，第一时间传遍海内外。世界见证，一个热爱和平国家的行动宣言。

阅兵，为了开创更加灿烂的未来

历史无法重来，未来可以开创。

通向未来的征程上，强军兴军正书写浓墨重彩的华章。

70 年前，人民军队的装备是小米加步枪。而今，沧海桑田，中国向世界展示了捍卫和平的钢铁长城。

战车奔腾，金戈铁马。天安门城楼前，地面装备方队隆隆驶过。坦克、战车、火炮、无人机……全部为国产主战装备，84%首次亮相。7 种导弹，如大国长剑，剑指苍穹。世界惊叹，中国推进国防和军队现代化建设的速度和成就。

依然是首次，我国阅兵史上从未有过的大机群编队划过长空。20 多种型号，183 架战机梯队以“米秒不差”的精准接受检阅。预警机、轰炸机、加油机、歼击机、舰载机……习近平抬起头，久久注视着湛蓝天空。

能战方能止战。上任后，他提出了党在新形势下的强军目标。在白雪皑皑的北部边陲、在酷热的南部海岸、在荒凉的西部哨所，处处有他关心中国军队发展的足迹。

方队行进完毕，7 万只和平鸽振翅高飞，7 万只气球缤纷升空。“看，中国龙！”看台上，一片惊呼。气球汇成的跃动长龙，在无数观众心中定格成美好瞬间。

阅兵结束时，外国来宾纷纷走上前来，同习近平握手。他们对盛大阅兵式送上诚挚祝贺，连连赞叹“气势宏伟、场面壮观、非常精彩”。

犹记 2014 年的同一天，同样是抗战主题的会议，习近平宣告：“伟大的抗战精神，是中国人民弥足珍贵的精神财富，永远是激励中国人民克服一切艰难险阻、为实现中华民族伟大复兴而奋斗的强大精神动力。”

今天，天安门城楼上，他再次向世界传达了中国人民的共同信念：“让我们共同铭记历史所启示的伟大真理：正义必胜！和平必胜！人民必胜！”

资料来源：记者杜尚泽、王汉超报道，《人民日报》，2015 年 9 月 4 日，第 4 版

第四节 庆功庆典

一个组织中如果某人或某部门取得了巨大荣誉，则需要通过庆典的形式来庆祝和弘扬这一成绩。举行庆功庆典策划其过程，一般程序可以类似于其他方面的庆典，此处不再赘述。但举行庆功庆典有其特殊性的方面，具体包括如下几方面内容。

一、庆功庆典策划要点

策划庆功庆典的基本内容有：

（1）确立庆功的内容，凸显该荣誉对组织的巨大价值和意义。

（2）确定表彰的功勋人员或团队及部门名单，拟定给予功勋人员（团队成员）或部门的奖励内容，其奖励的力度保证具有足够的激励性和对其他员工的吸引力。

（3）确定庆功庆典举行的时间，一般在正常工作日，可选择在工作的间隙举行，时间不适宜太长。

（4）确定出席庆功庆典的嘉宾名单，主要有直属上级部门领导，与荣誉颁发有关的社团负责人，或者与取得荣誉有关的合作伙伴和单位领导等。

（5）确定参加庆功庆典的成员范围，如功勋人员所在部门员工，或全体员工等。

（6）设计具有特色的庆祝形式，包括功勋人员出现和登台亮相的程序、颁奖过程、庆功庆典结束的方式等，以及去其他地方进行宣传展示等。

（7）安排媒体宣传，包括之前的新闻稿、现场的记者采访、随后的新闻专访，以及之后的追踪报道等。

（8）确定庆功庆典的地点，一般选择在组织内部的大礼堂或会议室举行。

（9）布置庆功庆典的现场，要求会场大方、庄重、朴质、喜庆，适当可增加鲜花与红地毯点缀。

（10）设计和准备与庆功相关的材料，如锦旗、奖杯、奖状等。

二、策划庆功庆典要注意的问题

在策划庆功庆典时，容易出现三方面的问题影响庆功庆典的效果。

（1）庆典策划的形式太过简单，对内部公众的影响轻微。例如，庆功庆典的举行流于俗套，变成了一般性的会议，如领导讲话、获得荣誉者经验交流、年轻的后来者表决心等，如此这般，会令参加者感觉平庸，内心没有受到触动。

（2）给予功勋荣誉者奖励太少，力度太小，则不仅让获得荣誉者感到积极性受到挫伤，而且，对参加者来说，也不会起到激励作用，甚至做反面的理解，对组织今后的发展无法起到应有的作用。

（3）庆功庆典程序设计过于夸张，给内部公众一种华而不实的感觉，则庆功庆典的作用也会适得其反。例如，在庆功庆典时，过程设计过于铺张与隆重，形式过于复杂与夸张，则会让公众感到反感或难以产生认同感。

因此，在策划庆功庆典时，应注意把握分寸，将策划过程安排得既对功勋人员有极大的激励作用，又能对内部公众产生良好的教育与启发作用，同时通过媒介宣传，也能在很大程度上对外部公众产生一定的积极影响，进一步增进其对组织的信赖。

职场案例观摩

中共中央国务院隆重举行国家科学技术奖励大会
——习近平出席大会并为获奖代表颁奖
李克强讲话　刘云山出席　张高丽主持

《人民日报》北京1月8日电（记者余建斌）　中共中央、国务院8日上午在北京隆重举行国家科学技术奖励大会。党和国家领导人习近平、李克强、刘云山、张高丽出席大会并为获奖代表颁奖。李克强代表党中央、国务院在大会上讲话。张高丽主持大会。

上午10时，大会在雄壮的国歌声中开始。在热烈的掌声中，中共中央总书记、国家主席、中央军委主席习近平等党和国家领导人向获得2015年度国家自然科学奖、国家技术发明奖、国家科学技术进步奖和中华人民共和国国际科学技术合作奖的代表颁奖，并同他们热情握手表示祝贺。

中共中央政治局常委、国务院总理李克强在讲话中代表党中央、国务院，向全体获奖人员表示热烈祝贺，向全国广大科技工作者致以崇高敬意和诚挚问候，向参与和支持中国科技事业的外国专家表示衷心感谢。

李克强指出，过去一年是我国发展克服多重困难和挑战取得重大成就的一年，也是科技界喜报频传的一年。我国多名科学家在国际科技大奖中折桂，因对青蒿素研究成果有重大贡献，曾获国家重大科技成果奖、国家发明奖、全国十大科技成就奖等多个奖项的屠呦呦成为我国首位获得诺贝尔奖的科学家。中国科学家为人类科学事业做出了卓越贡献。创新驱动发展战略不断深化，大众创业、万众创新激发了全社会的创新潜能，中国科技创新成就令世界瞩目，全国人民倍感振奋和自豪。当前，全面建成小康社会进入决胜阶段，经济结构性改革处在关键时期，必须把创新摆在国家发展全局的核心位置，不断提高全要素生产率，用创新的翅膀使中国经济飞向新高度。

李克强强调，创新是引领发展的第一动力。要培育发展新动能，改造提升传统动能，塑造更多依靠创新驱动的引领型发展。在战略必争领域前瞻部署，加速基础研究和应用研究的衔接融合。实施一批重大科技项目，建设一批重大科技基础设施，打造一批“双创”示范基地。在传统产业广泛开展“互联网+”行动，让“老产业”焕发出“新活力”。要通过改革，完善科研管理、人才评价等机制，让科技人员把更多精力用在研究上，用活科技人才，释放创新潜能。要强化企业创新主体地位，促进产学研用贯通，使创新成果转化为现实生产力。

中共中央政治局常委、国务院副总理张高丽在主持大会时说，科技是国家强盛之基，创新是民族进步之魂。希望广大科技工作者以获奖者为榜样，继续发扬求真务实、勇于创新的科学精神，把人生理想融入国家和民族的事业中，带动全社会深入实施创新驱动发展战略，发挥科技在全面创新中的引领作用，推动形成大众创业、万众创新的生动局面，努力创造出无愧于时代的业绩。我们要紧密团结在以习近平同志为总书记的党中央周围，全面贯彻落实党的十八大和十八届三中、四中、五中全会精神，坚定不移地走中国特色自主创新道路，为实现“两个一百年”奋斗目标、实现中华民族伟大复兴的中国梦做出新的更大贡献。

国家自然科学奖一等奖获奖项目“多光子纠缠及干涉度量”第一完成人、中国科学院院士、中国科技大学常务副校长潘建伟代表全体获奖人员发言。

奖励大会开始前，习近平等党和国家领导人会见了国家科学技术奖获奖代表，并同大家合影留念。出席大会的领导同志还有：刘奇葆、许其亮、赵乐际、栗战书、杨晶、陈竺、万钢。中央和国家机关及军队有关方面负责同志，国家科技教育领导小组成员，国家科学技术奖励委员会委员和首都科技界代表等共约 3 300 人出席大会。

资料来源：《人民日报》，2016 年 1 月 9 日，第 1 版

第五节 其他庆典

在一个组织中，除了举办重大节日、周年纪念活动外，还有一些事件对组织来说也十分重要，需要组织策划庆典活动予以安排。这些事件主要有高级别领导人来访与政治性庆典等。下面分别阐述。

一、高级别领导人来访

在组织中有时会有上级领导甚或极高级别的领导人来访，也有合作伙伴中的高级别领导人的访问。对此为接待领导来访，组织公共关系人员需要精心、认真地策划，争取借此机会让来访的领导人满意、让重要的目标公众了解和关注组织，进而缔造组织声誉，并增强组织内部公众对组织的信心与忠诚。

（一）策划接待领导人来访

1. 来访领导人名单的确定

到组织来访的高级别领导人，一般有三种情况：

（1）国家领导人、国家主管部门的主要负责人、国际组织官员等。

（2）组织重要合作伙伴的最高领导人，如外资企业的董事长、合作办学的校长、合资企业的领导人等。

（3）组织欲合作或加入的组织的重要负责人，如某医院拟合作的著名医院的院长、企业谋求合作的大公司总裁等。

来访的领导人一般有人数不等的随行人员，因此组织的公共关系人员要事先将来访的领导人一行确定好人数，及时妥当安排他们的吃住行。

2. 来访领导人活动的日程安排

来访的领导人一行一般情况下会明确告知他们的行程计划，包括到达与离开时间、期间可能的工作安排等，因此，组织的策划人员应根据来访领导人的行程计划，做好访问期间的日常安排，做出详尽的来访行程表，规定好必要的会商、谈判时间，同时安排必要的旅行与休闲时间等。

3. 送往迎来领导人

组织在接待来访的领导人时，根据领导人的级别和与组织的密切程度，要妥当安排好对他们的接送工作。

1）迎接领导人的到来

迎接重要领导人来访，组织可策划不同类型但极为妥帖的接待方式：①本组织最高领导人远道迎接。若来访的领导人级别非常高，对本组织的发展有极为重要的作用，则组织领导人应该携随从远道前往迎接。②组织最高领导人或次高领导人亲赴机场或车站迎接。若来访的领导人是组织特别重视的客人，则可给予极高的礼遇，可由组织最高领导人或次高领导人专门到机场迎接，如认为必要，还可在机场或车站安排一定规模的欢迎仪式，包括礼宾人员列队奏乐，礼仪人员敬献鲜花、组织领导人及来宾在机场或车站发表演讲、欢迎人员载歌载舞等。③组织的领导人在驻地门口恭候。如果来访的领导人已到访过组织，或者级别较低，则组织可派相当级别的部门负责人下楼或到大门口迎接，以示热情欢迎之意。

2）安排领导人的住宿起居

对于来访领导人，如果需要住宿则事先确定好人数、性别、民族及特别禁忌等，将领导人一行妥善安置于酒店、招待所或条件优良的地方，令对方感到如意、舒心、愉快。

对于一些级别极高的领导人，应提前将领导人的生活习惯了解清楚，排除禁忌，精心策划一些生活偏好方面的细节接待工作，让来访者有宾至如归的感觉。在下榻酒店，如条件允许，可悬挂欢迎标语或对方国家或风俗的装饰物等。服务人员提前进行培训，在语言、表情、饮食起居等方面精心安排，令来访者感受到组织的一片热忱之心。

3）欢送领导人的离去

当来访领导人要离开时，组织策划人员要用心设计欢送仪式，努力让来访者高兴而来，满意而归。常见的欢送重要来访者的方式有：①召开欢送宴会。宾主讲话，组织成员组成隆重的欢送队伍，将来访者送上行程。②组织最高领导人或次高领导人亲自上门与来访领导人一行道别，将来访者送至机场或车站。③组织派与来访领导人级别相当或略低的负责人到来访领导人住处，将其送至机场或车站。

需要注意的是，第一，当来访者离去时，送行者要施以目送之礼，直到汽车行远、飞机飞离视线之外，切不可客未走，送行者已经先行乘车告退。第二，来访者离去时，应关注其行程状况，直到发回平安信息后，方可告一段落。不可人走茶凉，对来访者离去后的情况漠不关心。

（二）策划领导人来访的活动

在确定了来访领导人一行的日程后，就进入来访领导的活动策划阶段。具体包括以下几点。

1. 对组织的参观

虽然对组织的参观是一件看似走马观花的事情，但如何让来访的领导人一行对组织留下深刻印象，却仰仗于策划的精巧。领导人的来访往往次数极少，机会难得，因此，对组织的参观是组织向上级单位、同行或合作伙伴展示自身形象的重要机会，切不可随意对待，怠慢准备。

具体准备的工作有：

（1）亮点的凸显。面对来访的领导，要事先进行精心策划，将组织最具优势的地方着力烘托出来。需要准备的方面包括专业解说人，以及必要的展板说明、图片、实物展示、广告片制作等。

（2）员工整体素质展示。对组织来说，员工队伍是其最主要的资源，因而，当领导人来访时，员工队伍的展示是需要认真谋划的。具体包括员工礼仪表现、员工业务能力展示、员工应对意外突发事变的反应，以及面对参观队伍表现出的温和而训练有素的状态。

（3）组织整体环境的布置。整体环境的布置实际上反映出一个组织的文化导向，体现了组织文化的核心价值观与经营理念。因此，当重要领导人来访时，整体环境的布置都需要充分体现出组织的核心理念与经营宗旨，营造出组织浓厚的文化氛围。

（4）隐匿性细节的设计。领导人在参观组织时，通过细微处就可以对组织的管理与经营状况做出评价，因此，在组织环境的隐匿之处，也要格外进行细节安排，不能因小失大、功亏一篑。例如，员工休息间、卫生间、换衣间的布置，门口保安的接待，工具间的卫生情况，等等。这些方面往往不是安排的参观之处。但却可能是参观者目光所及的范围。因而，这些地方应事先考虑与有所设计，对组织留给来访领导人的印象是极其重要的。

2. 与组织的会谈或谈判

高级领导人造访某一组织，非常重要的议程是双方的会谈或谈判，因此策划富有建设性的会谈或谈判过程十分重要。

对于组织的上级领导来访，需要进行正式的会谈或会见。

（1）上级领导人对组织主要负责人接见。上级领导人到访组织，会对组织领导人进行亲切接见，并做重要指示，因而组织要对会谈地点、会场布置、参加会谈人员等进行缜密的安排。第一，确定会谈的地点。根据领导人来访的人数与组织的规模，确定参加领导人接见或会谈的人数，根据人数确定地点。会谈地点一般选择在光线明亮、空间适当、环境安静、通风良好的会议室，便于双方的会谈。第二，设计会议场所的布置。来访领导人一般有两类，一类是政府领导，一类是本组织的上级。因此，组织可根据来访领导人的情况，细心布置会场。会场整体要求整洁、大方、肃穆，台布的颜色可注意与来访领导人的身份与偏好协调，既不要太艳丽，也不要太死板，注意装饰物的摆放，使会议环境显得温馨而不呆滞，大方而不轻浮，让每个与会者感到赏心悦目。第三，确定参加会谈的人员。高级别领导人的来访，决定了会谈的级别与档次，也成为确定参加会谈人员情况的依据。在考察参会人员时，要注意将组织有代表性的优秀分子包括进来，并对参加人员做好礼仪等培训工作，保证会谈中本组织的人员落落大方、彬彬有礼。

（2）会商与谈判。组织合作伙伴或平级的领导人来访，则要认真策划双方的谈判，使谈判的议题具有较好的建设性，推动会商或谈判有所建树，取得有效成果。第一，确定会商内容。当同级高级领导人来访时，双方最主要的议题是会商或谈判，因此，公关策划人员要事先确定会商的内容，安排好会商的具体议程，列出会谈的要点，以及重点讨论的议题等，提交双方了解、考虑，如有不周之处，再作调整。第二，策划会商氛围的营造。双方高层会商或谈判，往往在表面友好关系之下包含着利益的协调、平静中暗含敏感的交锋。因此，会商时的氛围营造十分重要。在布置会场时既要考虑典雅温馨，又要兼顾周边环境的安静与优雅，让每个人怀着友好、愉悦的心情参加会谈，使谈判渐入佳境，向和谐、合作的方向发展。

3. 题字或题词

高级领导人来访，可能是组织的一项值得纪念的大事，在条件许可的情况下，可以谨慎邀请来访的领导人为组织或为有感而发的某件事情题字或题词，这有利于组织在更大范围内扩大影响，提升组织在业界的地位。题字或题词的策划要提前有所准备，有的放矢，不可贸然提出，仓促从事，以免令领导人尴尬。

职场案例观摩

朱镕基为《焦点访谈》栏目题词

1998 年 10 月 7 日，《焦点访谈》迎来朱镕基总理。

我们特别盼望朱总理来，因为我们都知道他是《焦点访谈》最忠实的观众，他总在看《焦点访谈》，看完之后常常立刻发出声音，他常在国务院的会议上提及《焦点访谈》。曾有部长半开玩笑地对我说："现在我晚上都不敢出去吃饭，因为怕耽误了看《焦点访谈》。总理常在会上问：'你们看昨晚的《焦点访谈》了吗？'答不上来怎么办？我如果有事看不成，就让秘书看，让家人看，再告诉我。"我感觉，朱总理用这种方式营造了鼓励舆论监督的氛围。

"总理进到台里了。"

我有些忐忑，是因为我接受了一个任务。

孙玉胜（时任中央电视台新闻评论部主任）先前对我说："到时候，你请总理给《焦点访谈》题词。"

啊？！朱总理约法三章，不题词、不剪彩、不受礼，这是人所共知的。这是不可能完成的任务啊！咱们尊重朱总理的约法三章，不好让总理破例啊！玉胜看出了我的为难，但他还是坚持："你看机会，争取。"

朱总理走进《焦点访谈》演播室。他坐在我们每天工作的台子前，看了看摄像机前，又看了看提示器，环顾周围的记者编辑，短暂的静场。我意识到，是时候了。我说："总理，现在您看到的这些记者，只是我们《焦点访谈》的十分之一。"总理说："你们那么多人啊？"

我说："是啊，我们很多年轻同事都到各地采访去了，他们都想和您交流。但有工作回不来，您能不能给他们留句话？"

中宣部部长丁关根说："不要请总理题词。"

我赶紧说："不是题词，是给我们年轻记者留句话。"总理笑了。

我感觉，总理同意了。我甚至在猜想，总理也许想到那些在天南海北采访的记者了吧？在荧屏上，总理见过他们，知道他们在奔波忙碌，在一个个新闻现场行使着舆论监督的职责，对他们会有一种熟悉和信任。总理会乐于和他们交流的。于是，方宏进把题词本摆在台子上。演播室一片安静，总理拿起笔，那并不是毛笔，而是签字笔，它不像毛笔那么正式，与"留句话"的说法正合适。

总理拿起笔，看样子想试试笔，但我们没准备试笔的纸，总理就在桌子上试了试笔，那个半圆形笔迹留在灰色的桌面上。之后很多年，我每次主持节目时，看见这个笔迹，都会感觉到朱总理的关注。

在大家的注目中，总理落笔了："舆论监督，群众喉舌"。白岩松站在总理后面鼓起掌来，总理说："我还没写完呢！"总理又写："政府镜鉴，改革尖兵"。演播室一片掌声。所有的目光和镜头都聚焦在题词上。

朱总理为《焦点访谈》题词，是一次破例，是对舆论监督的特别鼓励。

资料来源：摘自敬一丹：《我遇到你》，长江文艺出版社，2015年，第103-104页，题目为著者加

二、政治性庆典

在我国，某些时候会有一些重大的政治性活动需要通过举办庆典活动进行参与或表示一种政治姿态，因此，政治性庆典也在一定时候需要组织的公共关系人员进行策划。

政治性庆典分为两类，一类是政治性事件的发生需要举行庆典，另一类是政治性的文件发表或会议召开时举行庆典祝贺。

（一）政治性事件的庆典

当一件重大的政治性事件发生时，如果其对国家、对组织所在行业会产生重大影响，有必要通过庆典方式表明态度。

策划庆典活动主要包括以下几方面。

1. 最高领导人出席参加

国家或当地发生的重大的政治性事件是一件影响组织生存、发展社会环境的重大事件，组织应高度重视，组织领导人要积极参与，以此向社会表明所在组织的政治立场或态度，同

时，组织的其他一些干部，如老领导、中层管理人员等都应届时出席参加。

2. 组织的生产经营正常运行

举行政治性庆典时不需要太多工作人员参加，组织的生产经营可正常运行，一般行政人员可不必出席参加。

3. 对外宣传积极配合

在举行政治性庆典时，组织的对外宣传要积极跟进。例如，组织大门口要张贴宣传标语、组织自办媒体、网站、微博、公众订阅号以及联合外界有代表性的媒体，都安排进行传播，及时将组织的庆典活动对外昭示或报道。

4. 时间短、过程简

举行政治性庆典活动，不掺杂其他内容，因而时间要短，过程要简，形式的东西要少。传播的内容要明确，把要讲的话与发言安排好。

5. 及时向政府部门汇报

政治性庆典的举行，是组织对政府工作的支持，因而举行庆典要向政府部门汇报，表明自身的积极的政治态度。

（二）政治性会议或文件的庆典

在特殊的时期，政治性会议的召开或文件的颁布，也会在全国或行业中产生重大影响力，对此，有必要策划庆典以示庆祝或纪念。

1. 会议结束或文件颁发后举行庆典

如果错过会议结束或文件颁发的最佳时间，庆典的意义就不大了。

2. 庆典过程简约而隆重

对于政治性会议或重要文件的颁发，一般情况下，均是意义十分重大、内容十分重要、对今后的影响十分深远的事件，因而有必要通过庆典形式予以突出，并表示高度的重视。因此，庆典过程与庆典内容可以十分简约，只要把会议或文件的意义突出即可；形式可以比较隆重，参加的人员最好是组织全体员工或绝大部分成员；场面可以比较宏大、热烈，但时间不要很长，以不影响组织的日常工作为原则。

3. 庆典报道及时

策划庆典时，要注意新闻报道及时跟进，并尽快见诸媒体，以便产生相应的影响力，庆典活动的时效性必须高度关注。

4. 庆典后的学习安排

庆典结束后，要组织全体员工认真学习会议精神和文件内容，把对会议或文件的重视落在实处，不停留在表面的形式上，让其真正对组织产生积极而深远的影响。

研究与演练

一、理论研究

1. 组织举行大型公共关系庆典很有必要，但如何保证庆典能对组织今后的发展具有深远的意义呢？

2. 大型庆典活动往往“墙里开花墙外香”，那么，庆典如何影响组织内部员工，激发起关注与参与的积极性呢？

二、实践演练

1. 模拟并真实演绎一次大学同学毕业十周年庆典活动。

2. 根据报纸上的广告通知，去观摩商场、学校或工厂的一次年度大庆活动。

第八章　公益型公关策划

第一节　对文艺、体育的赞助活动

一、公益性赞助的公共关系意义

对一个组织来说，承担社会责任、做一个令公众认可的优秀社会公民是十分重要的，它不仅影响公众对组织的评价与接纳，更直接影响到组织自身在社会的生存与发展。没有社会责任感的组织迟早要被社会排斥，勇于担当社会重任的组织，也需要在做好社会公益事业的同时，主动开展公共关系工作，将组织的良好行为公之于社会，打造组织的美好声誉。

因此，组织在一定时候仗义疏财、勇于赞助的行为，对于组织未来具有十分深远的公共关系意义。

1. 有助于将组织的名声传播于社会公众中

公益性的赞助行为，在大多数情况下是解人于危难之中的雪中送炭之举，一旦做出，就会使一方公众受益，组织的声誉由此会深刻地烙印在受益者心中，起到商业广告无法起到的作用。因此，组织应积极参与公益性的赞助活动，让组织担当社会责任的好名声传播得更远、更深入、更持久。

2. 有助于化解公众对组织的不良印象

一个组织如果在某些时候，因为自己的不当行为或他人的诬陷，在一定区域的公众中造成了不良印象，则做出公益之举是一种最有效、最经济、最便捷的矫正形象之举。在组织仗义疏财的过程中，不解或误会自然松动，甚至化解，组织在公众中也可以逐渐建立起十分难得的好感与信任关系。

3. 有助于协调与政府的关系

组织在社会需要有人出手相助时，能够积极担当，为政府排忧解难，承担解忧济困的职责，这样的举措会十分有利于组织与政府的关系处理，由此赢得政府对组织的好感，有利于组织在该地域的业务发展，对自身生存与发展环境的营造创造适宜的外部环境。

4. 有助于凝聚内部公众之心，丰富组织文化

作为一个具有道德感、责任感的社会公民，组织能够在社会或他人需要时，勇于疏财解困，这一行为本身就具有极强的教育意义，对内部公众能够产生一种震撼的力量，员工会对组织决策层的举动表示高度的认同，无形中有助于增加组织的凝聚力，增强组织员工的自尊感与自豪感，也会一定程度上丰富组织文化，形成组织文化中的一笔无形财富。

5. 有助于在同行中胜出，提升组织的竞争力

组织在一些特定时刻，出资赞助，仗义疏财，扶危济困，做出令社会公众关注的善举，十分有利于其在同行中脱颖而出，其行为本身就是一种十分具有竞争性的举动。如果组织长期坚持社会公益行为，则会有效地确立组织在行业中的有利地位，极大地提升组织的竞争力。这比大手笔地开支广告费要有效的多。

因此，对组织来说，关注社会公益，策划公益型公共关系活动，对组织的健康发展具有十分重要的意义。

二、赞助文艺、体育活动的策划

当组织选择赞助文艺或体育活动时，主要的目的是通过所赞助的文艺或体育活动，增加公众对其的关注度，为组织良好的声誉塑造打造一个平台或机遇。

其具体策划步骤如下。

（一）选择赞助项目

组织选择赞助项目，并非是一个简单的问题，尤其是文艺与体育活动，因其有十分丰富的内容而需要组织谨慎地抉择。

文艺活动按种类分，有戏剧、话剧、电影、歌舞表演等；按文艺活动开展的区域分，有国内、国外、城市、农村；按活动的级别分，有国家级、省级、地区级、乡村级等。在选择赞助项目时，赞助可以根据不同情况确定特定的种类、级别或区域。

体育活动也有多种类别，按体育大类分有田类、径类；按级别分有国家级、省级、地区级、市级、厂级、校级等；按运动对象分，有大学、中学、小学等；按程度分有专业级、业余级等。组织在选择赞助体育活动时，可以从体育运动的种类、对象、级别等方面考虑赞助的项目，同时结合组织自身所在行业、业务内容等确立其较为恰当的形式与类别。

在选择赞助项目时，组织既要考虑所帮助对象需要组织赞助的迫切性，又要考虑赞助对象今后发展对组织的传播力，努力实现通过恰当项目赞助，为组织良好善举及声誉传播发挥积极的作用。

文艺与体育活动具有极强的彰显性，对某一文艺团体、戏曲种类或体育团队的赞助，必须考虑其可持续发展能力和对国家、社会的贡献度，以此赢得社会公众“爱屋及乌”的公共关系效应。

（二）确定赞助金额与物品

在选定赞助项目后，组织开始考虑赞助的金额或物品。赞助的金额或购置、赠送的物品既要量入为出、不致于给赞助造成额外的负担，又要对赞助对象起到施以援手、雪中送炭或锦上添花的作用，更要考虑受赞助的对象对组织彰显声誉的反哺能力，同时要注意不能以纯粹功利的动机来选择赞助项目、确定赞助金额或物品，以为可以投小利取大利——这样极可能导致赞助活动的失败。

在确定赞助金额或物品后，最好通过社会公益性的慈善组织，帮助建立必要的管理与监督机制，保证有效地使用赞助金额或物品。

（三）设计赞助仪式

对于数额较大的赞助行为，为了扩大组织的社会影响，有必要认真策划赞助仪式，让这一活动既对组织自身产生积极的宣传效果，又能让受益一方见证这一行动，亲身感受组织赞助社会公众的义举。

赞助仪式主要包括如下内容。

1. 布置现场

布置赞助仪式的现场，应凸显赞助活动的公益性主题，将受赞助单位或个人的基本情况予以书面介绍，体现赞助活动的必要性。现场布置应简洁且大气，热烈而又朴素，体现一种积极向上、温情关爱的气氛。

2. 确定参加仪式的嘉宾

参加仪式的来宾主要包括赞助组织的主要领导人、受赞助的文艺或体育单位的领导人及公众代表。一般情况下，赞助仪式上赞助一方的领导人与被赞助方的领导人均要安排上台讲话。

3. 策划仪式的过程

赞助仪式过程应尽量不落俗套，有所创新，从中体现出组织积极赞助文艺或体育活动的良好愿望，同时显示出被赞助的组织或团队对赞助者的感谢之情。组织可以通过正式的赞助仪式、视频资料、文娱表演或体育活动等来阐述赞助的理由或赞助方的社会责任心，以此影响或感染参加赞助仪式的所有人。对于出资数额巨大、捐助物品价值昂贵的赞助，在仪式现场还可通过举行奠基纪念碑、以赞助者名字命名或揭牌等仪式，彰显组织赞助活动的义举，表达受赞助方的感谢铭记之意。

4. 确定媒体单位

组织开展对文艺或体育的赞助活动，是一种传递爱心、承担社会责任的善举，具有一定的新闻性，因此，有必要通知媒体予以报道，通知媒体数量不必多，但代表性要强，个别情况下，可适当安排个人专访或组织深度报道，以期使组织的赞助行为被更多的人关注和了解。

5. 发放赞助款项或物品

赞助活动是一项社会义举，必须以诚信为依托。因此在确定赞助事宜后，要认真落实赞助款项或物品，做到言行一致，不欺不拖，把事情做好。在必要的情况下，可以当场把赞助款项或物品发放到受赞助的对象手中。

（四）关注赞助款项或物品的使用

赞助仪式之后，组织要注意与被赞助的单位或团队保持联系，关注赞助款项或物品的使用，努力做到钱尽其用，物尽其用。必要情况下，设立专人或机构管理，或者委托公益性慈善组织监督，保证让该受益者受益，让组织的公益行为发挥切实的效益，把组织的良好声誉深入长久地传播下去。

职场案例观摩

合肥万余市民“健康跑”

2015年9月13日，安徽省全民健身品牌活动“健康跑”，在合肥滨湖新区渡江战役纪念馆开跑。上午9时，随着一声令下，合肥1万余名市民为健康跑起来。

作为安徽省全民健身品牌活动，“健康跑”跑进合肥已有11个年头。2015年健康跑以“跑出我的精彩”为主题，活动全部采取线上报名的方式，不收取任何报名费用。健康跑起点从合肥渡江战役纪念馆北广场出发，途经云谷路、环湖北路、包河大道、最后回到渡江战役纪念馆北广场，全程约4千米。整个路线是合肥马拉松全程路线的一部分，能够让广大市民通过参与健康跑，来体验普通人的马拉松，一起分享“合马”活力、为“合马”加油，一起欣赏大湖名城的美妙景色。

本次活动由合肥市体育局、合肥市体育总会、安利（中国）日用品有限公司联合主办，合肥市社会体育指导中心承办。为了让更多市民参与其中，主办方还特别邀请安徽好人代表跑团、“为爱一直跑下去”爱情主题跑团以及亲子家庭跑团参与活动，并专门设置亲子跑步路线、亲子互动游戏区，让全家一起享受运动的乐趣。

资料来源：记者桂运安报道，《安徽日报》，2015年9月14日，第8版

第二节 对教育卫生的赞助活动

一、组织最普遍开展的公关项目

第五届中国大学生公共关系策划大赛选题

多年来，组织往往选择教育卫生行业作为出资赞助的首选赞助领域，其原因如下。

（一）赞助教育卫生行业受惠面广，发挥作用持久

组织愿意在教育与卫生行业开展赞助活动，主要原因是教育或卫生行业发展十分稳定，受益的公众面很广。对教育行业来说，不论是幼儿园还是中小学及高等学府，均能够持续发

展，延绵不断。例如，赞助一个教学楼或一套教学仪器，可以被一批批的人享用，受益于广大社会公众，是一件大德之事；赞助卫生行业，主要体现在医院的医疗大楼或医疗设备方面，受惠的人群无数，发挥的效益令患者无形中铭记，而且一套设备或一座大楼使用得时间长久，不受社会政治经济变化的影响，长者持续百年，短者也能延续三四十年，是一件功在当代、福造后世的事情。

（二）赞助教育卫生易通过公众口碑传播，提升组织社会声誉

要让公众形成对组织的口碑，最好的方式是让公众对组织有真切的了解，能够从组织提供的物质条件中深受其惠。在教育行业，赞助活动一般体现为资金形式，而卫生行业则较多地表现为医疗设备。当一代代学生享受着某组织（较多地表现为企业）提供资金建设的教学大楼或教学仪器，或者当一批批患者使用赞助的医疗设备或从被赞助的大楼进出时，组织的名字自然会“润物细无声”地被公众所记忆、感知、甚至激发进一步的了解与今后的仿效，带来的经济效益是无法估量的，社会效益也十分深远。

（三）国家投入不足，社会需求高，赞助受到政府支持

教育与卫生行业是政府向社会提供的公共服务的重要部分。但是长期以来，国家在发展社会公共事业方面欠账较多，地区发展不平衡，有些方面缺口甚大。例如，很多地方幼儿园严重缺乏、小学教育设施严重不足、中学教学仪器不全、大学缺乏后续发展资金等；而医疗事业的发展也很不均衡，大城市医疗设施及其他硬件设施比较齐备，甚至过剩，而偏远农村则医疗设施严重匮乏，条件简陋，无法满足实际需要。因此一些组织将一定的剩余资金投向教育或卫生行业，解社会发展之困，助社会进步之力，是一件深孚民心的大好事，会深得政府的赞赏与支持，有助于组织与政府关系的融洽与和谐。

（四）赞助项目显性，便于组织良好形象的树立

赞助教育卫生项目，一般都非常显性，如组织赞助后会被所赞助的学校树碑、命名等，或在被赞助的医疗仪器上标明赞助单位，或在被赞助的大楼上以赞助者或组织名字命名，即使没有接受组织赞助的人也会感受到组织的善举，十分利于传播组织名声，对树立组织良好的社会声誉发挥着永久性的作用。与组织大量广告费的投入、自吹自擂的宣传方式等相比，效果要可靠的多，影响持久的多。因此，选择教育卫生行业作为实施组织赞助项目的领域被很多组织广泛采用。

二、策划教育卫生赞助活动

策划教育卫生赞助活动与文艺体育赞助活动有一定的类似，但也有其自身的特殊性。

（一）选择赞助项目

选择教育卫生行业的赞助项目，需要根据赞助组织自身情况来确定。其主要依据如下。

1. 组织从事的行业

如果组织从事的行业与要赞助的教育或卫生有较密切的关联度，则应该考虑最接近的行业。例如，生产文具的企业，可以选择赞助学校；生产医疗器械的企业，可以选择赞助医院。如果所在行业与教育卫生没有关联度，则可根据组织未来关注的方向来考察确定。

2. 组织的资金情况

如果组织目前的资金有限，但又很希望做些赞助活动，则可选择赞助本地的幼儿园、小学、中学等，或者赞助当地医疗站、医院等；如果组织目前的资金情况良好，则可考虑选择赞助大学、一定区域的大型医疗单位等。

3. 企业家的理想

组织确定赞助活动与企业家的理想有密切联系。一些企业家有深刻的教育或卫生情结，希望在能力所逮的时候为社会做出贡献，因而，组织在确定赞助项目时，可以考虑企业家或组织领导人的个人理想，将之与组织的内在文化结合在一起，确定好赞助项目。

职场案例观摩

邵逸夫曾为内地教育捐近50亿港币　项目超6 000个

截至2012年，105岁的香港著名实业家、慈善家邵逸夫25年共捐赠内地教育47.5亿港币，捐建项目总数超6 000个。

这是记者2012年10月19日晚在北京举行的“邵逸夫基金教育赠款项目25年庆祝活动”上获悉的。截至目前，邵逸夫基金共捐建了中国内地大、中、小学和职业技术学校、师范学校、特殊教育学校6 013个项目，包括图书馆、教学楼、科技楼、体育馆、艺术楼、学术交流中心等，遍布全国31个省、自治区、直辖市。

同日，邵逸夫基金第26批赠款仪式举行。年逾百岁的邵逸夫本人未能亲临现场，其夫人、香港邵逸夫基金有限公司主席邵方逸华与第26批接受赠款项目的部分高校代表签署了赠款协议，2亿港币将用于支持内地多所高校开展硬件设施建设。

邵方逸华还接受了教育部官员赠送的《书香逸夫　悦读天下》纪念画册。

教育部副部长郝平表示，邵逸夫基金教育赠款项目是当前海内外爱国人士通过中国教育部实施的持续时间最长、赠款金额最大、建设项目最多的教育赠款项目。项目实施以来，数以千万计的大、中、小学生从中受益。近年来，邵逸夫基金重点支持了中国中西部教育设施建设，有效促进了中西部地区教育事业的发展。

资料来源：作者马海燕，中国新闻网，2014年1月7日

纪念邵逸夫先生逝世两周年　邵逸夫汉白玉雕像揭幕

昨日（2016年1月8日）下午，来自北京、香港、上海、杭州等全国各地以邵逸夫命名的公益事业单位代表，获赠逸夫奖学金的学生代表，邵氏后人代表以及邵逸夫的故乡人——镇海区庄市街道勤勇村村民，聚集在勤勇村逸夫文化园，举行纪念邵逸夫先生逝世两周年追思会，缅怀为中国电影做出巨大贡献的宁波帮代表人物邵逸夫。

邵逸夫是享誉海内外的著名爱国人士、大慈善家、影坛一代泰斗，他一生捐赠数以百亿元计，捐赠范围遍及海内外，仅林立于内地的逸夫楼就有 6 000 多处。习近平主席对其一生给予了高度评价："邵逸夫先生一生热爱国家，关心民祉，慷慨捐赠，惠及多方。其爱国之情，其为国之志，人们将铭记在心。"

追思会上，重近 1 吨、高 1.88 米的邵逸夫先生汉白玉雕像揭幕，这尊半身雕像是根据邵逸夫中年时的照片雕刻的，底座采用花岗岩基座。追思会上，还首发并向邵逸夫先生纪念馆捐赠了由李启涵主编的《中华义士邵逸夫四部曲》丛书一套 4 本。

资料来源：作者陈晓旻，《宁波晚报》，2016 年 1 月 9 日

（二）确定赞助金额或设备（器械）

组织在选定赞助项目后就开始确定赞助的金额或设备。一般来说，要考虑两个因素，一是组织自身的财力。组织进行金额或设备的赞助，应该量力而行，不要盲目贪大给组织今后的发展带来不必要的负担。另一方面要考虑赞助的效益，赞助的项目一定要能够取得足够的社会效益与一定的经济效益，否则不如不做。毕竟赞助活动不是仅仅花钱买好听的，而是组织战略决策中的一项重要决定。这一决定要保证为组织未来的发展发挥重要的公共关系作用。

（三）设计赞助活动的仪式

赞助活动对受赞助的教育单位或医疗机构都是一件十分重要的事情，甚至一项赞助活动可能对一所学校或医院的发展起到至关重要的作用，因此，举行一定形式的赞助仪式是十分必要的。

1. 确定赞助仪式的主题

在举行赞助仪式时，应该确定一个恰当的主题，体现这次赞助活动的社会意义。活动策划者要根据赞助的项目、内容、针对的赞助对象等，确定一个令人振奋、让人内心认同的感恩主题，来提升赞助活动的精神追求，影响与感染赞助者内部员工与赞助对象，使之产生积极的社会效应。

2. 布置赞助仪式现场

组织公共关系策划人员要对赞助仪式举行的现场进行认真的布置，一般要求整体格调简洁而肃穆，热烈而大方，会场根据参会人数选择合适的地点，地址最好选择在所赞助的学校或医院内，在会场内凸显赞助主题，弘扬社会正气。

3. 确定出席仪式的嘉宾

在赞助仪式上，要确定邀请的嘉宾，主要有社会公益团体的负责人、政府相关组织的负责人、被赞助者的领导与主要成员，还有本组织的主要领导与员工代表。一般情况下，主要嘉宾应现场讲话，以烘托赞助仪式的现场气氛。

4. 通知媒体报道

在举行仪式前，公共关系人员要通知相关主要媒体记者前来报道，及时就组织的赞助活动进行传播，发挥更大的社会效益。同时可就被赞助单位情况、赞助单位与企业家等，进行深度报道。

5. 设计现场活动

在进行赞助活动时，尽量不要落入俗套、毫无特色地按俗套进行，要尽量在仪式上有所创意，增加新颖性，形成具有打动人心的高潮，使之发挥这次活动的最大公共关系效益。现场可增加互动环节，把对教育或卫生的赞助活动落到实处，不哗众取宠，不以博取名声为目的，注意做实事、说实话，让组织良好的公益形象真实地走进公众心中。

6. 安排仪式细节

在设计仪式时要注意细节的安排，把好事做好，如关心照顾小学生、幼儿园孩子，关爱贫困学生，关注患者、孤寡老人等，仪式上准备必要的雨伞或阳伞及生日礼物，为老年人与残疾人准备轮椅、方便座椅等，保证赞助仪式安全、顺利地进行。

第三节　对大众传播媒介的赞助活动

一、组织选择赞助大众传播媒介的理由

现代社会，大众传播媒介承担着信息传播、文化交流、舆论监督、生活娱乐等作用，生活在现代的人们，几乎无时无刻不受到媒介的深刻影响。媒介对人们的工作、学习与生活，发挥着十分重要的引导与影响的作用。因此，组织有效地利用大众传播媒介，出资赞助某一媒体中的栏目或节目，会对组织传播声誉、增进公众对其的了解、促进组织顺利发展起到十分重要的作用。具体来说有以下几方面。

（一）赞助大众传播媒介，可以借助媒体的影响力传递组织的名声

面对在社会生活中发挥重要作用的媒体，组织为扩大自身的声誉，引起公众对组织的足够重视，可以选择在某一领域具有代表性的一些媒体，赞助其中与组织从事行业或经营的范围有一定关联度的栏目或版面等，将组织的名声有效地传播开来。

职场案例观摩

四年恋情落幕　加多宝停唱“中国好声音”

连续四年冠名《中国好声音》的加多宝将离场。《第一财经日报》从权威渠道独家获悉，加多宝告别《中国好声音》舞台。

从四大卫视（湖南卫视、东方卫视、江苏卫视、浙江卫视）公布的综艺节目招标费用来看，目前《快乐大本营》的冠名费高达 7 亿元，《奔跑吧，兄弟》的冠名费也涨到 5 亿元，《中国好声音》凭借 2015 年周杰伦的加盟收视再创新高，冠名费用在 2015 年 3 亿元的基础上，往上调也是大概率事件。

2012 年，加多宝 6 000 万元冠名浙江卫视《中国好声音》；2013 年，加多宝 2 亿元再次冠名《中国好声音》；2014 年，冠名费用提至 2.5 亿元，2015 年，这一费用进一步飙升至 3.0 亿元。

市场人士认为，加多宝与《中国好声音》合作的四年内，彼此互相成就，但随着节目新颖性不足，以及明星真人秀节目加入等因素，收视率开始下滑。另外，加多宝在推出金罐后，新的品牌形象需要新的营销知识产权支撑，寻找到新的战略营销平台也成为必需。

从第一季到第四季，加多宝对《中国好声音》从试水到深层次合作，创造了冠名时长的最高纪录，占领了娱乐冠名的过半市场份额——从最开始单纯的微信“摇一摇”到第四季的淘金行动，打造了一个又一个现象级营销案例。

中国食品工业协会日前发布的 2015 年饮料行业整体运行报告显示，在中国饮料行业整体进入增长放缓的背景下，2015 年凉茶市场销售收入突破 500 亿元，同比增长 10.6%，继续保持较好的增长趋势，位居饮料行业第四大品类。该报告称，加多宝品牌凉茶以 52.1% 的销售市场份额位居中国凉茶行业市场首位。“加多宝和《中国好声音》四年的合作在市场上为自己贴了一个明确的标签，就是加多宝愿意为好的创意和节目买单，” 郑学勤（营销专家、品牌观察杂志总编辑）向《第一财经日报》透露，“也因为敢于对好声音开价，从 2015 年下半年开始，好多新创的节目都在和加多宝对接，它也在筛选。”除了平台匹配和冠名费考虑之外，《中国好声音》的版权问题也在某种程度上影响了加多宝最终的冠名决定。

资料来源：《第一财经日报》（上海），2016 年 4 月 14 日，第 7 版，内容有删节

（二）赞助大众传播媒介，可以提高公众对组织的关注度

大众传播媒介对人们的工作与生活有重要的指导作用，今天人们几乎无法离开媒体，组织如果通过赞助某一媒体的栏目或版面，在公众关注媒体内容的同时关注组织，则会为组织创造更多的商机。媒体作为社会公器，其独具优势的彰显性及与公众的密切性，自然成为组织十分青睐的赞助对象。

（三）赞助大众传播媒介，可以为组织今后发展创造更加良好的舆论环境

组织赞助大众传媒，不是要大张旗鼓地做广告，也不是要影响媒体的内容与方向，而是以比较低调的方式，在媒体的栏目或版面附近，相应体现出组织的存在，以提醒性的方式，让公众了解组织的发展情况，为组织良好口碑的确立以及有利的舆论环境的营造发挥一定作用。

二、策划赞助大众传播媒介

组织要赞助大众传播媒介，需要公共关系部门认真而精心的策划，不可草率从事。

（一）选择赞助的媒介

当组织确定要赞助大众传播媒介时，首先考虑的是，选择什么样的大众传播媒介。

大众传播媒介的种类主要有以下几种。

1. 纸质媒体

1）报纸

报纸是组织选择赞助的最主要对象之一。选择赞助报纸主要针对报纸的某一栏目或某一时期设置的专栏版面。赞助报纸媒体，相对来说比较便宜，因为报纸价廉，具有很强的传播性，也易于保存、反复识读，但在互联网普及的情况下，读报的人士锐减，报纸销量大幅减少，赞助报纸的效果明显不如电子类媒体好。

2）杂志

很多组织会考虑选择赞助杂志。因为杂志专业性强，目标公众集中，杂志较报纸更易于保存，因此一般情况下，被赞助的杂志会定期登载组织的一些信息资料，并适当配合公关广告，效果也会很好。

2. 电子媒体

1）电视

电视是很多组织首选的赞助对象。电视所具有的可视性、生动性以及由此而形成的普及性，使其具有极好的传播性，组织如能选择好恰当的频道与栏目，则会收到较好的效果。但是，应该看到，在年轻公众中，越来越多的公众远离了电视而亲睐互联网，这使电视媒体的影响力受到很大影响。

2）广播

广播的传播效果也很好，因为广播受众集中，传播效率高，广播内容可以反复播放，接受信息不受时空限制。组织选择广播作为赞助对象，更多看重的是广播固定时间段播出的节目，通过赞助合适的节目，吸引相应的目标公众，会激发社会公众对组织的关注与好感，起到便捷而高效的传播效果。

3）互联网

今天，互联网因其信息量大、查阅方便、互动性好、便于下载保存等优势，在人们生活中发挥着越来越重要的信息传播与相互沟通的作用，组织通过与某一网站的合作，赞助其某一方面的栏目内容，会易于引起组织目标公众的注意，促使其进一步点击而加深了解，并可能与组织建立起一定的联系，带来与组织深度沟通的重要机会。特别是近年手机微信的异军突起，为公众打开了极为便捷的获取信息的渠道，一些传统媒体也都通过公众订阅号来传播信息、影响公众，如果组织继续借助大众传播媒体或大型网站来传播信息，则还可以建立更加方便的直接链接渠道。

今天，各类媒体的单位很多，组织在赞助媒体时，要特别注意选择与组织有较强关联度的媒体、栏目或节目，以便通过借助优秀媒体的良好信誉，来树立组织的社会声誉、传播组织的知晓度与信赖度。

（二）确定赞助款项或物品

组织赞助大众传播媒介，一般是以较大的资金额来体现的，个别情况下也会以赞助主持人服装、电脑、节目道具等显性物品的方式来表现。组织公关策划人员可根据组织情况，确定恰当的赞助款项或赞助物品，了解媒体运作特点，注意规划好赞助款项或物品的使用，真正将赞助的钱或物用好。

（三）选择一定的赞助仪式

组织选择赞助媒体，本身具有极好的传播条件。在赞助方与被赞助方均同意的情况下，可举办一定形式的赞助仪式，并通过被赞助的媒体机构报道出去。但赞助活动得以被报道的前提是赞助的仪式具有报道价值——新闻性，因而，赞助仪式的举行，需要认真策划。策划仪式时，除了具有一般赞助活动的仪式内容外，还需要注意以下两个方面的问题。

1. 赞助仪式上要有社会公益性内容

赞助大众媒介，没有明显的社会公益色彩，但对组织的形象传播具有重要的影响力，同时赞助媒体是组织承担社会责任的一个表现，在可能的情况下，可以帮助媒体改善工作条件，提高社会传播的质量与水平，促使媒体更好地完成传播工作。组织的这种公益性通过媒体进行有效报道，是十分必要的。

2. 赞助仪式不必铺张与高调

赞助媒体，具有良好的显性，在组织的赞助仪式上，可以便利地借助媒体进行宣传，因而，赞助仪式可以简略而讲求实际，不必铺张与奢华，表现形式点到为止，宣传报道也要低调而含蓄，重在体现组织对媒体赞助的诚意，而不能有借此贿赂媒体、试图操纵媒体之嫌。

（四）确定报道的视角

赞助大众传播媒介，意味着组织与某一媒体结成了较为永久的合作关系，在赞助仪式举行或此事确定后，媒体的报道传播是必要的，但要注意报道的视角，应重在凸显组织关心媒体发展、勇于承担社会责任的义举。因此，把握好报道的视角格外重要。报道的篇幅不必大，但内容要精，选点要准，重在给社会公众留下深刻印象。

（五）规划好赞助款项或物品的使用

当赞助事宜确定后，组织要通过一定的制度或机制将赞助款项或物品的使用妥善安排，保证善款善用、善品善用，以期今后能够与媒体保持长期友好的合作关系，为组织公共关系目标的实现做出贡献。

第四节　对灾变贫弱的赞助活动

一、对灾变贫弱赞助的公共关系价值

在人类进入 21 世纪之后，各种灾难发生的频率十分密集，无论是自然灾害还是人为的各种事故，受到灾难影响的人群也极速增加，而全球各国及各类组织面对灾难时的应对能力却显得捉襟见肘，灾难发生时需要国家出面、全社会出力或组织伸出援手的情况已经成为常态，随之对灾变贫弱的赞助也就变成众多组织公共关系活动的一种形式。因此，组织对灾变贫弱的赞助就具有很高的公共关系价值。

（一）对灾变贫弱的赞助，可以帮助全社会增强抵御灾害的能力

灾变的发生往往是突如其来的，尽管事先会在很长一段时间里有先兆或预示，但人们总是在灾难发生时才意识到灾害的严重性，灾害的发生易于造成贫弱人群的产生。当重大灾难降临时，需要全社会动员起来，共同应对灾难的发生，减少贫弱人群，使人们尽快渡过难关。如果组织在灾变贫弱发生时，能够勇于站出来出资、出力地赞助，这对全社会有效抵御灾害，是十分有益的。

（二）对灾变贫弱的赞助，可以赢得全社会公众的好感

当社会发生灾变导致一些人陷入暂时的贫弱时，有能力的组织能够雪中送炭，及时伸出援手，与政府及其他组织一起弥补灾害带来的巨大损失，救他人于水火之中，会让全社会公众产生内心的极高认同，公众对组织的赞助行为会予以高度评价，也会给受助公众留下深刻印象，这种好感可以持续很久、甚至终生。

（三）对灾变贫弱的赞助，可以获得政府对组织的肯定

灾变贫弱的发生，往往被看成政府应当承担的重要职责，但政府面对灾难，很多时候仍然显得难以招架，无法一下子把问题全部解决，因而当组织勇于出手相助时，实际上是替政府履行了救助贫弱的义务，因而其行为会获得政府的积极回应，得到政府的肯定，这为组织协调与政府的关系创造了良好的契机，有利于组织在灾难过去后在政府管辖区域内顺利地开展业务。

（四）对灾变贫弱的赞助，可以为组织营造良好的生存与发展空间

在一个区域发生重大灾难时，有能力的组织主动出手相助，救人于危难之中，这种行为是一种十分高尚的仁义举动，会为组织在该区域的发展，创造一种无形而友好的社会环境范围，十分有利于组织今后的生存与发展。

二、对灾变贫弱赞助的策划

（一）在最短时间确定赞助事宜

对于灾变贫弱的赞助，最重要的是在灾变发生的第一时间确定赞助的事宜。因为时间不等人，时间就是生命，对灾变贫弱救助的延误，就等于失去赞助良机，赞助的效果会大打折扣。一般情况下，赞助事宜需要组织策划人员具有敏感的公共关系意识，及时将灾变贫弱的具体情况与组织需要赞助的地区、人员、内容等确定清楚，以便组织决策层及时进行战略决策，尽管决定赞助的时间很短，但对赞助的策划却丝毫不能慌乱，而应该有条不紊地进行。

（二）确定赞助的金额或物资

赞助事宜确定后，要相应确定赞助的金额或物资。组织可以根据自身的财务状况确定恰当的赞助金额或者赞助物资，以最大可能帮助受灾地区或人群解决困难。赞助的金额应该通过社会公益组织来传递，赞助的物资也最好与公益组织或当地政府沟通协调好，保证以最快时间、最短途径送达到灾区。特别应该注意的是，赞助的物资一定是灾变贫弱的地区及人们最需要的东西，而且要注意提供的物资一定是质量过关的优质产品，绝不能将伪劣产品提供给受灾的人们。

（三）最快时间将赞助款或物资送达赞助地区

组织在条件允许的情况下，可在最短时间里将赞助款或物资送达受灾地区，以此表达组织对发生灾变贫弱地区的关心与救助。赞助的物资，如果可以的话，可通过当地政府或公益性组织直接送达需救助者的手里，将赞助的效果快速发挥出来。

（四）在所赞助地区举行赞助仪式

如条件许可，组织可以在救助现场举行赞助仪式，由组织的主要领导亲自出席，召集当地受灾群众共同参加，仪式可以简单，但赞助仪式的安排要认真而一丝不苟，充分体现组织的社会责任感。特别是不能在赞助仪式上流露出财大气粗与临危施舍的傲气，一定要体现出真诚而义不容辞的无私气概。

（五）媒体及时予以报道

在组织进行赞助的过程中，应及时协调媒体予以跟踪报道，如实反映组织在灾变贫弱救助过程中的表现，不吝笔墨、予以真实报道。组织要有专人开展赞助活动的传播工作，以新闻发布会和举办赞助仪式等方式，将组织的赞助活动进行及时的报道和传播。

（六）关注赞助款项或物品的使用

当完成赞助活动的各项工作后，组织还要关注赞助款项或物品的发放与使用，监督赞助款项或物品的有效管理，保证组织的善款、善物真正发挥出雪中送炭的作用，让需要救助的人获得确实救济或有效帮助，使组织的良好声誉走进公众心中。

职场案例观摩

中国妇女发展基金会江苏阜宁救灾在行动

（2016年）6月23日下午2点30分左右，江苏省盐城市阜宁遭遇12级龙卷风和冰雹，房屋倒塌，树木拦腰折断，庄稼大棚被掀翻，供电道路设施也被损坏。这是阜宁真实的痛。

在灾情发生的第一时间，中国妇女发展基金会在全国妇女联合会的统一领导和部署下，由紧急救灾办公室牵头，及时与灾区妇女联合会取得联系，了解灾区妇女儿童需求，快速反应，迅速启动应急机制，开展紧急救援行动，并向社会发出救灾倡议，开通了线上线下多条捐赠通道。在江苏省妇女联合会、盐城市妇女联合会、阜宁县妇女联合会的积极协调下，中国妇女发展基金会心理援助站在阜宁县医院专家室正式落户，目前援助站已经开展工作，对部分伤病员进行了心理评估和干预，并确定了对心理创伤的高危人群——南湾小学学生及阜宁县医院239名伤员的心理援助方案。

为紧急援助灾区，中国妇女发展基金会在启动响应后就立即联系了"母亲邮包"合作伙伴，连夜调配20名工作人员和车辆，加班加点组装"母亲邮包"，为了救灾物资能早些到达灾区，6月25日工作人员顶着室外37度高温装载首批800个"母亲邮包"家庭包于当日15时由北京正式发出，6月26日中午抵达阜宁灾区。6月24日晚8时，价值30万元的儿童驱蚊液、止痒水、湿纸巾连夜发往灾区，25日晚已经抵达灾区。

目前，社会各界通过中国妇女发展基金会捐赠灾区的各类资金、物资正在按计划，有序组织运送、发放。中国妇女发展基金会将继续根据灾区妇女儿童的需求开展后续援助，努力做到精准有序救灾。

资料来源：http://www.women.org.cn/art/2016/6/27/art_17_147353.html，2016年6月27日

第五节　对公共设施的赞助活动

一、组织赞助公共设施的必要性

在没有灾变事故的情况下，在一时难以确定贫弱人群进行资助时，组织的一些公共关系活动常常会选择公共设施进行赞助，如植树造林、建立街心公园、设置方便椅座、搭建凉亭等。赞助这些公共设施会为当地公众的生活带来很大的方便，也为组织在公众中的声誉传播创造了有利的条件，其必要性是十分明显的。

（一）组织赞助公共设施可以为当地公众创造一定的生活或学习环境

组织出资赞助公共设施，一旦建立一般会保留很长一段时间，短则一年，长则数年或多年，这些设施可以为当地人们的生活创造一定的便利，营造有益的生活、工作或学习环境。组织在赞助公共设施时，可以在这些公共设施的显眼处标明组织的名字与标志，使人们在享

受公共设施便利的同时，赞誉组织的这种行善之举，因此赞助公共设施比较有利于组织在当地的经营与发展，会易于形成比较良性的人文环境。

（二）组织赞助公共设施可以帮助拉近与当地政府的关系

组织出资赞助公共设施的建设，解决公众生活与工作上的一些不便，实际上是在帮助政府解决问题，因而，自然会得到政府对组织的好感，拉近组织与政府之间的关系，易于赢得政府对组织的信任，也有利于创造组织在当地的生存与发展环境，甚至可能获得政府政策上的倾斜与支持。

（三）组织赞助公共设施可以彰显组织的社会责任，增强组织竞争力

组织对公共设施的赞助，是一种社会责任的体现，在全体社会公众面前，会体现出组织较高的道德觉悟与理想追求，对组织员工也是一种很好的教育，有利于增强组织自身的凝聚力，同时，有助于组织在社会竞争中的脱颖而出，使之成为一种强有力的软实力，赢得公众好感，扩大组织的影响力，获得竞争的优势。

（四）组织赞助公共设施可以吸引媒体目光，传播组织的名声

组织对公共设施的赞助，可以吸引媒体的注意力，使之主动地对组织的公共关系举措予以报道，通过媒体组织可以传播名声，扩大影响，吸引更大范围社会公众的关注，有利于组织营造未来生存与发展的空间。

二、策划组织对公共设施的赞助活动

组织对公共设施进行赞助，需要做好以下几项工作。

（一）确定赞助对象

组织在开展对公共设施的赞助时，首先要考虑的是“赞助什么”。社会的公共设施范围比较广阔，只要涉及人们公共场所活动的设备或环境构成，都可以成为组织赞助的对象，大到河道治理、房屋建设、公园设置、城市美化等，小到桌椅安置、果皮箱设置、自动饮水机安装等。在确定赞助对象时，应考虑以下两个原则：

（1）赞助对象与组织经营业务或从事的工作有密切的内在联系，可以让公众在享受组织赞助的成果时，自然对组织所在行业、业务或工作产生好感甚或敬意，如造纸行业主动出资营造公园中的生态林等。

（2）赞助对象便于组织利用自己的技术或工作优势予以操作。对大部分组织特别是企业来说，生产的产品均会与公众的日常生活发生联系。例如，钢铁企业为社区公众建造公交候车厅、交通岗亭、安全岛等。

在这两个原则之下，组织的赞助工作就容易产生良好的社会效应与今后潜在的经济效益，赞助工作才不至于成为组织的累赘而是组织发自内心愿意从事的活动。

（二）确定赞助金额

赞助金额的确定根据组织自身的财力，可以有两种支出方式，一种是一次性投入，如在固定地点安装城市雕塑，或设置自动饮水机等，还有一种是分期投入，如分期分批在一些公共空地设置自行车遮雨棚、城市绿化带等。公共设施的赞助，是组织根据自身公共关系需要与所在区域发展的进程而自发做出的行为，因而，金额的考虑依财力而定，不必一次性进行大额支出。

（三）协调赞助事宜

赞助工作的开展，一般都需要与政府有关部门进行协调，这方面工作是赞助活动的重要内容之一。例如，与市政规划部门、绿化管理部门、交通部门等协调有关赞助事宜。虽然组织是主动地进行公共设施的赞助工作，但也要明确，所有的活动都需要在法律范围内、在政府的统一规划下进行，不可擅自行动；在赞助工作中，如涉及其他组织，也要进行专门的沟通协调工作。例如，在公园中设置饮水机，则要与公园主管领导沟通，在学校附近设置遮雨棚，则要与学校进行一定的沟通，以便安排得更周到、合理。

（四）落实赞助工作

在确定赞助事宜后，组织要把这一工作进行认真的落实，保证在一定的期限内，有条不紊地把赞助工作做好，实现好事产生好效果。赞助工程或事项一定要保证质量、保证安全，使其能够长久发挥作用，一旦发现有安全隐患，要及时排查，绝不能发生任何不良后果，否则会对出资赞助的组织产生恶劣影响，留下沽名钓誉的坏名声。

（五）彰显赞助业绩

在开展赞助活动时，要特别注意在赞助的公共设施上，体现组织的名声，标明赞助的具体情况，如赞助时间、赞助事项、赞助规模或范围等，甚至将赞助项目以组织的名字或企业家的名字来命名以此彰显组织的业绩，引起公众对组织的关注，激发公众对组织的了解与好感，发挥赞助活动的公共关系效益。

（六）保证赞助效果

对公共设施的赞助，是一项十分显性的公共关系活动，组织在开展这项活动时，一定要注意保证赞助效果，如赞助事项的质量、安全性、赞助实施过程的规范性、赞助后期的效果维护等。在赞助项目完成后的几年里，仍然要注意监控所赞助的公共设施情况，保证其一劳永逸，始终能泽被后人。

（七）适当的媒体宣传

赞助公共设施，是一件令公众欢迎、得公众人心的大好事，因而适当时候通过媒体做些介绍性宣传是必要的。组织的公共关系人员应主动联系媒体，将赞助事宜告知有关记者，在恰当的媒体上，把组织的赞助情况传播出去，以影响更多的社会公众，使之对组织产生良好的印象，最大范围内彰显组织的社会责任感与善行善举。

职场案例观摩

节有智慧　能存善根

“新能源，新生活”大型节能主题公益活动纪实

节能环保的低碳生活方式受到越来越多人的推崇，低碳经济已成为我国经济发展的重要方向，节能环保产业更是现阶段浙江省发展低碳产业的必然选择。2014 年年末，由浙江日报社、浙江省工业经济联合会共同主办的“新能源，新生活——大型节能主题公益活动暨浙江 LED 产业圆桌会”在浙江日报报业集团国际会议厅隆重举行。

来自浙江省政协、浙江省经济和信息化委员会、浙江省企业家协会和浙江日报社等的领导参加了本次活动，并与正泰集团、世合理想大地、杭州鸿雁电器有限公司等 100 多位来自浙江省节能环保产业的优秀企业代表，共同探讨了节能环保产业发展趋势，剖析了 LED 产业科技创新、智慧照明以及市场应用等问题，为浙江省 LED 产业发展献言献策。

本次活动由 6 项主要内容组成，分别是 2014 年度“浙江省节能创新十强”、2014 年度“浙江省节能大使”、2014 年度“浙江省节能未来星”评选活动，以及浙报公益节能联盟结盟仪式、首届浙江节能创新产品展示大体验和浙江 LED 产业圆桌会等。活动上，由浙报公益联盟与参会的企事业单位共同发起成立了节能联盟。正泰集团代表宣读了《倡议书》。

著名花鸟画家、“浙江省节能大使”何水法先生还在活动现场即兴题词“节有智慧，能存善根”，表达了对节能环保产业的美好祝愿，号召社会各界人士选用节能环保的生活方式。50 位“节能未来星”的小学生代表在活动现场以“节能环保”为主题，展开了即兴创作，一幅幅充满童真与想象力的作品，赢得了与会者的一致好评。

在场外，新能源汽车展台旁边吸引了很多与会嘉宾。特斯拉、宝马、时空等品牌的新能源汽车清新亮相。有嘉宾试驾后表示，如有可能，一定购买一辆新能源汽车，为节能环保做带头示范。

本次活动进一步宣传了节能环保理念，推广低碳生产、生活方式，树立浙江省节能环保典型，巩固节能行为，向一直为社会节能辛勤付出、贡献卓越的企业或组织致敬，努力营造全民节能环保氛围，在 2015 年“十二五”收官之年，助力节能环保产业打响“十三五”开局之战。

资料来源：《浙江日报》，2015 年 1 月 29 日，第 12 版

第六节　对进步理念的传播活动

一、公共关系推动进步理念的传播

第五届中国大学生公共关系策划大赛选题

社会在发展，历史在前进，人类文明在反复抉择中艰难地进步，在进步中战胜着落后。

进步的思想需要传播，文明的行为需要推动，这一过程中，主体既可以是企业，也可以是媒体，更可以是政府。回顾改革开放三十余年的发展历史，中国全社会的文明与进步，快速地赶超世界上先进的国家与地区，确实离不开各类组织做出的巨大贡献与努力，而进步理念的传播及文明的行为，绝大多数是通过成功的公共关系活动实现的。自然这也是一种公益型的公关策划活动。

（一）进步的理念需要组织——公共关系主体的发起与推动

文明的进步从来不是自然而然实现的，需要外在强大力量的推动，因为落后的思维习惯与行为具有巨大而顽固的惯性。回顾“请不要随地吐痰”这样的文明习惯，直到今天仍然难以普遍养成，可见旧习惯的顽固。因而，在社会发展的一定时期，总会有一些组织如企业、学校、医院、媒体以及政府，登高疾呼，成为传播文明思想与行为的发起者，号召公众参与到文明的思维与行为中来。

（二）传播进步理念最有效的方式是通过大众媒介

大众传播媒介在推动社会进步的历程中发挥着无可比拟的重要作用，因为媒介面向社会大众，传播信息的面广、速度快、信誉度高，对于公众的思维与行为具有强大的影响力，效果往往立竿见影。公共关系活动中均运用大众传播作为最主要的沟通手段。因此，进步理念的传播、文明习惯的建立，都是公共关系主体借助大众传播媒介实现的。

（三）公众对从事进步理念宣传的组织怀有好感

在正常的社会环境下，公众是欢迎并积极接受进步的思想与行为的，他们对发起与推动进步理念的组织会产生一定的好感，并能较快增进对其的信任度。在以恰当的方式传播进步理念的活动中，如果方式得法，公众会富有热情地参与，社会进步的步伐因此而加快。

推动社会进步，传播先进理念，不是简单地喊喊口号，宣传的方式方法需要得当，传播的过程要认真地策划，活动的安排要让公众深得其益。

二、进步理念传播活动的策划

（一）确定现存问题

一个组织拟意发起一项公共关系活动传播进步的理念，首先源于发现存在的问题需要解决。但在确立问题的具体情况时，需要进行深入、全面的公共关系调查，以准确地把握问题的实质，并努力寻求解决问题的途径。进步理念的传播，一般来说，社会公共问题偏多，可能涉及与传统文化的冲突或对固有习惯的改变，看似微不足道，实则意义深远，因此，确立问题的核心，也有很大的难度。例如，中央政府提出宣传“八荣八耻”理念时，主要针对的是社会上极为令人忧虑的价值观混淆问题；牛奶企业在推广牛奶前，首先面临要解决的问题是，中国人长期以来形成的理念：健康的成人是不需要喝牛奶的。因此，公关策划人员在调查人员提供的数据面前，要进行专业的分析，经过严谨的研究，最终确立问题，明确解决的思路。

（二）明确传播主题

当确定通过传播进步理念来解决面临的问题时，策划人员要认真筛选、提出传播的主题。与其他策划活动一样，主题的提出应该十分鲜明，语言简略，内容明确，具有口号式的上口易记特点，能够有深入家喻户晓的通俗性。同时，因为这一主题是要对几乎全社会的人进行一种观念的教育或良好习惯的培养，因此，主题必须具有较强的冲击性，并有极强的靶向攻击力。因此，主题的设计需要深思熟虑。

（三）创意传播形式

面对传播进步理念的艰巨性，在传播形式方面，需要下很大功夫。这类的公共关系活动不似其他活动可以有一定的随意性或滑稽趣味性，而是具有较大的严肃性和长期宣贯性，形式可以活泼，但不能随便诠释其含义；内容可以多彩，但却要维系其长期不断的理性效力，因此，传播形式可以着手从以下两个方面进行创意与创新。

1. 大众传播媒介

充分利用大众传播媒介进行全面、及时、普及的传播。在传播媒介的选择上，要特别注意针对性与传播的表现力，把握目标公众的收视特点，发挥专业传播机构的作用。例如，动用央视媒体、《中国之声》、《读者》、《南方周末》、新浪微博等有影响力、权威性的媒体，以及一些地方核心媒体，多管齐下，发挥深入人心的作用。

2. 人际传播媒介

为把传播工作做到位，要善于充分发挥人际传播的作用，如派出一些精干的宣传队伍，深入街道、菜市场、社区、公园等地，通过各种方式、人与人之间面对面的沟通，起到深入、持续、及时反馈、富有针对性等的独特优势效果。今天，手机微信的传播力量十分强大，组织在传播进步理念时，可以充分发挥微信朋友圈的作用，把制作生动而有说服力的新思想、新观念以人传人的方式快速传播出去。

经典策划方案

“人说山西好风光”——一台节目的力量

背景：不得不

面临转型压力的山西，渴望借文化旅游扭转被动局面。

2014年12月7日，主政山西不满半年的省委书记王儒林在山西省委十届六次全体会议上提出，破解山西“一煤独大”的问题，首先要大力发展文化旅游产业。此后一年多，王儒林多次调研山西旅游产业。他在2015年9月召开的全省民营经济发展推进大会上直言，山西“要像重视煤炭产业一样重视发展文化旅游业”，“七大非煤产业中，第一位就是文化旅游业”。

2015年10月16日，山西省举办首届旅游发展暨“互联网+旅游”大会。省长李小鹏在出席会议时表示，要深化改革，创新业态，加强基础设施和服务设施建设，加大宣传推介力度，加快把旅游业打造成山西省新兴支柱产业。2015 年，在山西经济仍未走出困境的情况下，该省旅游业发展保持良好态势，旅游总收入达 3 447.5 亿元，同比增长 21.11%。这也坚定了山西做强旅游的决心。

2016 年年初，山西省委省政府萌生一个想法，让 11 个地市的市委书记、市长或副市长参加电视竞演。节目名字就叫“人说山西好风光”。经过 4 个多月的筹备和 8 场激烈角逐，大同成为获胜城市。

策划：不敢想

经历了塌方式腐败和经济断崖式下降的山西，每一步都走得异常小心。

在外界印象中，当地官员总是不愿被过分关注。一些年轻公务员也时常感慨，“总是被贴标签”，“多说多错、不如不说”。可是这一次，为了转型发展、重塑形象，山西决定把 11 个地市的官员推到台前。

这项艰巨任务交到了山西广播电视台手上。山西卫视频道总监陶亿笑回忆：“刚开始我们也懵懵懂懂，思路比较保守。”陶亿笑说，最早筹备方案时，他们觉得评选还是以省旅游局为主，电视台参与一点，主要就是作为城市形象的展示平台。省领导却不这么想。王一新大胆提出，主办城市评选，不能按以前的套路来，要解放思想，把选择权交给观众、交给全国人民。1 月 26 日，山西省政府就 2016 年省旅游业发展大会召开专题会议。会议明确了节目的方向，其中包括请山西各地市委书记、市长或分管旅游工作的副市长进行现场推介，比赛结果由群众评选决定等。山西广播电视台台长郭健刚听到省里有这个想法时，最担心的是组织协调。“省里并不在意最后哪个城市主办，不管谁办，都是山西赢了。”在郭健看来，着力打造这档节目，目的不是分出输赢，而是要通过这种形式宣传山西。它将对展示山西的整体形象、旅游资源以及干部精神面貌起到重要作用。

执行：不适应

文件下发到地市，执行起来却不容易。省里的设想，各地市领导的反应也有所不同。有的地市，很想主办，启动比较早；有的地市，主办意愿不强烈，积极性不是很高；有的地市，领导担心自己普通话不够好，不愿意上场；还有的地市，主要领导面临岗位调整，上场人选几乎没有选择。一直到初赛录制前几天，11 个地市派出的竞演领导才最后确定，其中有 3 位市委书记，分别来自大同、长治和运城；5 位市长，分别来自朔州、忻州、晋中、吕梁和晋城；3 位副市长，分别来自太原、阳泉和临汾。4 月中旬，由于各地市进度不一，王一新特意把 3 个进度较慢的城市分管领导叫来了解情况。这位出身中央企业、又在海南任职 8 年的副部级官员，对旅游非常熟悉。他给电视台提了不少具体意见。例如，评审设置多样化，要有搞旅游的、懂投资的，最好还加上自媒体大 V。他甚至考虑到观众席上是不是要有外国人，体现出山西旅游的国际范儿。

刚开始，节目组是按当下热门的旅行节目去想栏目名，候选有七八个，如“这里是山西”“出发吧，山西”“我的完美假期”等。后来省政府主要领导建议叫“人说山西好风光”，节目组还担心会不会太“土”。但实践证明，这是个高招，有天然的传播力和感染力，唤醒了许多山西人内心深处最朴素的情感。

无论官员刚开始多么不适应，节目组还是感觉到，越往后录制，比赛的气氛越浓。连续9场主持该节目的白燕升，每一场都要和竞演官员简短互动。他发现，刚开始确实感到有人比较怯场或抱着凑热闹以及完成任务的心理。但随着比赛进入半程，明显感觉到大家都开始当回事了。

“你以为每个人都愿意来吗？”在白燕升看来，官员们都在打破内心的障碍。他们面对上上下下那么多双眼睛，其实是对自己心理的挑战，以及身上的责任和担当使然。这一点，从5月14日的决赛前夜可以看出。

当天晚上10点，临汾市委书记岳普煜出现在演播大厅。此前的初赛，他因为有其他工作未能登台。随着临汾闯入半决赛，他提前两天赶到北京，还打算如果进入决赛，就和王振宇一同登台。根据抽签顺序，大同的彩排安排在晚上11点。张吉福和演员们一同完成走台，又和分管旅游的大同副市长杨勤荣反复商量怎么表达效果更好。他离开的时候，墙上的时钟已指向凌晨0点40分。进入决赛的三支队伍中，运城市委书记王宇燕5月15日上午抵达北京。几个小时后，决赛录制正式开始。代表运城上场的王宇燕提到，最近几天，几乎每晚都是两点以后休息。因为每天晚上，她都在看网络投票，大家的热情让她非常感动，也非常有压力。

由于竞演将场外投票计入总分，最近一个多月，山西许多地市都在全力发动投票。在学校，教师鼓励学生投票；在机关单位，领导发动下属投票；在旅游景点，志愿者向游客介绍投票方式，并以纪念品或门票优惠作为奖励。此外，投票送流量、送话费、送打折券等各种拉票手段先后出现。

随着竞争白热化，大同把投票发动到了邻近的乌兰察布，运城则组织人员前往西安、三门峡等地争取票数。截至6月15日决赛录制完成，运城场外投票超过220万元，在11个地市中高居榜首。大同场外投票达到205万，按照一个微信号只能投一票的原则，投票比例超过大同人口总数的60%。

作为市委书记，张吉福非常理解民众的这份期待。长久以来，煤炭对这座城市的产业、税收、百姓就业都有深远影响，可是眼下，再守着煤炭肯定不行。“我们打算把旅游作为转型发展的龙头产业。”在张吉福看来，旅游未必能够直接带动GDP和税收，但它的“富民效应”比较明显，“一产、二产遇到问题，来点人总是好事儿”。这些都促使张吉福走到台前。“领导重视就不难。”他心里很清楚，把态度亮明，一方面是对山西旅游、对大同旅游的重视，另一方面，自己上场，大家干活的热情还是不一样。

5月14日，《人说山西好风光》完成“四进三”录制，运城、大同、临汾挺进决赛，忻州以第四名被淘汰。“说不遗憾，那是假的。不光是遗憾，甚至是难过。”四个多小时的录制，王士桦一直默默坐在看台上。一天后，失落的情绪蔓延到运城。这座位于山西最南部的城市，原本是夺冠热门。特别是半决赛，它不仅场内成绩第一，场外投票也位列第一。但是在5月15日的决赛上，运城因为没有获得更多评审的青睐，最终屈居第三。

效果：想不到

5月15日傍晚，《人说山西好风光》完成决赛录制。获胜的大同参赛团队兴奋地拉着张吉福拍照，其他地市也有一种“总算比完”的如释重负。

对山西省委省政府来说，落幕不等于结束。6月17日，颁奖晚会录制现场，王一新上台发言。他提到，旅游业发展大会的主办城市，一开始准备由省政府指定，后来改为电视竞演的方式。一次小小的管理创新，收获了意想不到的社会效应。他首先对节目取得的成功表示感谢，并透露省委书记王儒林也对节目给予了肯定。同时他坦承，当下的山西非常困难，这档节目给山西注入了强大的正能量。喜悦的同时，王一新还给大家泼了盆冷水：“省里的领导还是非常关切和忧虑……当游客真的‘乌泱乌泱’来到山西的时候，我们真的准备好了吗？”在这位分管旅游的副省长看来，当下的山西，旅游建设还很欠缺，旅游服务水平还有很多方面跟不上。如今节目火了，广告做出去了，但如果游客到了景点吃不好、喝不好、玩不好，舆论就要反转，山西也会变得很被动。

对此，王一新提出设想，组织一些专业人员，在外地以普通游客的身份参团或自驾到山西旅游。让他们沿途体察、发现问题，及时反馈给旅游部门。此外他还表示，2016 年省政府在财政非常困难的情况下，拿出专项资金，下决心全力解决山西的旅游厕所问题。省里还计划拿出 180 多亿元，集中力量修建 4 000 多千米的旅游乡村公路，打通旅游的“最后一公里”问题。让 11 个地市在现实中继续“打擂”，这是王一新所希望的。他认为，旅游的评判标准是唯一的，就是看游客为哪座城市点赞最多。只有游客的点赞，才是山西旅游最有价值的名片。

代表阳泉上台领奖的任衍钢，一口气说了三个“想不到”——想不到自己受到如此多关注；想不到在节目中第一个出场，却获得第一印象；还想不到，活动本来是推介旅游资源，实际产生了放大效应，展示了阳泉的整体形象。

一档电视节目引发如此巨大的关注，这是山西起初没有想到的。除了推广旅游，许多人认为，这档节目对山西干部的精神面貌也有一次全新展示。临汾一位厅级官员感慨，《人说山西好风光》最大的意义在于拉近了干部和群众的距离。传统印象中，官员总是高高在上、关起门开会。这一次，干部走进群众中间，群众也对干部有了不同于以往的认识。

作为节目负责人之一，张敬民对官员的语态转变感到惊喜。“如果我们的官员，平时少一些官话、套话，而是像在节目中一样，面对老百姓说话，干部作风会更好……”在张敬民看来，干部语态的变化，恰恰能反映出干部作风的变化。

资料来源：记者李闻莺报道，中国政库，2016 年 6 月 22 日，内容有删改，题目为著者加

（四）时间与场地选择

一场有关进步理念的公共关系活动，在开展宣传工作初期，先要确定基本的活动时间与范围，时间的选择一般为休息日为好，并注意应避开重大公休日，活动的主题如能与国际纪念日有关，则最好选择在国际纪念日作为启动日。例如，宣传青少年戒烟活动，可选择在国际禁烟日启动等，活动场地的选择可以根据活动影响的范围及组织自身人力的条件决定，以实现最佳影响效果为标准。

（五）邀请公益组织参加

在大部分情况下，公益活动的开展组织方应该邀请社会公益组织一起参加。因为宣传有利于社会进步的理念，是为提升全社会文明程度所做的努力，自然是一件赢得人心的善事，

能够唤起尽可能多的社会公益组织及人员参加，必然会有利于活动的顺利进行。如果活动需要进行启动仪式，则可请公益组织的代表参加，如有重大活动的举办，也一定要邀请公益组织的成员或志愿者加入。

（六）监测传播效果

在传播活动的整个过程中，一定要注意监测活动的效果，将之作为策划活动的重要组成部分，发现效果偏差及时矫正传播方式与内容，使这一活动不要出现明显错误。毕竟传播进步理念是一件影响全社会公众思想与行为的大事，在操作过程中决不可掉以轻心，一定要谨慎行事。

研究与演练

一、理论研究

1. 组织策划进行的社会公益活动，如何体现公共关系的意义？
2. 组织领导人的个人慈善行为如何与组织有计划的公共关系公益活动相区分？

二、实践演练

1. 参与学校的公益活动或志愿者活动，并积极予以公共关系的策划。
2. 为学院或班级的公益活动撰写一份策划方案，并组织实施。

第九章　展会型公关策划

第一节　展 览 活 动

一、大型展览创造组织公共关系价值

无论是国家、大中型企业、还是一般事业单位等，为增进社会公众对组织发展情况的了解，都有可能在特定时期运用专门的展览形式，将组织的某一方面情况展示给公众。组织开展的各种展览因此成为社会公众了解组织的一个窗口，可以为组织创造重要的公共关系价值。

（一）展览的公开性，可以使公众对组织的情况有全面了解

一个组织举办的展览，是向社会公开展示组织的某一方面情况，尽管不一定十分全面，但却能够成为一个极为重要的契机，使公众管中窥豹、一叶知秋地了解到组织较为全面的情况，如科技发展展览、历史进步展览、风光摄影展览等，都能够让公众知道组织在某些方面的发展态势与具体状况，因此，组织举行的某方面展览必须要很好地将组织的具体情况全面、客观地展示出来，不能偏狭地理解一些专业性很强的展览，以为仅仅只是一个展览而已。

（二）展览的可视性，可以为公众认识与感知组织创造条件

组织的展览一般具有非常鲜明的图画性或可视性，即使文化水平很低的人也能够从图片或实物方面看明白或基本了解，这样的特点为公众深入认识或感性了解组织创造了很好的条件。组织在举办展览时，要注意加大宣传，让更多的人知晓展览、争取走进展览室观赏展览，借此机会让公众关注组织，增加公众对组织认识的深度。

（三）展览的互动性，可以为增进公众对组织的信任提供可能

作为展览，一般均会设置讲解员或现场导引员，公众在观看展览中，讲解员或导引员会将展览中的很多相关情况或不明白的问题，进行现场讲解或解答，这种自然的互动性为促进公众对组织的深度了解、增加对组织的信任度提供了可能。通过对组织某一方面全面、真实的展览，会远胜过组织平时连篇累牍的商业广告，公众对组织的质疑或陌生感会烟消云散，其对组织产生的声誉传播效果是无可比拟的，因而，展览对于组织具

有十分重要的公共关系价值。

二、策划展览的步骤

（一）策划展览主题

当组织确定举办展览后，首先要做的事是确定展览的主题。无论是科技成果展，还是风光摄影展等，主题的确定必然是要鲜明地体现主办方举办展览的初衷与要实现的目标。展览主题要求如下。

1. 立意高远

举办展览对组织来说是一件重要的公共关系活动，主题确立尽量不要直白地使用展览的具体内容，如“大型技术设备展览”或“某某汽车展览”等，而是应该站在较高的立意角度，提升本次展览的深远意义，给关注展览的公众以积极的预期与升华的境界，吸引公众将脚步移向展览场地。例如，2010 年中国上海世界博览会，主题为“城市，让生活更美好”。

2. 内容简约

主题的表达一定要简单、明白，不故弄玄虚，要让所有人能够清楚地识读，内容明确、易记，不会发生歧义理解。一般来说，主题表达不超过 20 个字。例如，2013 年以河南博物院、北京大学考古文博学院发起的中国鼎文化展，主题为“鼎盛中华”。

3. 紧扣主办方理念

在确定主题传播的视角方面，应从主办展览方的角度出发，紧扣主办方意欲宣传的主题，凝练语言，精心打造主题词。例如，2015 年在广西南宁举办的中国—东盟博览会是以“共建 21 世纪海上丝绸之路，促进中国—东盟文化合作”为主题。

（二）谋划展览内容

这是展览的核心部分。一个组织要在某一时段进行展览，展览的内容必须要先行谋划，仔细安排。一般来说，展览内容应按时间、事件、种类或地域等方面进行分块排列，在条件允许的情况下，可分不同的展室进行展览。每一部分再按照文字说明、图片、实物陈列等方面予以顺序展示。文字要求表述准确，用词正确；图片应该图像清晰，标识清楚；实物要恰当说明，富有说服力。在可能的情况下，分块内容要有小主题，这样更有利于参观者全面了解情况。分展览的主题设计要用心考虑。展览中要注意的事项是：在内容的安排上，可以制造一些悬念或故事，导引公众有期待地将展览看到最后。

（三）设计展览的顺序

展览的顺序安排，体现了公关策划人员拟意实现的公共关系目标。在展览主题的指引下，展览顺序的安排，一般要由浅入深、由广而专、由粗而细、由静而动，如剥茧抽丝般将画面展开。根据不同的展览内容，顺序安排展览内容。

（四）安排展览的时间

大型展览时间的安排，主要根据组织与展览场馆的档期情况考虑，一般可长可短，最好尽量覆盖周末或重大节日，使目标公众有空闲时间安排参观。在条件容许的情况下，时间上可以尽量与目标公众的特定节日相同步，便于参观人数的扩大。如新式农用机械的展览可放在元宵节前后，既便于农民公众的参观，又与即将到来的农业机械使用旺季建立密切关系。

（五）筹备展览的过程

一旦展览的内容与时间安排确定后，展览的筹备工作就开始了。展品的运输、展板的安放、展物的摆设、灯光的安装与测试等需要紧锣密鼓地进行。当展品全部设计摆放完毕后，展览才可以正式开始。在展览筹备的同时，组织有关展览的公共关系宣传活动应该拉开序幕，在媒体上和展览场馆外面，关于展览的情况介绍和具体通知应该大张旗鼓地展开，这样的预热十分必要，到展览筹备工作完成后，当地或网上的公众也已经基本知晓展览了，这时真正的展览就可以开始了。

（六）准备展览的预警

举办展览时，要注意预警传播工作。在提前做好防火、防盗等安全工作的前提下，注意保证参观通道的便利与通畅，设置好参观过程中危机事件可能发生的应对策略，特别是应对媒体采访等的传播工作，在必要的情况下，组织可以提前安排新闻发言人接待记者，及时解答公众的疑问，告知拟将展览的具体情况，提前做好信息的传播工作，以便保证展览工作顺利进行。

职场案例观摩

海昏侯墓展出文物“到位”　下周首都博物馆开展

日前，海昏侯墓中441组件出土文物首次离开豫章故郡，于3月2日开始与市民在首都博物馆“相会”。记者从首都博物馆了解到，展品中多为金器、青铜器，甚至能证明墓主人身份的金器也会亮相。

今天上午，江西省文物考古研究所副研究员、南昌汉代海昏侯国考古领队杨军做客首都博物馆，为观众带来名为《探秘海昏侯国》的公益讲座，提前“探秘”的市民挤满首都博物馆。

发布：墓主人身份将可由参展金器揭晓

曾被初唐四杰之一的王勃称之为“物华天宝人杰地灵”的江西南昌，在2015年年底因海昏侯墓的“重见天日”而再次印证其历史悠远。

海昏侯墓从2011年开始发掘，四年间出土378件金器成为汉代考古之最。此外，青铜器、铁器、玉器、漆木器、陶瓷器、竹编、草编、纺织品和简牍、木牍等各类珍贵文物近2

万件，数量已经超越了著名汉墓长沙马王堆。

如此“土豪”的排场，让人不禁对墓主人的身份也颇为好奇。专家初步推断，墓主很可能是第一代海昏侯刘贺。刘贺，汉武帝刘彻之孙，5 岁继承昌邑王位。公元前 74 年，汉昭帝刘弗陵驾崩而膝下无子，大将军霍光征召刘贺主持丧礼，拥立为帝。然而，仅仅 27 天之后，刘贺帝位被废，成为汉代在位时间最短的皇帝，史称汉废帝。

昨天，首都博物馆召开新闻发布会表示，3 月 2 日，441 组件海昏侯墓出土文物将亮相首都博物馆，这也是海昏侯的“宝贝们”首次离开故乡。此前，在江西省博物馆也举办过出土文物展，当时仅有 120 件，却吸引了 18 万名观众排队参观。

据首都博物馆相关负责人向《法制晚报》记者介绍，此次参展的是经文物专家确认的，在考古发掘中可以展出的部分文物。其中，大多是金器和青铜器。该负责人表示，展品中包括马蹄金和铜钱，但是丝织品、漆器等考虑到保护问题，未在此次展览之列。

揭秘：逐一安检 记者方可进入库房

2 月 23 日 13 时，在南昌特警的护送下，15 箱海昏侯墓考古文物乘 T168 次列车从北京西站进京，随后搭乘中铁快运专车，在首都特警护送下开往首都博物馆并入驻库房。

四四方方的木质盒子看上去非常敦实，盒盖四周都打上了封条，盒身上还写着“江西省考古所”的字样。从车里到库房，工人一路都戴着手套。

记者经过安检，并逐一签写进入时间方可进入库房。前往库房前的一段路，记者被要求不能拍照，以保证文物库房的“神秘性”。

揭秘：不同材质文物“分室而居”

经过层层把关，记者终于进入文物库房，与曾在地下沉睡了 2 000 余年的器物们“共处一室”。在记者进入的库房里，摆放着两个木质箱子，上面仍然覆盖着塑料薄膜。

这两个箱子的箱盖上还贴着封条，正面标注着“江西省考古所”字样，箱体上印有酒杯、雨伞等四个标准运输注意事项，酒杯说明要注意防碎，两个冲上箭头表示箱子不能倒放，雨伞是防雨的表示，太阳图案表示不能暴晒，首都博物馆相关负责人一一进行解释。

此次进京的 441 组件海昏侯墓出土文物，也是按照这样的规定，依据不同材质分放于不同的库房。而在展厅中，每个展柜也会根据文物需求调节不同湿度。

花絮：听“探秘”讲座，预约票“比火车票都难抢”

今天上午，江西省文物考古研究所副研究员、南昌汉代海昏侯国考古领队杨军做客首都博物馆，为观众带来名为《探秘海昏侯国》的公益讲座。

9 点刚过，记者在首都博物馆地下一层多功能厅看到，已早早有观众在门口等候，其中不乏没有“抢”到预约票的观众。据了解，首都博物馆曾在 2 月 22 日发布了讲座预告，并公布了预约方法。“简直比抢火车票都难”，来自石景山的周女士告诉记者，就一眨眼的工夫 130 张预约票就被“抢空”了。“但我也没放弃，我时不时刷网页，后来又放出了 20 张预约票，我就‘捡漏’抢到了。”

9 点半，讲座正式开始，没有预约的观众大约有 50 名，他们得到“通融”进入讲座现场，但由于没有座位，这部分观众只能站着听讲座，“站着也行，能听到就很满足”，李先生告诉记者。

服务：参观需预约，19 日后每天限流 5 000 人

《五色炫曜——南昌汉代海昏侯国考古成果展》的展期从 3 月 2 日开始至 6 月 2 日共 3 个月，观众需预约进行参观。

3 月 2 日~3 月 18 日将重点接待专业团体预约参观，每天同时对公众开放预约名额 1 000 名；3 月 19 日起，只接受个人观众预约参观，每天开放预约名额 5 000 名，不再接受团体预约参观。

资料来源：http:// mt.sohu.com/20160227/n438710261.shtml，2016 年 2 月 27 日

第二节 举办会议

一、举办会议要具有公共关系意识

今天，各种会议的召开已变得十分频繁，在一定的情况下，组织需要或被邀请举办或承办一些重要会议。在会议举办时，来自国内外或各阶层的会议代表齐聚组织的所在地，接受组织的会议服务，同时可能会参观组织的重要场所，如重要历史古迹、著名景点、双方合作机构、组织实验室、车间、办公地点等，通过参会，与会人员还可以接触组织领导与相关部门的工作人员，直接感受组织对会议的接待与安排，对组织的基本情况会有一个直观的了解与感受。因而，会议的组织者一定要具有明确的公共关系意识，抓住这次机会，开展公共关系沟通活动，增进公众对组织的了解，主动展示组织最亮丽的一面，把会议组织好、安排好，通过组织与承办会议，实现本组织的公共关系目标。

二、举办会议的策划步骤

对组织来说，承办会议是一次十分重要的公共关系机会，借会议之机，群贤毕至，信息交流，十分有利于提升组织的社会声誉。因此，重要会议的承办，必须要保证其成功与精彩，这需要公关策划人员的精心策划。

（一）确定恰当时间

确定会议举行的时间，尽管往往由会议组织委员会决定，但也会充分照顾到组织（承办方）的情况，因而，组织一方面要与会议的委托方进行充分的磋商，另一方面组织也要考虑好自身的工作安排，使之尽量不影响其正常的工作运行。

（二）确定会议主题

毋庸置疑，重要会议的论题内容是提前确定好的，但会议的主题却可以体现承办方的一些理念与诉求。会议的主题是指会议从主旨到内容所体现出的一种思想或精神，是留给参会者对会议主办者及承办方的总体印象。因此，在举办会议时，必须提前确立会议主题，所有

的策划工作在这个主题下次序展开。

（三）安排会议接待

承办会议，极为重要的是会议的接待工作。会议的参加者来自天南海北，在风俗、习惯、价值取向等方面差异极大，会议接待工作某种程度上成为会议是否成功的重要标准。

会议接待主要包括以下内容。

1. 迎来送往

迎：如果能够策划富有创意的欢迎参会代表的形式，一定会给参会者带来愉悦感与深刻印象。今天，绝大多数的会议组织者都会因循旧例派人到机场或车站去迎接参会者，如果会议承办方能够策划比较新颖的迎接来宾方式，给来宾惊喜，将会是一个会议成功的良好开端。

送：在欢送会议代表时，按照惯例，可由会议代表自行安排离去或组织统一送别。但承办方如能精心策划，让每个会议代表携带上心仪的礼物，依依不舍地离去，就能为会议的成功召开画上一个圆满的句号。

2. 安排食宿

组织承办重要会议，吃与住是一件丝毫不可懈怠的大事。要让每个参会者满意，吃与住的问题就应该精心安排策划。例如，在吃的方面，要考虑参会者的国籍、民族、地域甚至生日等，吃饭的地点要干净、典雅、环境清新、宽敞，大厅可布置一定的会议标志或欢迎标语，会议工作人员应该热情、礼貌、善解人意、服务周到。重要会餐可安排歌舞表演或赠送小礼物。在住的方面，更要用心布置与安排，如参会代表的国家或民族禁忌要特别注意回避，代表的语言特殊性要事先进行专门的培训，入住酒店可安排水果、点心或晚上的烛光晚会等，并且可为参会代表在休闲时间安排富有创意的联谊活动等，努力实现令参会者满意、舒心、宾至如归的目标。

（四）创意会议议程外的活动

在会议固定安排的议程之外，承办会议的组织策划人员可以用心策划议程外的一些活动，增加参会者的意外惊喜与满意度。

常见的议程外的活动有以下几种。

1. 大型文艺演出

请专门的文艺团体表演与会议主题相符的文艺节目。

2. 旅游景点的游览

联系旅行社，安排参会者去著名风景区进行观赏。

3. 参会人员的联谊活动

联谊活动包括舞会、卡拉 OK 表演、户外舞会等。

对于承办会议的组织来说，可以通过事先的调查，精心策划一些新意而参与度高的活动，给所有参会者留下深刻的印象。

（五）设计会议交通路线

一般情况下，大型重要会议参会人数多、级别高、活动区域相对较大、会议用车较多，因而会议交通问题是要认真对待的。策划者要事先设计好行车路线，有专人事先协调好交通部门，保证出行安全、顺畅，不影响会议各项议程的顺利进行。

（六）媒体的报道

重要会议的举行，需要媒体的配合。承办会议的组织策划人员要与一些媒体记者进行联系，确定媒体宣传主题，拟定记者招待会的主要内容，确定专人撰写新闻稿件，把握媒体报道视角，注意突出组织的声誉与形象，使会议的召开令组织获得最大的社会效应。

（七）策划会议礼物

公众参加重要会议，主办方及承办方一般会有礼物相赠。恰当的礼物会给与会者留下长久美好的记忆，而选择不当的礼物，则会影响参会者对会议的美好印象，甚至对主办方及承办会议的组织方留下不好的感觉。因此，举办或承办会议，要认真考虑礼物问题。一般来说，选择会议礼物需要把握这样几个原则。

1. 礼物轻薄便携

赠送礼物尽量不要给与会者厚重的礼物，使之成为携带的负担，增加对方不必要的麻烦。例如，几年前，有个地方承办会议的组织给每个会议代表一台饮水机作为礼物，结果给参会者携带带来很大的不便。

2. 与会议的内容或主题有一定的关联度

如果礼物的品质或内涵正好与会议的主题或内容有关，就会起到锦上添花的作用，给与会者留下美好的印象。例如，低碳会议上把太阳能电脑散热器作为礼物相赠就比较恰当。

3. 礼物反映承办方组织文化特色

如果会议所赠送的礼物恰到好处地反映了承办会议的组织某方面的特色，使之成为一件体现组织文化、塑造组织声誉的载体，则礼物的选择也是比较恰当的。

4. 礼物实用而具有表现力

如果礼物对参会者十分实用，并且具有外显性，则礼物会受到与会者的真心欢迎，也有利于延伸会议的影响力。例如，一套简单的饮茶具或厨房小厨具等。

5. 礼物新颖而令人惊喜

会议礼物需要甄选，也需要精心设计。会议内容或主题如果能够融入礼物之中、参会者的个人信息能够在礼物中得到反映、参会者获得礼物能够让其惊喜等，则这样的礼物就会给与会者带来长久的美好印象，会议的作用自然会持续很久。

职场案例观摩

让世界看到真实、开放、自信的中国
——外国记者积极评价中国两会

《人民日报》北京3月15日电　“聚光灯”下的中国两会，吸引世界目光。“十三五”开局之年，3 200多名中外记者参加两会报道，其中外国记者超过千人，分别来自65个国家和地区的234家媒体。两会平台让“中国声音”通过全球媒体的镜头和话筒传遍世界，也让世界看到一个真实、开放和自信的中国。

充分开放——中国的做法值得赞赏

无论是新闻发布会还是记者会，抑或是“部长通道”、代表团组开放日，外国记者针对热点话题频频发问，忙碌的身影随处可见。肯尼亚无线传媒集团K24电视台新闻编辑卡罗琳·姆万基、赞比亚《每日邮报》网络版新闻编辑昌达告诉《人民日报》记者，他们应中非新闻交流中心的邀请而来，在两会记者会上获得提问机会，当时兴奋得连自己的名字都忘记介绍了。

尼日利亚最大报纸《太阳报》主编伊肯内·埃梅乌是近年来第一个在两会上提问的非洲记者，这让他到现在想起来还开心不已。他说，两会在中国的政治“日历”上是非常重要的大事，这从前来参与报道的媒体大军的数量上就可以略知一二。

马拉维时代媒体集团高级经济记者金斯利·詹西是第二次来中国。他对中国两会的开放程度印象深刻。“外国记者同中国记者一样，有机会采访这样高级别的会议并获得提问机会。在会议的开放度方面，中国政府的做法值得赞赏。”

展现自信——拉近政府与民众距离

韩国《中央日报》驻北京总局、特派记者申庚振说，真正参与到两会报道中，就会发现中国很民主。特别是可以就自己感兴趣的话题直接采访到不少代表委员，这让他对自己今后在北京的新闻报道工作充满信心。

相比2015年，俄罗斯塔斯社记者阿列克谢认为自己2016年收获更大，除了获得向大会发言人傅莹提问的机会，中国农业部部长也接受了他的采访。他说：“这对外国记者是极大鼓励。”

两会期间举行的多场新闻发布会释放了大量令人感兴趣的信息，外国记者还可以自由采访两会代表委员。南苏丹《今日报》记者玛丽·波尼·育古直言自己从两会的采访报道中“学到了很多东西，找到了很多很好的话题”。

印度《人民力量报》高级记者泰克昌德·索纳瓦尼和孟加拉国国《独立报》高级编辑帕尔文·艾哈迈德都对两会代表委员认真听会履职印象深刻，对中国政府真诚地回答民众和媒体的提问点赞，认为这展现了中国的“智慧与自信”。

民主决策——重视国家和人民利益

来中国前，詹西从西方媒体那里听说的中国是一个缺乏包容的国家，而今，他由衷地说：“中国之行彻底颠覆了我之前的印象。”他真切感受到，中国两会与西方媒体所描述的并不完全一样。在西方国家的政治模式中，议会时常出现打架斗殴现象，各党派目标不一，难以切实合作。“中国的政治制度让我明白了什么是亲密无间的合作精神。”他说，代表委员把

国家利益放在第一位，深知自己是在为国家和人民服务，这是一种非常和谐的状态，也反映出中国共产党是全心全意为人民服务的政党。

阿富汗国家广播电视台制片人巴希尔·艾哈迈德·萨米姆认为，两会代表委员在短时间内就中国的政治、经济、文化等议题进行广泛探讨，畅所欲言地提出解决问题的建设性方案，体现了民主开放、和谐高效的特点。

“中国让全世界的媒体参与两会报道，了解自身的政治结构、和平的外交政策及经济增长目标等，我之前从未有过这么棒的体验。”巴基斯坦国家电视台制片人塔利布·侯赛因认为，两会代表委员涵盖范围广，这反映出中国决策的民主。

尼泊尔《加德满都邮报》编辑桑吉夫·吉利也有同样的感受：“两会上，代表委员积极表达人民的心声，为老百姓的利益奔走呼吁。” 塔斯社北京分社社长基里洛夫看到，解决问题不仅是中国政府的事情，普通民众的意见和建议也得到了重视，“这充分体现了中国的民主”。

资料来源：记者王新萍、张光政、张梦旭等报道，《人民日报》，2016年3月16日，第3版，内容有删节

第三节 展销会活动

一、产品展销会的公共关系效应

对于生产产品的企业或制造商来说，产品销售是一个永恒的主题，企业会在一定的时候，通过参与或举办产品展销会的形式，创造一些与目标公众接触、沟通的机会，以此扩大产品销路，增加产品的销量，因而展销会既是市场营销的重要手段，又具有一定的公共关系效应。

（一）产品展销会上企业工作人员可与目标公众直接交流

一般情况下，产品展销会是企业展示产品的最佳机会，企业生产经理、技术人员、厂长等都会到场参加，利用展销会之机，组织可以不再依赖中间商而直接从消费者处获得对产品的反馈，也让消费者有了可以直接对话企业人员的场合，这必然会增进目标公众对组织的直接认识，留下长久的深刻印象，对于企业产品的销售、企业在更大市场范围内的拓展，都会带来良好的铺垫，更有利于企业未来的生存与发展。

（二）产品展销会可让目标公众在与同类企业比较中捕捉企业特色

在产品展销会上，同类型的竞争厂家齐聚一个平台，彼此亮出自己的看家本领吸引参观人群，公众借此可以对企业有了十分清晰的定位，捕捉到一些企业独有的长处。这对于一些平时在公众中较低知晓度、默默无闻的企业来说，具有非常显著的公共关系效益，十分有利于确立组织在公众心目中的稳定印象。

（三）产品展销会提供给企业多角度表现自己的舞台

通过产品展销会，企业可以精心策划，设计公关策划活动及一些产品促销活动，表现企

业经营宗旨，体现企业文化，让公众在活动中感受企业的文化魅力，加深对企业的全面了解，在购买企业产品的同时，认识企业，了解企业。

二、展销会公关策划步骤

产品展销会上，在各家企业竞相推出花样翻新的促销活动中，如果企业独树一帜地策划公共关系活动，则会成为一种标新立异的举动，令人耳目一新，吸引众人眼球，引起媒体的报道，因此，如何把公共关系活动策划得富有新意自然十分重要。其具体策划步骤如下。

（一）确立展销会的宣传主题

企业要想在高手云集的产品展销会上，推出富有组织特色的公共关系活动，使展销会成为新闻事件，首先要确立的是展销会的主题。只有确立鲜明而恰当的主题，才能让所有活动围绕主题有序展开，集中企业产品优势特点，形成富有竞争力的促销亮点。公共关系活动主题应既成为展销活动的中心，又成为公众关注企业的核心。主题要简洁、清晰，富有特色、醒目易记，过目不忘，如此才是成功的主题。

（二）设计展销会上的公共关系活动

在展销会上，各家企业层出不穷的手法基本上都是促销技巧，参观者往往见怪不怪，并不买账。如果展销会上设计、策划富有特色的公共关系活动，以真诚的沟通工作来赢得公众的认同，则往往剑走偏锋，会起到出奇制胜的最佳效果。因此，企业要提前安排策划团队进行策划，努力设计出令其他企业难以复制的公共关系活动。

常见的展销会的公共关系活动有以下几种。

1. 公益活动

公益活动主要是针对产品的目标公众，选取特定、有代表性的人群，对他们进行公益资助，帮困解围，雪中送炭，赢得社会公众的内心认同。

2. 沟通活动

沟通活动主要包括以学术会议、艺术表演、产品说明会、短期培训班等形式与目标公众进行互动了解，让公众在接触、了解企业人员的同时，了解产品，感受产品。

3. 公众参与活动

公众参与活动主要包括公众答题、微博投稿、游戏参与等，使公众能够在快乐享受中增进对组织的好感，加强对组织产品的认知，赢得公众对组织的深度了解。

（三）安排媒体予以报道

一般来说，展销会的各种促销活动难以成为新闻报道热点，只有具有公共关系意义的事件才可能吸引媒体与参观者的眼球，特别是社会公益事件、企业真诚奉献事件等。企业对此要注意把握时机，选择新闻点，及时安排相关媒体进行报道，包括举办新闻发布会，争取成为媒体与公众关注的对象。

（四）有机结合促销手段

在开展公共关系活动中，企业应该贴切地将公共关系活动与产品的促销结合起来，增进公众对企业、企业品牌、产品等的了解，提升公众对产品的信任度，扩大产品的销量，充分利用好展销会的良好氛围。

但要注意的是，开展公共关系活动时，不要表现出明显的功利性，应更多地关注公众对企业的了解与感受，体现出企业真诚沟通的态度。

职场案例观摩

阿里邀正能量人物为双11敲钟

11月11日晚10点30分，北京水立方，美国纽约证券交易所为“2015天猫双十一全球狂欢节”举行远程开市敲钟仪式，见证这场全球商业的狂欢。这是纽约证券交易所首次为一家中国的互联网企业举行远程敲钟仪式。这次代表阿里敲钟的不是淘宝卖家，而是8位曾获得阿里公益“天天正能量”奖的人物代表。

值得一提的是，长城捡垃圾的“洋清洁工”威廉·林赛就是《北京晨报》推荐的民间正能量人物。

敲钟是对中国电商的肯定

七年前的北京奥运会，水立方碧蓝色的外膜让世界直呼惊艳，七年后“双十一”，应景地渲染出阿里巴巴集团的主色调——橙色，似乎也在展示全球第一购物节的疯狂。

当晚10点30分，美国纽约证券交易所为“2015天猫双十一全球狂欢节”举行远程开市敲钟仪式。众所周知，纽约证券交易所的敲钟仪式不单单是一项传统，更象征着市场运作的有序不紊，远程开市敲钟仪式只在全球重大活动中举行。上一次在中国进行敲钟仪式是在2010年上海世博会期间。

业内人士指出，纽约证券交易所开市钟声在水立方现场响起，不仅是对阿里巴巴集团的一次祝贺，更是对中国电子商务在世界领先地位的肯定。

民间正能量登上大舞台

据悉，这是纽约证券交易所首次为一家中国的互联网企业举行远程敲钟仪式。站在举世瞩目舞台上的敲钟人，是8位来自民间的正能量代表，他们是爬着扔垃圾的“文明逗”霍柯嘉、抢救患者的“最美新娘”郭嫄嫄、长城捡垃圾的“洋清洁工”威廉·林赛、坚守35年的“三语”乡村教师盘学秀、87个孩子的“妈妈”麦琼方、打工还债的“诚信包工头”陈武现、“江河卫士”熊杨、带着父亲上大学的孝子韩天学。

“八位民间正能量代表，他们身上有着文明、善良、环保、大爱、奉献、孝义、诚信的正能量因子，塑造出凡人善举的微雕群像，汇聚成强大的正能量。”阿里公益天天正能量项目负责人透露，邀请8位正能量代表担任敲钟嘉宾，是阿里巴巴承担社会责任的体现之一。

洋清洁工威廉是《北京晨报》推荐

全球瞩目时刻，8人的正能量形象，通过“天天正能量”和“双十一”一起被世界熟知。据悉，阿里公益联合全国近百家主流媒体共同发起的大型公益项目，旨在传播正能量、弘扬真善美。项目自2013年7月成立至今，表彰奖励过的正能量人物已达1600多人。值得一提的是，长城捡垃圾的“洋清洁工”威廉·林赛就是《北京晨报》推荐的民间正能量。

威廉·林赛是一位生活在北京的英国人，他长期致力于长城保护和环保事业，创建国际长城之友协会后，推出了“山野之约”，鼓励人们在登山之后将自己产生的垃圾带回家中处理。威廉还用了10年时间雇用长城环保员，捡拾人们丢弃在长城上的垃圾。2014年5月5日，《北京晨报》在重点版面对其事迹进行了报道，威廉的故事广为传播。

资料来源：记者岳亦雷报道，《北京晨报》，2015年11月13日，第A10版

（五）设计完美的收尾活动

企业在展销会的期间，要善于设计高潮与收尾，始终把与目标公众的沟通作为核心目标，在展销会后期，通过一些小型沟通活动，让公众感受到温馨与真情，留下对组织的永久回忆。

研究与演练

一、理论研究

1. 公共关系人员策划组织的展览活动时，应该如何发挥公共关系的作用？
2. 举办会议时，承办会议的组织应该在哪些方面体现公共关系的目标？

二、实践演练

1. 在参加学校或学院举办的重大会议时，注意观察哪些方面符合公关策划的要求。
2. 参加企业促销的社会实践，试着运用公关策划的手段，发挥独特的促销效果。

第十章　危机型公关策划

第一节　公关危机特殊性分析

一、公关危机的形成

一次不成功的危机事件处理

（一）公关危机

何谓公关危机？其是指组织在遭遇某种危机的时候，引发公众对组织信任度与社会声誉的巨大怀疑，进而导致组织陷入更大的生存困境之中，这样的危机，就是公关危机。公关危机是一种存在最为普遍的危机，组织甚或社会的任何不良事件都可能导致组织公关危机的发生，如自然灾害、人为诬陷或自身过失等。

（二）危机的一般类型

在组织的各种危机中，主要表现为以下三种类型。

1. 社会性伤害

组织在任何情况下都可能遭遇一些不可预知的社会性危机，如地震、泥石流、雪崩、火灾、水灾、风灾、海啸、台风、火山爆发、雾霾、车祸、传染病、环境污染、战争、贸易制裁、法律新规、政治牵连等。这些灾害或突发的情况尽管影响的区域广，遭遇的范围可能有除了组织以外的其他组织或人群，但其对组织的打击可能是沉重的、甚至是毁灭性的，组织从危机中摆脱出来的难度要大、时间要长。

2. 他人诬陷

在某些时候，组织及其领导人可能会遭遇他人诬陷，使组织突然陷于被动或窘迫的境地。来自他人诬陷的情况主要有：竞争对手的陷害、过去宿敌的攻击、曾经员工的揭发、周边公众的流言、组织领导人的绯闻、媒体的捕风捉影等。这些事件引发的危机，有些可能很快予以澄清而化解，有些则可能导致组织遭遇巨大的压力，甚至破产，如组织领导人被害、企业产品被投毒、媒体不实报道等。

3. 自身过失

在组织遭遇的所有危机中，最不应该出现的就是自身的过失。但是，由组织成员失误导致的危机却经常发生。例如，产品质量问题、工作人员态度问题、组织领导人不当言行问题、员工低水平工作质量问题、员工操作失当导致的组织重大事故等。这些危机对组织造成的危害往往是致命的。如果组织在遭遇社会性伤害的同时，又因为自身失误而遭致他人诬陷，则这样的打击常会使组织难以招架，陷入绝境。

因此，危机对于组织来说，需要引起高度重视。

（三）危机转化为公关危机

当组织遭遇某种危机时，在什么情况下可以转化为公关危机？

严格地来说，任何危机，只要影响到公众对组织声誉的评价，都可能瞬间转化为公关危机。但是，公关危机最常存在以下三种情况。

1. 组织成员与公众发生利益冲突

组织成员在操作上或态度上的不当，造成与公众利益上的冲突，这样的情况在通过媒体报道后，最容易引起社会公众对组织的不满，也极可能迅即转化为组织的公关危机。

2. 组织领导人言行举止不当被媒体曝光

当组织领导人有不当的言行举止、被媒体捕获而曝光后，有可能很快被其他媒体大量转载，这样的负面新闻会对组织产生十分不利的看法，由此很快形成组织的公关危机。

3. 组织发生伤害公众的重大事故

如果由于组织管理不当，造成严重的伤害公众的事故，带来十分严重的社会影响，则组织的公关危机就与组织重大事故相随而来，组织曾经经年累月打造的好名声与声誉，可能在瞬间扫地，组织的重新崛起就变得异常艰难。

二、公关危机的特殊性

作为一个组织无论是国家也罢，企业也罢，还是任何一个单位，都有可能在某一时刻遭遇危机，当某种危机成为公关危机时，其表现出来的特殊性如下。

（一）对组织看法的改变

当组织发生重大危机时，大众媒体会连篇累牍地予以报道，组织长期以来打造的良好口碑会迅速遭到质疑，通过传播媒体无数的公众会重新审视组织，并怀疑自己对组织的信任，对组织的评价很快会因从众而改变，不信其无、宁信其有地接受媒体的导引，对组织的全部行为产生怀疑，这样的信任危机比组织现实的危机更可怕、更深刻。

（二）对组织行为的抵制

面对组织的重大危机，公众会在产生信任危机的同时，自发地加入抵制组织的行动行列中去。例如，企业产品消费者不再买了，顾客不再走进商场购买东西，销售单位将企业产品下架，大量产品被退货，该银行发生挤兑，大量学生从该校退学，主要国家不与该国家发生任何贸易往来，任何游客不再光顾该景点，以及网上出现压倒性的舆论攻击等，特殊情况下，公众会自发地联合起来，向组织发起示威抗议活动，导致组织陷于严重的舆论压力之下。

（三）对组织持久的排斥

组织在发生危机后，当费尽周折将危机挽救过来准备重新振作时，公众对组织的恶劣印象难以短期消退；即使危机过去，事情有所好转，甚至完全脱离了危机后，公众仍然会在很长一段时间里对组织的危机记忆犹新，甚至产生敏感性，几乎难以恢复到以前的好印象，这样的看法会导致组织的复出显得异常艰难。当然，如果组织处于垄断性或非市场化的环境中，那么危机的重新崛起会变得容易一些。

职场案例观摩

郭美美事件引发红十字会公信力危机

2011年6月26日，“郭美美Baby”在微博中声称，“出于无知在新浪微博上自称‘中国红十字会商业总经理’，对此愚昧行为给中国红十字会造成的名誉损害和公众误解深表歉意！本人从未在中国红十字会工作，身份完全本人杜撰”。

事实上，在郭美美的这则声明前，中国红十字总会已经连下三道声明，公开回应：红十字会中没有红十字商会的机构，也没有商业总经理的职位，更没有郭美美其人。中国红十字总会的多次声明并没有使得“郭美美事件”偃旗息鼓，相反，每一次声明几乎都会激起网民的质疑。此外，郭美美与中国红十字会高层之间的关系也不断被网民人肉，网民围观的内容也从郭美美与中国红十字会高层的关系上扩散到诸如郭姓副会长的手表是否拥有天价市值等。有舆论直接指出，“三道声明中，中国红十字会一直处于被动澄清的状态，始终看不到该机构为扭转局面的主动作为”。中央电视台《24小时》评论指出，中国红十字会光靠声明无法打消公众的疑虑，必须拿出事实证明才可以说服公众。

“郭美美事件”将中国红十字会置于无比尴尬的境地，公众和媒体为什么会和中国红十字会的声明较劲？这是因为作为承载着中国慈善事业名誉的社会公益机构，从万元帐篷到虚假发票再到天价公务餐事件，中国红十字会正在遭遇着严重的信任危机。微博上，红十字会“非典型”的一面正在被网民“暴晒”。一位电视台记者透露，两年前他到某级红十字会采访救助先天性心脏病儿童的项目，红十字会某领导很不客气地跟在场的十几家媒体说：“我们不是让先天性心脏病儿童到我们这里报名的啊，我们让你们报道是为了要社会捐款！！”中国红十字会的形象正在滑坡，谁都想一窥其黑洞。这一次，无论基于何种目的，“犯傻”的郭美美最初利用“红十字会”的标签正好炫出了一个洞口。

资料来源：作者陈方，《青年时报》，2011年6月27日，内容有删节，题目为著者加

第二节　危机型公关的策划

公关危机事件处理——开放性

一、危机型公关策划的难度

危机型公关的策划，较之其他的策划来说，具有巨大的难度。

（一）危机型公关策划的事后性

日常型公关、交往型公关、公益型公关、庆典型公关、展会型公关等策划类型，均为事前策划，即在开展公共关系活动时，策划人员会进行长时期的酝酿与准备，公共关系活动是在组织精心策划与安排的情况下开展的。但是，危机型公关策划则一定是在事后策划与应对的——不论事前做过怎样的预防。这种事后性，增加了公关策划的难度，使策划处于条件设定、被动应对的不利局面之下。

（二）危机型公关策划的复杂性

危机型公关策划是在组织遭遇突发危机的情况下开展的公共关系活动，危机的发生是组织事前无法预料或预料不到其严重程度的，危机发生后，对组织来说，常常容易陷入极度混乱与无序的状况，通过策划使组织尽快从舆论的攻击与信誉的危机中摆脱出来，是一件十分复杂而困难的事情，组织需要投入大量人力来查清问题、理清头绪，把事态扭转到有利于组织的方向上来，这是一件十分不易的事情。

（三）危机型公关策划的高投入性

在组织发生危机的时候，拯救危机需要巨大的投入，这也是在事前无法预算的，危机对组织生存的考验，让组织面临着是否不惜一切代价予以挽救的抉择，一旦确定，就需要巨大的投入，这样的投入远高于平时一般公共关系活动的策划预算，对组织来说是一件举足轻重的事情。

（四）危机型公关策划与实施的同时性

发生危机后，公关策划与实施需要同时进行，策划人员不可能去从容策划，然后再开展实施工作，而只能是面对危机，快速策划并立即实施，实施中发生误差，再及时调整策划方案，保证实施的有效性，这是危机下公关策划的特殊性。

二、危机型公关策划的步骤

虽然危机的发生形形色色，组织面对危机应对的手段各有不同，但一般地说，危机型公关策划的常规步骤是基本一致的，具体如下。

（一）新闻传播领导机构的确立

当危机来临后，出现的结果会令人震惊或诧异，公众与媒体迫切希望了解事情发生的具体情况，对组织来说，则不能惊慌失措、仓促应对。首先，组织要做的是尽快成立新闻传播领导机构，或者启动危机应急小组的传播机构功能，在最短时间制订应对危机的公共关系沟通方案。领导机构的成立需要明确其工作的目标——为组织最高领导人及新闻发言人服务，吸纳组织中与危机有相关性的部门领导人参加，尽快会商危机应对之策。

面对危机，事情“是什么”，远不及“说什么”与“怎么说”重要。因为危机事件的发生会在极短时间导致遭遇危机的组织成为媒体关注的焦点，舆论会在发生危机的几个小时之内形成，如果组织保持沉默，舆论的导向会最大可能地指向负面评价，因此，在危机发生后组织通过认真研究，确定“说什么”与“怎么说”是拯救组织的战略举措。

新闻传播领导机构的成立在危机发生与解决的全过程中，都发挥着重要的作用。在这一时期，任何对外、对内的传播策略，都需要通过这个领导机构来讨论与确定，任何人擅自决定传播的内容与表述的方法，都可能给组织带来巨大的不良反应，因此，对组织来说，新闻传播领导机构的成立及其工作，对组织摆脱危机，具有极为重要的意义。

（二）第一时间危机真相的发布

危机的发生突如其来，应对危机需要极高的效率。危机发生后，组织必须要抢在他人猜测与谣言形成之前发布组织方面的真实信息。组织发布消息时间的延误，是失败公共关系的开始。由组织真实信息发布而形成的公众舆论，会极大地倾向于组织，否则，会形成负面的舆论。而负面舆论极可能会致组织于死地。大量实践证明，公众的负面舆论才是组织遭遇的真正危机。对此，组织新成立的新闻发布机构应高度关注组织危机的详细情况，在第一时间将危机情况发布出去，丝毫不得懈怠。

职场案例观摩

天津！天津！

究竟发生了什么？

据新华社消息，2015 年 8 月 12 日 22 时 50 分，位于天津塘沽的天津港瑞海国际物流有限公司危险品仓库集装箱堆场突发大火，救援力量进入灭火，继而发生两次爆炸。第一次爆炸发生在 12 日 23 时 34 分 6 秒，第二次爆炸在 30 秒种后，两次爆炸相当于 24 吨 TNT 当量，现场腾起蘑菇云，两千米内建筑玻璃全部被震碎，救援人员被困。截至 8 月 13 日中午 12 时，此次爆炸事故共造成 44 人死亡，住院治疗 520 人，其中重症伤员 66 人。

事情发生后不久，国家主席习近平对天津滨海新区危险品仓库爆炸事故就作出重要指示，要求天津市组织强有力的力量，全力救治伤员，搜救失踪人员；尽快控制消除火情，查明事故原因，严肃查处事故责任人；做好遇难人员亲属和伤者安抚工作，维护好社会治安，稳定社会情绪；注意科学施救，切实保护救援人员安全。国务院总理李克强就救援和应急处置工作也作出批示，要求全力组织力量扑灭爆炸火势，并对现场进行深入搜救，注意做好科学施救，防止发生次生事故；抓紧组织精干医护力量全力救治受伤人员，最大限度减少因伤死亡；查明事故原因，及时公开透明向社会发布信息。

我们关注这件事，直播这件事。但我们也有点小尴尬，现场究竟发生了什么，因何而发生，引发爆炸的物品究竟是什么，我们还没有看到权威的信息发布。该看哪里，哪里有最新最权威的信息，甚至当地的人们下一步该怎么办，并没有一个确定无疑的官方平台在做这件事。

信息披露出了哪些问题？

从地图上可以看到，事发地不仅是仓储仓库，而且周边聚集了多个房地产楼盘项目，《搜天下》的一位同事在天津当地了解到，仓储地周边有众多新开发的楼盘小区，居民多是附近工作的年轻人，现场伤亡情况到底如何，目前的数据简单的令人吃惊。大爆炸形成的冲击波，对当地人员和建筑的伤害之大，我们只能通过现场图片看到一些，但具体伤亡情况，却依然并不明朗。从12日晚23时34分6秒发生第一次爆炸，网上各种猜测、臆断不少，有说加油站爆炸的，有说加气站，还有说恐怖袭击的，到底发生了什么，大家都想听到一个权威的，可信的消息。我们该相信谁？非常遗憾的是，截止到13日凌晨3点30分，爆炸四个小时后，我们也没看到天津的媒体发出一个字的消息，又一次集体主动或被动选择沉默，我们很想知道，为什么？

面对网上铺天盖地的各种揣测，一些国家级媒体新华社《人民日报》，开始快速启动报道模式，尤其是央视新闻，利用他们庞大的记者站和快速直播团队，给出了第一手、第一线的报道，这些信息被各大关注事态发展的媒体和网络大V转发，及时起到以正视听的作用，值得赞赏。

爆炸因何发生，爆炸原因可以逐步调查，仓储物品却可以尽快查清。

无法获知爆炸原因，在事发第一时间这或许情有可原，但当地仓储空间到底存放着哪些物品，却是可以第一时间查询的，但令人遗憾的是，事发地政府部门，经过一夜的工作，依然无法向外界公布相关情况。危险品物流仓库，到底是哪些危险品，如果现在都查询不到仓储信息，那是不是意味着仓储管理本身就存在混乱的状况？官方微博账号上，除了很简单的图片和伤亡信息，看不到更详细的情况，甚至爆炸因何而发生，事发公司的仓储情况，也没有披露，这不能不说是救援工作的第一个大bug。

爆炸发生地的空气、水源乃至其他爆炸次生灾害情况，需要政府及时发布真实数据。

大的爆炸之后，只有信息及时、全面、权威发布，才能让人们做起码的情势判断，当地居民的工作、生活、出行是否因此要做调整，空气质量状况，饮用水情况，都需要据此做出公共预判，以及制订一整套应急方案。但目前的情况看，网友的社交媒体发布要在媒体之前，媒体信息要在政府官方信息之前，但因为没有官方数据的及时发布，使得前两者的信息无法聚集，人们没有办法宏观掌握和了解现场局势。

查看即时的天津当地空气检测，官方数据里的当地空气，依然良好，这与昨晚的惊天大爆炸之间，存在多么大的反差，看到已经戴上防毒面罩的交警在执勤，但看不到对市民出行的空气警报，这不能不说是天津当地政府在应对公共危机中需要及时弥补的不足。

一场大爆炸，一座城市能否应对，又有哪些问题？

一场城市危机正在上演，天津这座中国特大城市的整体应对能力如何，必然要面临这次大爆炸的大考验。此前的一些公共事件中，天津被外界称做没有新闻的城市，蓟县大火时的信息遮蔽，善后过程中的粗放粗暴，依然历历在目。

一场公共危机之中的政府作为，是灾难救援以及事故调查和善后的关键所在，首先是最及时的资源调配，救援指挥，但同时，整个事发现场的信息汇总，及时向外界和所在地城市居民进行通报，也是重中之重，甚至尤其重要。

一场灾难会否引发一座城市的恐慌，这就要看事发同步的公共信息披露平台，是否有效运转。网站和社交媒体，现在信息井喷，但最需要的信息汇总与官方权威发布，尤其是事发地相关信息，以及伤亡、救援却落在了后面。一场大爆炸，考验一座城市！

资料来源：《搜天下》特别节目《天津！天津！》，http://mt.sohu.com/20150813/n418791195.shtml，2015年8月13日，内容有删节，题目为著者加

危机真相的发布可以通过三种方式或渠道完成。

1. 紧急召开新闻发布会

在危机发生后的最短时间，召开新闻发布会，向媒体及公众发布危机的真实情况。组织的公共关系人员应该知道，在最短时间内将危机发生后遭受的损失与组织的现实情况如实公布是明智的，任何试图隐瞒或制造谎言的行为，都是极为愚蠢的；面对媒体任何对危机损失的矫饰、含糊其辞、甚至轻描淡写，也是十分不明智的。不要以为媒体或公众可以欺骗，这样的想法极可能导致组织做出自欺欺人、最终自取其辱的结果。

职场案例观摩

天津港瑞海公司仓库爆炸事故首场新闻发布会召开

《光明日报》天津8月13日电（记者陈建强、光明网记者朱斌） 12日23时30分许，天津港瑞海国际物流有限公司危险品仓库发生火灾爆炸事故。13日下午4点30分，天津市召开了爆炸事故发生后的首场新闻发布会。

记者从新闻发布会上了解到，事故发生后，天津市立即成立了伤员救治、现场处置、保障维稳和群众工作、舆情、事故调查5个工作小组，全方位开展救援以及善后处理各项工作。

滨海新区区长张勇表示，该区已立即启动应急响应机制，开辟应急避难场所，迅速疏散现场周边三个居民小区的群众；安排了10家医院共1 000余名医护人员全力救治伤员，同时安排新区干部分别进驻各医院，做好对伤员以及家属的接待、安置和心理安抚工作。

天津市卫生与计划生育委员会启动突发事件医疗卫生救援预案，迅速组成了由天津市属29所三甲医院110名专家组成的专家组，分赴滨海新区各个收治患者的医院进行支援。

天津市环保部门在滨海新区爆炸事故发生后立即启动应急监测。根据监测结果，初步确定刺激性气味气体主要为甲苯、三氯甲烷、环氧乙烷。目前，事故点周边6项常规污染物（PM2.5、PM10、一氧化碳、二氧化硫、二氧化碳、臭氧）未受到明显影响，与全市平均水平基本相当。入海排水口已经全部关闭，环境水质未受到事故影响。

成立于2011年的瑞海国际物流有限公司是一家民营企业，为天津海事局指定危险货物监装场站和天津交通委员会港口危险货物作业许可单位。目前企业相关负责人已被控制。此次事故的原因仍在调查中。截至13日18时，此次爆炸事故共造成50人死亡；住院治疗701

人，其中重症伤员71人。

资料来源：记者陈建强、朱斌报道，《光明日报》，2015年8月14日，第7版

在2015年8月12日夜发生的天津港瑞海公司仓库特大爆炸事故的处理中，天津市政府举行的新闻发布会是在事故发生之后的第16个小时，在这个传播极为快速、便捷的时代，这样滞后的新闻发布会，自然引起媒体的喧嚣与公众的抱怨，也严重影响了公众对天津市政府的正面评价。

2. 委托重要媒体发布声明或新闻

如果组织认为召开新闻发布会的条件不具备，则可通过重要媒体在危机发生的第一时间向全社会发布组织危机的消息，消息的发布可以是新闻，或是重要声明。消息内容必须是真实可靠的，包含有具体数字与情况表述，并体现出组织对相关责任的承担与对受害方的深切关心，体现出态度坦诚、勇于担当的姿态。

3. 通过组织网站等形式发布

重大危机的发布，特别是源于组织自身失误而导致的内部危机，还可以通过组织网站及微博等来完成，也可通过在公共网络上发布信息来告知公众。虽然网络带来了便捷的信息传播形式，但也要高度关注网络的灵活、多样性反应，以及网络信息覆盖的无情性。组织应设有专门人员回应网络质疑，对从其他渠道获得的组织危机信息，应有充足的资料来支持组织提供的危机事实，并快速反驳负面或不实的传闻，保证能够在危机发生后的第一时间组织发布信息的权威性。

（三）将事故的情况与调查的结果随（及）时公布

当危机事件发生以后，组织的传播人员要建立新闻发布的基本制度，每天或固定时间来发布新闻，因此，新闻发布会的举办就变得十分重要。组织应及时对外宣布所确定的新闻发言人、新闻发布时间、地点等，通知媒体参加，并安排信息采集人员能够保证在固定时间里提供具有新闻价值的信息。新闻发言人要具有应对媒体的经验，面对记者提问，要准备有详实的事实资料来说明，不得以“无可奉告”来搪塞，更不能用具有个人感情色彩的表述如“不管你们信不信，反正我信了”①等来应付。组织面对媒体的追逐，应本着实事求是的态度，坦诚地向全社会告知危机事件发生的情况与组织调查的结果，掌握舆论的主动权与事件的解释权，使组织在危机事件中处于有利的地位。

（四）直面媒体与公众——将公众与公共利益放在首位

在组织处理危机事件时，应有一个基本的价值取向，即直接面对媒体、直接面对公众。新闻发布会虽然创造了与记者面对面沟通的机会，但绝不是组织沟通的全部，而仅仅是刚刚开始。组织的相关领导及与事故有关联的责任人或处理事故的负责人，都要有面对媒体坦诚沟通的态度，都要准备随时接受媒体的采访、解答媒体的疑问、告知事故处理的有关细节以

---

① 2011年7月23日杭甬高速铁路发生列车追尾的严重伤亡事故，原铁道部新闻发言人王勇平面对记者提问，如是回答。

及所有记者想要了解的信息，而不能把记者简单推向新闻发言人了事，而漠视记者的采访要求，或生硬拒绝记者的提问，最后导致记者只能以猜测或听信所谓“知情者”“业内人士”“旁观者”等的评论，发表出对组织十分不利的信息；另外，危机事件的发生，往往会出现受害者，组织要在第一时间走到受害者及其家属的身边，承担起组织应有的职责，组织领导人要亲临现场，慰问受害人及家属，解答受害人及家属的疑问，抚慰受伤者及死难家属，尽组织之力把受害人、家属及社会公众的利益放在组织自身利益之上，在公众中构建起组织负责任的社会形象。

（五）策划沟通活动，增进公众对组织的了解

在策划危机型的公共关系活动时，具有挑战性的活动就是策划富有吸引力与影响力的公共关系沟通活动，使组织能够在公众高度关注的情况下，把组织的真实情况或家丑亮给公众，这既需要勇气，更具有风险，但敢于这样做，则最后的结果一定是能够让组织挽狂澜之既倒，转危为安。具有典型性的沟通活动主要有以下几种。

1. 参观组织或举办开放日活动

当危机发生在组织的区域内时，不论是外在客观原因、还是内在主观因素引起的危机，都可以在第一时间策划组织参观日或对外开放日的活动，参观的人员主要是媒体，有时一般公众也可以参观，特别是涉及社区、顾客、消费者利益或社会公共利益时，也要主动邀请公众代表或社会民间组织（又称非政府组织①）代表参加。参观或开放日活动的最大优势是，可以让媒体与公众亲眼看到事情的真相，这较之连篇累牍的辩解说辞要有效的多，即所谓眼见为实。组织举行公众参观或对外开放需要把握的重点是，决不刻意地去修饰现场，而是完全真实地展示组织的全貌，对危机造成的灾害，要注意保护现场，把事实留给公众，让事实说话。

2. 面对面座谈（对话）会

如果危机发生的地点是在某一公共场所，如公路、机场、医院、学校等地，则可以举办现场座谈会或对话会，组织主要负责人亲临现场，与受害公众面对面谈话，了解情况，听取意见，创造直接的接触机会，以增进彼此的认知，面对问题积极解决。召开座谈会或对话会的地点，应该要在事先调查过，现场应该有所修饰或布置，要制作必要的宣传物，努力营造坦诚沟通、真诚对话的氛围。

3. 领导人巡视活动

在危机发生的现场，组织领导人第一时间赶到事发地点，与受害者见面，慰问受害者，与受害者嘘寒问暖，表现出极大的关心之意，让受害者感受到组织直接的关怀与温暖；同时要了解灾情，指导赈灾情况。这样的沟通活动需要媒体的及时报道。当然，巡视活动也使组织领导人冒着极大的风险，因为灾难现场往往仍潜伏着新的危险，如地震后的余震、毒气泄漏后的残留、动乱后的不安定等，这是需要组织公共关系人员高度关

① 非政府组织（non-governmental organization，NGO）。

注的。

（六）把事故处理结果告知公众，将组织责任负责到底

当危机趋向结束时，组织要注意积极的收尾。首先要继续保持定期将危机处理情况告知公众的节奏，尽管后期的信息会不断减少，但关于公众、尤其是受害公众的情况仍应及时向社会说明，显示组织负责任的姿态，甚至事情发生后的相当一段时间，如一年或两年后，仍然对组织妥善处理危机后的情况有所报道，有助于组织真正从危机中将不良的声誉扭转过来。切忌组织在危机后期置公众于草率处理的境地不顾，努力摆脱自身责任、不顾及组织今后发展的需要，只做表面文章，以敷衍的态度应付记者，最终恐怕落得危机没有击垮组织，自己的拙劣表现导致公众的负面评价而将组织毁于危机之中，这是一定要避免的。

三、确立危机公关的处理原则

面对突发的危机事件，组织在开展危机公关时，要把握如下一些原则。

（一）组织声誉至上原则

组织公共关系人员应该十分明白，在处理危机带来的所有事宜时，都应该以保护组织声誉为最高原则，一切均服从于这个原则，任何与此原则发生的冲突，均应予以让步，而绝不能为了一时小利，牺牲组织的声誉。

（二）危机信息公开原则

危机的发生，经常会带来一些不为人知的内幕的曝光，令组织处于十分尴尬的境地。为避免这种情况的发生，在应对危机事件时，组织应该以十分明朗的态度主动公开危机涉及的所有信息，绝不故意拖延、试图掩盖、甚至伪造事实，否则势必要为此付出沉重的代价。

（三）快速发布信息原则

危机发生后，信息发布最重要的原则是“快”，即第一时间将情况发布出去，抢在所有非组织信息渠道发布之前。信息的发布可以通过组织网站、微博、新闻发布会或新闻稿形式。如果组织人员拖延发布甚至故作沉默，那么，组织遭遇到的一定是谣言满天、信誉扫地，真正的危机就形成了。

（四）直接沟通公众原则

当危机来临时，组织的全体人员应该以高度的责任心来面对公众，无论是组织的领导还是公共关系人员，抑或参与危机处理的人员，都应该真诚地面对公众，与公众进行面对面的沟通，倾听公众的诉求，绝不回避与公众的直接接触，积极地解决问题，把危机带来的负面

影响稳步地控制住，以赢得最快的起死回生机会。

总之，面对危机公共关系十分复杂的情况，组织要本着一些基本的工作原则，冷静、有序地应对与解决，努力化危机为转机，将危机事件妥善地处理好，努力使危机成为组织今后更大发展的新转折点。

第三节　危机公关管理

一、树立组织危机下的公关意识

一个成功的危机处理案例

在今天，危机的发生虽然不是常态，但出现的频率较之以前是大大增加了，很少有组织能与危机绝缘。因而，危机意识已经在很多人的思想中确立。但是，危机发生后，面对危机应当如何传播，怎样来应对公众的质疑，这样的意识，很多人可能还没有明确而正确的认识。

（一）危机发生后第一时间的公关意识

一个组织中的每一名成员都是组织完全意义上的公共关系人员，这是“全员公关”的核心内涵。当危机发生后，组织的工作人员在第一时间应该怎样做？

1. 组织的每名成员应该意识到，挽救组织的声誉高于一切

当危机来临时，遭遇最大危机的，不仅仅是组织的财产损失，更重要的是组织在社会公众中的声誉。声誉是组织多年缔造的公众对组织及其产品的信赖，而长期优质品牌的产品对公众来说，已经构成了其日常生活中的一部分，一旦组织遭遇巨大危机，则可能导致相关组织（尤其是企业）的不良连锁反应，给大量公众的生活带来一定的心理冲击，致使其产生心理恐慌与信任危机，严重的话还会带来一定区域公众日常生活的紊乱。因此，危机的发生绝不仅仅是一个组织自身的事情。组织的每一个人员都要意识到，危机的发生并不可怕，可怕的是公众对组织信任的坍塌，维护组织的社会声誉，应该是危机发生后组织的每一个成员都要明确意识到的问题。

2. 危机责任人员应该意识到，公布事实真相是最智慧的选择

危机的发生不以人的意志为转移，但正确应对危机却是危机责任人员必须高度重视与妥善处理的职责。危机责任人员要始终清醒地意识到，不论危机来自何方，坦诚公布事实是最为智慧的选择，去除谎言、公布真相是必须恪守的公共关系信条，绝不能在危机发生的第一时间，试图自作聪明地去掩盖事实，甚至销毁证据等。面对危机，自欺欺人等于自掘坟墓，组织的公共关系人员及危机处理的主要领导，一定要确立这样的意识：把真相公布，让公众知道发生了什么比其他任何事情都重要。

3. 组织公关策划人员要意识到，公众与社会利益高于组织利益

面对危机，公关策划人员要冷静地意识到，尽管危机受损的最大方是组织自身，但是在挽救危机时，关注公众利益与社会利益是组织应该首先做出的抉择，只有把公众的利益维护好，才可能谈得上组织自身利益的维护；只有为社会长远利益考虑，才能够让社会公众接受历经危机而伤痕累累的组织还是可以信任的事实。如果在危机发生时，组织强调自身利益，或者刻意去维护自身利益，那么，势必会看轻公众及社会利益，就会在危机的处理上，半推半就，不全力以赴，最终导致责任失守，令公众失望，被社会谴责，结果只能是在危机中被公众排斥或唾弃掉。

（二）危机处理中的公关意识

1. 组织领导人的沟通意识

在危机发生、组织面对要立即处理的复杂局面下，组织领导人应确立十分明确的公共关系沟通意识，即面对媒体与公众，积极地迎上去，主动沟通，不回避问题，不逃避责任，将事故发生的真实情况向社会公布。在这种意识的指导下，组织领导人才能够去指示组织的公共关系人员具体落实与公众沟通的事宜，安排组织的全体人员，面对危机，正视危机，给社会公众一个明朗、诚信的良好印象，以便在危机中寻求生机。如果组织领导人没有公共关系的沟通意识，则危机下的组织可能做出错误的行动选择，新闻发言人在媒体面前就会躲躲闪闪，语焉不详，受到暗示影响的组织公共关系人员与内部公众，就可能做出逃避责任、隐瞒真相的行为表现，给社会公众留下的印象就会对组织极为不利。

2. 组织公共关系人员的新闻意识

在组织处理危机的过程中，公共关系人员要随时注意新闻稿的撰写及新闻的发布，确立鲜明的新闻意识。危机的发生，会激发媒体与社会公众对组织的极大关注，组织公共关系人员应在第一时间向新闻界提供新闻稿并发布新闻。这是基本的公共关系应对反应。如果组织的公共关系人员自己不去撰写新闻稿、主动发新闻，则新闻记者就会利用他们自己的渠道或处理问题的方式去撰写新闻，那么，组织的公共关系工作会陷于被动，组织的话语权就可能失去，对新闻事件的报道有可能失实，其后果则难以预料。

3. 组织接待人员的信息反馈意识

在危机发生时，大部分情况下会出现一些伤亡情况。当处理这些伤亡人员时，组织需要配备一定数量的接待人员参与其中或全程介入，组织的接待人员应该有十分明确的信息反馈意识，有关伤亡情况的任何变化，都应该在第一时间向组织的决策层反馈，并在之后的过程中，随时向上级报告伤员与死难人员的情况，绝对不能隐瞒实情或延误报告，因为这样的反馈对组织的正确决策发挥着至关重要的作用。组织接待人员的这种公共关系意识，直接影响到组织危机发生与处理中公众对组织的印象，也最终决定了组织能否尽快从危机中求得生机的质量。所以，反馈意识是组织的接待人员必须要具备的。

（三）危机结束时的公关意识

1. 组织对公众的尊重意识

当危机面临结束的时候，组织的全体人员应普遍确立对公众尊重的意识，即公众至上，对公众的各种善后要求要在法律与道义的范围内予以最大限度的满足，把危机善后的事情做完整。绝对不能在危机结束的时候，轻视公众的利益，认为危机已经处理完毕，该赔偿的已经赔偿了，其他的事情与组织无关，因而对公众最后的利益诉求于不顾，草草收尾，让人觉得虎头蛇尾。最后给公众留下这样的印象：组织在前期的种种承诺与表现仅仅是在媒体上作秀而已，在内心中并没有把公众的利益放在首位。如果是这样，则可能导致组织前期的公共关系工作前功尽弃，这是非常危险的。

2. 组织经营的长远意识

在妥善处理危机之后，组织的每一个人员都要意识到：危机的发生对组织是一个重大考验，组织之所以倾其全力挽救危机，是因为组织的发展是一个长久的事业，不是一个短期谋利的过程；每个成员都应该与组织的经营者一样具有长远的意识——组织在挽救危机时的每一个行为，都是为了组织长远的经营与发展，而不是仅仅为眼前利益考虑；组织遭遇的危机是经营发展中可能遇到的必然问题，不是例外；对公众负责、对社会负责，这是一个组织健康发展必须具有的职业品德。组织只有确立长远眼光、长远意识，才有可能战胜危机，在发展中走得更久，否则，面对危机，目光短浅，则必然不堪一击。

3. 组织发展的品牌意识

通过危机的挽救过程，组织恰恰可以教育全体员工更加懂得珍惜组织的品牌，确立牢固的品牌意识。通过危机的洗礼，应该让所有成员认识到：在组织品牌打造的过程中，经历风雨是一种正常现象，只有在这样的过程中，品牌的确立才更显得不易与需要珍惜，品牌的保护是要付出昂贵的代价，任何对品牌的不负责任的行为，都可能导致组织陷于危机之中，而重新赢得公众对品牌的认可，需要组织全体人员以高度的责任心来呵护与争取。由此组织的全体成员才能在心中确立起至高无上的品牌意识。

二、建立公关危机的预警机制

有效地应对公关危机，最好的办法是防患于未然，提前建立对危机的预防措施。危机公关的策划，是公关策划的类型中唯一事后策划的类型，事后策划的仓促性与被动性是导致危机公关难以周全的重要原因。因而，建立一套预警机制，有效地防范公共关系危机的发生，是一个十分重要与必要的问题。

建立公关危机预警机制至少需要有以下三个系统。

（一）建立环境信息监控系统

对于一个组织来说，要将危机控制在萌芽阶段，就要对组织生存与发展的社会环境有一个基本的信息监控。组织应建立起对所处环境的信息监控管理，在任何时候都能够对组织的内在环境与外在环境有清晰的了解。因此，组织的公共关系部门要定期开展对所处环境的调查与反馈工作，及时收集组织的内外各种信息，设立信息库，调查、统计分析组织的各方面信息，系统分析可能影响组织生存与发展的多方面因素，将潜在不利的因素及时向组织决策层汇报，提供相应的参考数据，及时引起决策层对可能发生危机的警觉，以便提前制定相应的防范措施。

1. 内部重要信息监控

组织公关部要对组织内部的所有情况进行信息收集，尤其是特别容易发生危险的重要职能部门，要建立定期的信息收集与分析机制，同时对内部员工的各方面情况进行全面的调查，对组织领导者的言行进行必要的了解或建议等。

2. 外部信息监控

组织公共关系人员对与组织有高度相关性的合作伙伴或公众进行信息的调查，随时了解与分析重要公众的基本情况；对与组织有密切关系的公众，建立即时信息反馈制度，消除投诉公众或意见领袖的极端情绪反应；随时了解与组织有合作意向的公众情况，发现新情况及时反馈。

随时了解社会可能存在的各种危险因素，如自然灾害、恐怖活动、环保事故及其他突发事件等。

（二）建立日常信息沟通系统

在组织内部，应建立一套完整的日常信息沟通机制，信息的发布与反馈保证流畅而及时；在发现问题时，能够在第一时间反馈至组织的决策层，使组织的决策层在最短时间内了解到基层的一些重要变化，以便将计划及时做出调整；同时，要保证基层人员在信息发布的第一时间收到组织的重要信息，及时做出必要的反馈，激发员工的自觉沟通意识。

组织信息的沟通，重要的不是发布及传达信息，而是反馈信息，组织应尽量建立较少的层级关系，保证信息的快速流动，对于重要的信息，特别是可能具有重大隐患的信息要做到在最短时间里送达到组织的决策层。

内部信息沟通一般有以下两种渠道。

1. 正式沟通渠道

在一个组织中，正式沟通渠道往往有由上而下的信息传达与由下至上的信息反馈。

1）由上而下的信息传达

这在组织中是十分正常的信息沟通方式，主要通过组织的文件、报纸、刊物、网站、广播、电视、领导人个人微博、手机短信、电子邮件、内部朋友圈等渠道传达。传达的速度快、覆盖面广、效率高，但是大部分情况下效果不好。因为组织中有很多人对正式渠道的信息有一种本能的懈怠或逆反，常常不去认真学习与了解组织的一些重要信息，仅借助于道听途说、他人转述，因而对组织信息的知晓容易片面与浅显，因而内部员工对组织重要信息的忽略常常成为内部危机的温床。

2）由下至上的信息反馈

在一个组织中，对正式信息的反馈需要专门人员的收集整理。今天，内部公众对组织正式渠道发出的信息反馈主要有座谈会、员工投诉、领导谈话、手机短信回复、电子邮件回复等渠道。但这些反馈并不是十分充分，有些意见也未必真实，在收集整理信息时要注意甄别与核实。

2. 非正式沟通渠道

非正式沟通渠道也分为两个方面，信息的传播与信息的反馈。

1）信息的传播

非正式沟通渠道信息的传播一般范围很小、速度较慢，但效果很好。其主要形式有领导与员工聊天、部门负责人对个别员工进行政策的解释、领导人实名微博、手机短信回复等。对于一些信息发布部门，如果善于运用非正式沟通渠道进行信息的快速传播，常会有较高的传播效果，如在 qq 群、朋友圈、群发短信平台等渠道中，以活泼生动、图文并茂的形式把信息解读清楚、提醒明白。

2）信息的反馈

通过非正式渠道获得的信息反馈，虽然意见零散，信息量有限，但真实性高，价值大，对政策的调整与内部公众意见动态的把握有很大帮助，有利于及时发现一些潜在的危险因素，便于组织防患于未然，未雨绸缪。在现代传播技术发达、信息传播手段多样的条件下，信息的反馈可以更加精准地获得，这为公共关系人员进行信息传播的管理带来了较大的便利。

职 场 案 例 观 摩

在服务保障峰会中检验深化提升平安浙江

全省建设平安浙江工作会议暨 G20 杭州峰会维稳安保工作动员大会（2016 年）3 月 31 日上午举行。省委书记、省委建设平安浙江领导小组组长夏宝龙在会上强调，即将召开的 G20 杭州峰会是对平安浙江建设 12 年成果的一次总检阅，我们必须把做好峰会筹备工作作为压倒一切的头等大事，举全省之力，以最高标准、最快速度、最实作风、最好效果，精心做好峰会服务保障工作，全力“鼎助”峰会安全胜利召开，以平安浙江建设的新成效确保 G20 杭州峰会的绝对安全。

夏宝龙在讲话时说，G20 峰会放在浙江、放在杭州，是以习近平同志为总书记的党中央交给浙江的重大政治任务，是对浙江的高度信任和重托。平安是 G20 杭州峰会的前提，是对平安浙江建设和对各级党委、政府和党员领导干部能力、作风和精神状态的一次大考，更是对平安浙江建设成果的一次全面检验。“平安浙江灵不灵，就看护航 G20”，全省上下必须切实增强政治意识、大局意识、核心意识、看齐意识，自觉把 G20 杭州峰会筹备工作作为压倒一切的头等大事，时刻对标维稳安保这把尺子，在服务保障峰会中检验平安浙江、深化平安浙江、提升平安浙江。

夏宝龙强调，隐患往往藏于薄弱点，风险通常出在短板处。要坚持问题导向、目标导向、效果导向，抓紧找准补齐短板，切实把各种风险预测在先、预防到位，掌握主动权、打好主动战。要既重战略又重战术，以开展反恐防暴、矛盾纠纷排查化解、治安问题整治、生产安全整治、公共安全整治、群防群治以及系列平安创建等“十大行动”为抓手，突出重点、把握节奏、讲究方法、精准落实，坚决打赢“平安护航 G20 大会战”这场硬仗。全省各级党员干部要进一步坚定信心、振奋精神、提升干劲，保持非常之状态，压实非常之责任，开展非常之考核，担当担当再担当，落实落实再落实，确保峰会绝对安全。

李强（浙江省省委副书记、省长）在主持会议时要求，各地各部门要深入贯彻落实省委决策部署，进一步深化平安浙江建设，切实做好 G20 杭州峰会维稳安保工作。要凝心聚力抓落实，拿出最大决心、投入最多精力、落实最严措施，坚决打赢“平安护航 G20 大会战”；要以严实作风抓落实，主动聚焦重点领域，不放过任何一个疑点、不放过任何一个隐患、不放过任何一块短板，积“小安”为“大安”；要明确责任抓落实，切实履行好各自职责，确保各项工作无缝对接、高效运转，同时强化督促检查，严格实行责任追究制，确保峰会绝对安全，把平安浙江建设不断推向深入。

赵一德（浙江省委常委、杭州市委书记）在发言时说，杭州市将坚决贯彻省委、省政府决策部署，一切行动听指挥，深查细找工作短板，系统推进立体化防控体系建设，坚决打赢“平安护航 G20 大会战”。我们将认真落实反恐工作责任制，加强情报收集和分析分析，完善快速反应应急机制，全力打好主动仗；将依法深化涉稳问题、安全生产、治安、交通、消防、网络六大领域专项行动，全方位、立体化、地毯式排查化解风险隐患，全力打好攻坚战；将以网格为依托，把各行各业的人员动员起来，把大街小巷的市民组织起来，用好群防群治“法宝”，全力打好阵地战。

资料来源：记者应建勇、王国锋、吕毅报道，《杭州日报》，2016 年 4 月 1 日，第 1 版，内容有删节

（三）建立危机信息发布系统

组织在日常管理工作中，应该设立危机信息的发布机制，以便对于任何可能的危机情况及时予以危机的预告，并保证危机到来时信息发布的及时与通畅。

建立危机信息发布系统重点要明确的是：

（1）危机发生的第一时间，组织的新闻发布人员常规反应机制。

（2）如何设置统一的新闻发言人。

（3）一般工作人员在危机发生后应该如何面对新闻媒体的采访。

（4）具体负责新闻稿写作的人员有哪些。

（5）一般的危机新闻稿如何撰写。

（6）如何应对新闻记者的非正式采访。

（7）新闻发布会如何召开等。

在危机信息发布的管理机制下，这些工作均需要事先演练，相关人员需要提前培训，全体员工需要日常的教育，组织上下全体人员需要有居安思危的警觉意识与自觉维护组织声誉的公共关系意识。

研究与演练

一、理论研究

1. 当组织遭遇公关危机时，公共关系人员应该具备怎样的素质？
2. 管理公关危机时，应该让全体员工明白什么问题？

二、实践演练

1. 模拟公关危机后的记者招待会，感受来自媒体的压力。
2. 关注媒体上的危机事件，了解对方是怎样应对公关危机的。

第十一章　公关策划人才培养

第一节　思想道德修养

公关策划人员在一个注重公共关系管理的组织中是极为重要的工作人员。他们的策划思路与方案的形成，依赖于长期坚守的职业道德规范素养与深厚的专业能力。只有具有高尚道德修养的人，才能站在组织全局的战略高度，策划出对组织的生存与发展、对社会公众的生活、对社会文明的推动有重要影响的高质量公共关系方案。自公共关系职业诞生之日起，注重道德修养并自觉坚守成为了公共关系从业人员必须时刻清醒恪守的信条。“公关之父”艾维·李早在一百多年前就提出“说真话”“公众必须被告知”，爱德华·伯内斯在 1923 年也提出：“如是而观，我们必须清楚，公共关系顾问必须遵从与其合作的新闻媒体的最高道德标准和技术要求。否则，他不可能成功。”[①]直到今天这些提醒仍然放射着强烈的警示光芒，指引着一代又一代公共关系人员在从业的道路上谨记职业道德，恪守职业规范，努力成为社会上维护声誉、树立品牌的典范。因此，作为一个公关策划人员，首先需要培养的是良好的道德修养。

一、确立正确的价值观

价值观是一个人判断与评价个人、自然、社会公共事务等几乎所有问题重要性程度的全部指导思想。人在清醒状态下的任何行为决定都受到价值观的影响。价值观指导着一个人在社会上行为选择的取舍。正确的价值观使一个人做出符合社会道德规范的行为，受到社会的赞赏与尊重；错误的价值观会使一个人变成唯利是图、损人利己的坏人。在一个健康的社会制度下，正确价值观会得到弘扬，奉行者会获得极高的社会回报，错误价值观指导的行为会受到社会舆论的谴责，并遭到社会唾弃与惩罚。总之，一个人价值观的修养对社会的文明进步具有极为重要的意义，它是一个人全部素质的内核。具体到在开展公共关系调查、设计公共关系活动主题、策划公共关系活动时，以正确的价值观为指导，积极阐释组织优秀的文化内涵，确立高尚的公共关系活动理念，主动把高尚的价值观，转化为组织的理想追求，才能策划出对社会有益、对组织有利、受公众欢迎的公关策划方案。在正确价值观的指导下，传播组织的经营思想，与公众交流组织的精神

---

① 爱德华·L.伯内斯：《舆论的结晶》，胡百精、董晨宇等译，中国传媒大学出版社，2014 年，第 167 页。

追求，扩散组织正确的工作理念，可以有效帮助组织高效率地实现公共关系活动目标。

作为组织公关策划人员，树立正确的价值观，至少应该遵循以下三条。

（一）大处着眼，国家利益高于一切

公关策划工作，虽然是立足在本组织的利益来谋划实现公众对组织的了解与信任，但最终达成的公共关系目标却是令全社会受益。因此，公关策划人员在思想修养上，平时要注意大处着眼、小处着手，心中装着公众利益、政府利益、组织利益，深刻清醒地认识到国家利益高于一切，组织利益的追求必须兼顾社会利益与公众利益，面对一些利益上的诱惑，公关策划人员必须清醒地知道，忠于国家、忠于公众比忠于组织更重要，在任何情况下，都不能做背叛国家利益、公众利益的事情。例如，在信息传播中，要明大理、懂是非，不能以组织利益侵害公众利益、以个人利益侵害集体利益；不能接受客户的贿赂，对真相保持沉默；不能编造假新闻，发布假信息欺骗公众；不能采取不正当的手段去抹黑竞争对手，操纵舆论；不能在危机发生的情况下，隐瞒真相、编造谎言。公关策划人员要时刻遵守职业道德，为人光明磊落，做事坦坦荡荡。平时注意认真学习先进和正确的思想理论，加强自身道德修养，才能在为组织开展公关策划活动时，向公众展示高尚的主题思想与行为表现。

（二）先人后己，达人而达己

公关策划人员是组织声誉的传播者与维护者，所作所为均以组织的面目出现，某种程度上也是组织的形象大使。因此。工作中要能够有较高的觉悟，遇事先人后己，做事高风亮节，不论是在工作上还是社会中，都要勇于助人为乐，积极帮助他人，在不影响自身利益的前提下，能帮人时且帮人，努力奉行“己欲立而立人，己欲达而达人”。因为帮人就是帮自己，这种付出同样也是索取——获得助人快乐与他人的信任。只有这样，公关策划人员才能培养出宽阔的胸怀，悲悯的心态，心怀天下，顾念他人，才可能拥有远大的志向和高远的视野，策划出立意深长的公共关系方案。公关策划人员千万不要为人处世自私自利，见死不救，本来可以举手之劳随手助人，却吝啬救助，没有基本的怜悯与同情，对同事与社会冷漠无情，最终结果必然是孤僻、狭隘，在策划公共关系方案时，难以获得具有大气度的方案。在我国市场经济运行三十余年的过程中，有些人盲目追求金钱至上主义，失去道德底线，社会价值观惊人的滑坡。有些人在怀有对社会、对本单位心态不平衡的情况下，变得极为自我，并寻求一些冠冕堂皇的言辞为自己的自私狡辩，由此也引导一些价值观脆弱的人跟风从众。在这样多元的价值观环境影响下，公关策划人员一定要具有较高的判别力和正确的价值取向，努力分辨清是与非，清醒判断出好与差，秉承社会正向的价值观念，不信邪，不走歪门邪道，始终拥有积极向上的人生观，在工作中把职业道德、社会公德看做最重要的为人原则，为成为优秀的公关策划人员打下良好的基础。

（三）以义取利，舍生取义

作为职场的一名工作人员，在做事取舍之间，不可避免地要涉及利益的问题，而利益的取舍均包含着“义”字的考虑，即“利”的取得“当”与“不当”。古人曰“天下熙熙皆为利来，天下攘攘皆为利往”。每个人生于社会，谁都离不开物质利益问题，但面对利益，人与人之间却有天壤之别。这一差别就是对“义”的理解与判断。人们常说“君子爱财，取之以道”，这里的“道”与“义”是比较相近的。对公关策划人员来说，对自己道德的修养，实际是提升对“义”的认识，只有把“义”放在取利之前，才是一个有德的人，才是一个有较高素养的人，甚至在无法义利皆得的特殊情况下，能够舍利取义，直到舍生取义才是为人应有的气度。公关策划人员在为本组织进行公共关系活动的策划时，实际上既是一种利益的付出——以公共关系的公益活动赢得公众的了解与认可，更是一种利益的索取——为所在组织营造一种良好的生存与发展环境，因此公关策划人员只有培养自己高尚的道德修养，才能使组织策划的方案更具道义，才能够为社会公众奉献更高的大义，组织的公共关系目标才能实现。对于组织来说，正确价值观的培养是一个十分艰巨的任务，组织要通过长期不懈的教育使每一个策划人员从内心逐渐形成正确又比较相近的价值观，在制度设计时应以高尚的目标导引和严格的行为规范来影响组织策划人员的价值观，在开展策划活动时，应以正确的价值观作指导，努力使推出的策划方案对社会文明进步有积极的推动作用。

职场案例观摩

4.19 吨！“最大份扬州炒饭”刷新吉尼斯世界纪录

2015 年 10 月 23 日上午 11 时 30 分许，吉尼斯世界纪录认证官程东在扬州宣布：“经过我的现场认证，最终总重量为 4 192 千克，这是一项新的吉尼斯世界纪录。”接着，程东代表吉尼斯世界纪录总部，向扬州颁发“最大份炒饭”吉尼斯世界新纪录证书。据悉，此前“最大份炒饭”吉尼斯世界纪录，为 2014 年 9 月在土耳其认证的总重量为 3 150 千克的炒饭。

23 日，主办方世界中国烹饪联合会常务副秘书长桑健介绍，这份重逾 4 吨的“最大份炒饭”，由中外 300 位嘉宾参与烹制，同时，在挑战赛前，扬州大学旅游烹饪学院副院长、中国烹饪大师周晓燕教授现场演绎扬州炒饭的标准制作，向中外嘉宾手把手传授扬州炒饭的地道做法。

记者在现场看到，挑战的整个过程都在“监督”之下。开炒前，炒饭用的米饭、鸡蛋以及配料等，都要事先在吉尼斯世界纪录认证官见证下称重，现场三台炒饭机炒饭，炒饭速度很快。只见几位厨师将炒饭所使用的熟饭放进炒饭机，过了几十秒，系统发出嘀嘀的声音，厨师再将准备好的配料全部倒入，二三分钟后，一大锅新鲜出炉的扬州炒饭就完成了。记者注意到，新鲜出锅的色泽、火候都和厨师亲手炒出的无异，而速度要远胜过厨师。

资料来源：记者陈咏报道，编辑邓晓琦，新华报业网，2015 年 10 月 23 日，内容有删节

吉尼斯宣布扬州“最大份炒饭”纪录无效：浪费食物

新华网北京 10 月 26 日电（记者牟旭、白旭、蒋芳）　吉尼斯世界纪录官方 26 日对记者表示，23 日在江苏省扬州市举行的“最大份炒饭”挑战活动由于存在浪费食物情况，其挑战纪录无效。吉尼斯世界纪录大中华区市场总监杨丽娜表示：“我们已收到主办方提供的接收单位接收食用情况书面报告，但目前主办方已经明确表示确实有 150 千克炒饭有不恰当

处理，违背了我方关于大型食品记录中食品最终要供民众食用不得浪费的规定，因此我们已经通知主办方此纪录挑战无效。”23 日，一场名为扬州炒饭总动员——吉尼斯世界纪录称号“最大份炒饭”挑战赛活动在扬州举行，整个活动采用了市场化的方式运作。随后，有媒体报道炒饭被当做垃圾运走、被用来喂猪等消息。扬州市旅游局 26 日证实，该局针对“4 吨扬州炒饭破纪录后装垃圾车”事件进行核查后确认，总重量约 150 千克炒饭被送至养殖场处理，其余的炒饭在活动当天已经按原计划送到接收单位，相关的接收单位都出具了接收和食用情况的书面报告，并报吉尼斯备案。

杨丽娜表示，吉尼斯世界纪录对大型食品类的记录有严格规定，要求用于挑战的食品最终均为供民众食用，不得有任何浪费。经扬州市旅游局核查，活动举办方原本计划活动结束后将所有成品送到有关企业和学校给职工和学生食用。在实际活动举办过程中，发现有部分成品因存放时间超过 4 小时，不适宜食用，将这部分不适宜食用的炒饭送至养殖场处理，总重量约 150 千克，也就是网上流传的工人用铁铲将炒饭装进货车的图片。杨丽娜还表示，吉尼斯世界纪录不接受任何不道德的记录。

资料来源：新华网，2015 年 10 月 26 日

二、 具有高瞻远瞩的视野

组织的公关策划人员，在思想上具备正确的价值观后，在认识问题的视野上，要有高瞻远瞩的远大目光，要站在组织长治久安的高度，为组织谋划长久的生存发展路径。公共关系事业是组织的一项需要长期经营的事业，绝非短期就可以草草了事。虽然每一项公共关系活动都是独立开展的，但是，公共关系活动之间都有着内在的关联与对组织长远的影响，因此，组织公关策划人员应该在平时就培养开阔的心胸、远大的抱负、长久发展的理念，以保证组织基业长青的指导思想来悉心谋划公关策划方案。

（一）站在组织未来发展的高度看问题

高瞻远瞩的视野不是依靠组织公共关系人员所处的管理位置而拥有的，而是基于对组织所在环境的了解与科学的预测来获得的，组织及其公共关系人员平时要注意培养全局意识，要对组织的社会生存环境有及时的、全面的了解，要能够以俯瞰组织全貌的视点来考虑组织的公共关系活动，将每一次公共关系活动与组织前后期开展的公关活动构建起有机的联系，以长远的眼光来思考组织公共关系活动的意义。只有用这样的角度来培养公共关系人员，才能真正提升组织公关策划人员的素质。

（二）站在公众利益最大化角度看问题

公共关系的对象是公众，公关策划活动的着重点是针对公众而展开的。因而，公关策划人员平时应养成看待问题的公众角度，考虑问题注意从公众利益的角度出发，正确认识公众对组织的利益诉求，努力实现公众利益的最大化。组织在公共关系活动中，只有满足了公众利益，才可能实现组织利益的满足。因而，在认识问题、思考问题的角度方面，不论是身处组织立场，还是作为公共关系公司为客户做策划，都要善于以开阔的视角把公众放入重要的

考虑对象中。

（三）站在社会健康发展的视野看问题

作为组织的公关策划人员，不仅要有正确的价值观做指导，有高瞻远瞩俯瞰组织全局的视野来思考问题，而且还应该承担心忧天下、以关照人类未来的远大理想承担深刻忧患社会未来的责任。因为公关策划人员在制订策划方案时，不只是仅仅为组织的发展打造良好的环境，而且，还要自觉担当起为社会良好生存环境做出贡献的责任。组织发起的每一个公共关系活动，不是去影响有限的公众，而是无限辐射到全社会，组织作为社会公民的一员，其行为具有极大的社会意义，因此，组织公关策划人员必须要具备大社会的理想，立足于所在组织，心想着全社会的未来命运，以组织微薄之力，为构建所生存的理想社会做出贡献。这种理想的确立看似有些宏大，实则十分现实与具体。

组织及其公关策划人员要在平时注意培养这样的理想观，把为组织、为公众、为社会、为人类统筹考虑，为实现这样的理想，要脚踏实地地把公关策划方案做好。大社会理想的树立会对公关策划人员带来理念上的进步，使之增强使命感，获得创意的激情，诞生优秀的、获得社会公众认同的公共关系方案及其实施效果。

三、拥有严谨自律、独立思考的操守

道德的修养主要依靠自律，公关策划方案的形成也依赖于极为严谨的工作作风，因此，要形成高质量的策划方案，公关策划人员平时要养成严谨的自我约束习惯，在言行举止方面要符合社会道德规范，注意礼仪细节的周到，把高尚的价值观、高远的视野、凝练与内化为工作与生活中的言与行，成为一个高尚的人、纯粹的人、有远大理想和关爱人类未来的人。

（一）清廉自洁的职业信仰

在专业生涯的过程中，每一个人都应该有一些职业的信仰，并始终不渝地忠诚于它。公共关系从业人员必须要确立清廉自洁的信念，不论在任何情况下，都要清清白白做人，干干净净做事，不贪、不恋，在组织中、在客户面前，不行贿更不受贿，不拿别人的东西手不软；不吃别人的东西嘴不软。做事公正、公平、公开。尤其是面对陌生的芸芸众生，更要本着实事求是的态度，说真话、办公平事。只有养成对清廉自洁的高尚职业信仰，才能够在同行中行得正、站得住、立得久。

（二）独立思考的从业守则

公关策划人员应该具有冷静的批判精神，不盲从潮流与权威，对各种思想与创意具有基本的批评与审视态度，能够通过自己的思考，进行独立的评判，确立正确的辩证唯物主义的指导思想，本着认真负责的出发点，去伪存真、去粗取精，努力形成优秀的公关策划方案。公关策划人员要注意修养自己的内心，谨守做人的信条，尊重他人的创意成果，绝不剽窃他人的研究成果。同时尊重他人个性，工作中求同存异，和而不同，将社会公德、职业道德与家庭伦理道德结合一致，成为组织中、行业中最优秀的员工。

经典文章观摩

拿来主义（节选）

我在这里也并不想对于“送去”再说什么，否则太不“摩登”了。我只想鼓吹我们再吝啬一点，“送去”之外，还得“拿来”，是为“拿来主义”。

但我们被“送来”的东西吓怕了。先有英国的鸦片，德国的废枪炮，后有法国的香粉，美国的电影，日本的印着“完全国货”的各种小东西。于是连清醒的青年们，也对于洋货发生了恐怖。其实，这正是因为那是“送来”的，而不是“拿来”的缘故。

所以我们要运用脑髓，放出眼光，自己来拿！

譬如罢，我们之中的一个穷青年，因为祖上的阴功（姑且让我这么说说罢），得了一所大宅子，且不问他是骗来的，抢来的，或合法继承的，或是做了女婿换来的。那么，怎么办呢？我想，首先是不管三七二十一，“拿来”！但是，如果反对这宅子的旧主人，怕给他的东西染污了，徘徊不敢走进门，是孱头；勃然大怒，放一把火烧光，算是保存自己的清白，则是昏蛋。不过因为原是羡慕这宅子的旧主人的，而这回接受一切，欣欣然的蹩进卧室，大吸剩下的鸦片，那当然更是废物。“拿来主义”者是全不这样的。

他占有，挑选。看见鱼翅，并不就抛在路上以显其“平民化”，只要有养料，也和朋友们像萝卜白菜一样的吃掉，只不用它来宴大宾；看见鸦片，也不当众摔在茅厕里，以见其彻底革命，只送到药房里去，以供治病之用，却不弄“出售存膏，售完即止”的玄虚。只有烟枪和烟灯，虽然形式和印度、波斯、阿剌伯的烟具都不同，确可以算是一种国粹，倘使背着周游世界，一定会有人看，但我想，除了送一点进博物馆之外，其余的是大可以毁掉的了。还有一群姨太太，也大以请她们各自走散为是，要不然，“拿来主义”怕未免有些危机。

总之，我们要拿来。我们要或使用，或存放，或毁灭。那么，主人是新主人，宅子也就会成为新宅子。然而首先要这人沉着，勇猛，有辨别，不自私。没有拿来的，人不能自成为新人，没有拿来的，文艺不能自成为新文艺。

六月四日。

资料来源：鲁迅：《且介亭杂文》，人民文学出版社，1951年，第38页

第二节 文化积淀修炼

作为从事公关策划工作的人员，要高质量地完成任务，必须具有深厚的文化积淀，否则难以胜任工作。公关策划是一项以文化为铺垫、以创意为动力、以沟通为目标的战略性工作，不论是策划的内容、策划的表现、还是策划活动的实施，都需要公共关系人员具备十分厚实的文化基础。

要实现文化的积淀，除了在学校的集中学习之外，更重要的是工作以后及持续一生、日积月累的积淀。文化积淀的修炼，范围广泛，主要包括对基础知识的广泛涉猎、对专业发展

动态的把握、对民情风俗的广泛了解、对公关策划经典案例的收集等。

一、广泛涉猎文史知识

公关策划活动，是一种组织与公众进行沟通交流的重要活动，在策划沟通交流的内容方面，极为需要语言表达与传言达意的沟通艺术，也需要对本行业、本地区、本专业及公关策划案例方面知识的了解。公关策划人员应努力达到“外行面前很内行，内行面前不外行”的基本标准。

（一）背诵经典文学作品

在设计公共关系活动的主题时，十分需要公关策划人员具有非常深厚的中国古典诗词的基础积淀，要求能够用极少的字词，表达丰富、完整的公共关系活动内容，传达组织的重要信息，同时能够使公众清楚、明白，感到入情入理、富有感召力；在策划公共关系活动的表现形式方面，需要公关策划人员具有文学与语言修养，对不同主题活动内容能够以不同的文化语言表达形式来体现；在与公众及媒体的沟通交流中，更需要公关策划人员用具有说服力的语言来赢得公众对组织的信赖，在有限的时间里准确地传达出组织的公共关系活动内容等。因此，公关策划人员必须要大量涉猎经典的中外文学作品，具有深厚积累的文学修养基础，平时深谙大量古典诗词作品，不断增加文学修养内涵，为公关策划方案提供丰厚的创意材料。

（二）了解中外历史知识

公关策划的核心是创意，创意不仅需要大量深厚的文学积淀，也更需要具备丰富的中外历史知识储备。历史是创意的宝藏，历史故事总会激起人们温馨的回忆，使策划活动产生强大的亲切感与影响力，成功的策划方案往往以历史故事为依托，由之衍生出新的思路或表现形式。因而学习与了解古今中外历史知识，对做好公关策划工作具有极大的帮助作用。公关策划人员平时要注意大量阅读历史书籍，了解历史、研究历史，观赏各种以历史事件为原型创作的各种文学作品等，不断增强自身的历史感与思想深度，为公关策划工作打下扎实的基础。

（三）知悉现代科技信息

面对网络时代的信息社会，索取现代科学知识已变得比以往任何时候都更加方便和快捷。公关策划人员从事的是十分前端的信息沟通工作，面对大量公众，不了解现代科学知识，就等于是文盲，因此，公关策划人员平时要保持积极的学习态度，对新知识具有极强的敏感性，面对新信息、新知识，即使与公共关系没有太多的联系，也要多留心，多了解，熟悉其工作原理与工作内涵，对时下的新名词、新说法、流行语等，保持新鲜度，及时吸纳进自己的创意库中，为自己的创意工作增加新的活力。

二、深度了解专业动态

作为组织公关策划人员，必须要随时了解组织所在行业的情况，时刻注意追踪行业前沿信息，善于分析行业发展趋向，明晰行业龙头企业的公共关系发展情况，在公关策划方案中，充分体现行业特色，这应该是公关策划人员必备的素质。

（一）了解专业发展前沿水平

作为某一组织中的专业公共关系人员，尽管不从事本组织的专业业务工作，但对所在组织的经营业务工作，却有义务与必要进行了解，特别是专业业务发展的前沿动态，更要进行一定深度的认识。公关策划人员平时要虚心向专业技术人员、业务人员请教，对一些技术难题也要有一些感知。而处于专业公共关系公司的人员，也同样具有了解长期客户的业务情况与专业发展态势的必要。只有这样，在进行公关策划活动时，才能从业务中找灵感，从技术中获启发，所策划的公共关系活动才能更有利于展现组织特色，才能够使用恰当的沟通形式让公众对组织有更多的了解。

（二）了解行业竞争态势

绝大部分从事公关策划的人员，不是从技术部门转过来的，他们对行业技术的了解大多比较有限。但是，在开展公共关系活动时，对本行业的深度了解应成为公关策划人员的重要能力，没有立足本行业、本组织的策划方案，再好的公共关系活动都可能南辕北辙。因此，公关策划人员平时要注意学习本行业的基本知识，了解行业前沿动态，关注行业技术发展趋势，洞悉行业市场态势，努力成为非专业的行家里手。孙子云："知己知彼，百战百胜。"作为组织重要战略参谋与咨询机构，公关策划人员必须要对组织在行业竞争中的地位有准确的把握，在发起公关策划活动与开展这一活动时，都能够准确把握活动影响的范围与活动开展的力度，使公关策划活动效果更加易于把握。

（三）了解龙头企业公共关系状态

公关策划人员在了解组织所在行业的基本情况与竞争态势同时，应该了解本行业龙头组织的公共关系情况，如该组织公共关系人员情况、活动影响的地域、公关策划活动的优势与不足，该组织与媒体的关系、公众对该组织的认同等，对龙头组织公共关系情况的了解，实际上也就是对行业公共关系水平的掌握，这样，公关策划活动的目的性就会更强，开展公关策划的成功率就更大。对此，公关策划人员平时应注意积累组织与所在行业的基本信息，特别是国际上代表性组织的经典公共关系案例，悉心研究它们的公关策划活动经验，把它们作为组织公共关系部门的目标，沉下心来做功课，让自己成为行业里手；所在组织也应该加强对组织公关策划人员的培训与教育，提供各种场合或机会，增强公关策划人员对组织及其行业的了解，在策划公共关系活动时能够有的放矢，不断提高活动策划水平。

三、广泛感知民情风俗

在公关策划人员文化知识的修炼中，很重要的一部分内容是对各地自然风俗与民情习惯的了解，尤其是当组织针对某一特定地区开展公共关系活动时，更要对当地特有的风俗习惯进行了解与感知。

（一）了解当地风俗习惯

一个优秀的公关策划方案，其方案的内容越与当地百姓的生活贴近，活动的效果就越好。因此，公关策划人员要主动入乡随俗，不论走到哪个地域，都要主动了解当地风俗习惯，把握风俗中的核心要素，尊重风俗中的合理成分，善于将公共关系活动与当地风俗习惯相结合，激发目标公众参与活动的热情，将公共关系活动的作用充分发挥出来，实现最佳的公共关系目标。公关策划人员平时要注意收集我国各地与可能开展公共关系活动的其他国家或地区的公众资料，了解当地的文化特色，把握文化中的核心要素，注意回避其文化禁忌，努力促使所策划的公共关系活动更加符合地域特色。

（二）走进当地民情生活

作为公关策划人员，应该具有较强的沟通能力，能够较快地与各类公众打成一片。在平时公关策划人员就要主动走进具有特色地域的百姓中，与他们相互了解，深入感知当地公众的所思所想，了解他们的心理，感知社会疾苦，收集各地民情民风，获得大量第一手资料，为今后的公关策划铺垫深厚的基础；组织也可以定期组织公关策划人员去一些特色地区采风，或通过召开研讨会的形式加深对一些自然地貌、民俗民情的了解与感知，充实策划人员的有关知识，提高策划人员的策划素质与创意灵感，从中寻求公关策划的新思路，谋划精彩的公关策划的方案，获得最佳实施公关策划的步骤，保证公关策划取得最佳效果，最大程度实现公共关系目标。

职场案例观摩

融入不是放弃自我

近期，一场盛大的纳凉舞蹈大会在日本东京池袋地区举行，大会吸引了大量日本民众和在日华人。本次活动不仅向远道而来的各国游客展示了日本的传统文化和习俗，也帮助在日华人更好地融入当地的生活、适应当地的风俗习惯。

傍晚时分，池袋的西班牙广场上传来了舞蹈节热闹的歌声，日本民众与当地华人一起走上舞台载歌载舞，向观众展示他们精心准备的优美舞蹈。此刻，日本传统节日成为欢乐的使者，让在日华人能与当地居民一起尽享节日的浓郁气氛。

海外华人们身处异域、远离祖国，必然会对当地的生活产生不适应。为了更好地生活，在日华人不得不积极转变，接受当地的风俗习惯。每当此时，种类繁多、方式多元的活动就帮了大忙。通过各种活动，华人们能够更好地融入当地、与当地居民"打成一片"，也能不断消除"文化隔膜"，使海外生活多姿多彩起来。

出海夜钓是风靡洛杉矶的夏日休闲活动，受经济低迷的影响，更省钱的码头夜钓成为更受青睐的休闲方式。近日，华人们的码头夜钓逐渐传播开来，成为加利福尼亚州南部地区沿岸城市居民休闲的不二选择。而在相互交流心得中，华人们也与当地居民拉近了距离。

8月初，温哥华地区华人用中国传统的醒狮等多项民族舞蹈表演庆祝加拿大145岁生日。在表演中，13头醒狮一字排开，在震耳欲聋的鞭炮声中欢腾起舞。当地华人表示，用中华民族的文化来庆祝，更显华人对于加拿大的归属感和家园情怀。

随着政府和社团等多方的努力，华人们融入居住国的希冀正在通过多元的方式得到落实。而华人们唯有在坚持民族特色的同时努力吸收异域文化和风俗，才能更好地实现融入。

资料来源：责任编辑袁悦、王倩，《人民日报》（海外版），2012年8月13日，内容有删节

四、收集经典案例资料

对公关策划人员来说，增加文化的积淀，极为重要的是对经典公共关系案例的了解，只有了解经典，才可能有所创新、有所超越，也更可能提供一些有益的启发。

（一）收集公关策划成功与失败案例

作为职业的公关策划人员，对同行的学习是进步的捷径，要善于学习、善于模仿、善于超越。公关策划人员平时要注意收集各种各样公共关系方面的策划案例，认真研究，归纳总结，在学习别人的案例同时，要善于从成功案例中学到优秀之处，从失败案例中得到启示，既谦虚学习，又切不能邯郸学步、东施效颦，仅仅照猫画虎，只学习其皮毛，不了解其精髓，盲目仿照其形式，把对公众的尊重与企业特有文化丢弃一边，结果恐怕会适得其反。组织在培训公关策划人员时，要注意引导公关策划人员，认真分析案例，了解案例实施的背景，领悟其开展活动的动机，认识其内在的思维轨迹，从经营理念方面将公共关系经典策划案例研究透彻。

（二）观摩现实公关策划案例

今天，各种各样公关策划的案例在现实社会中不断在上演，其中不乏有政府精心推出的进步理念宣传活动、企业通过展销会进行的公共关系活动、学校开展的百年校庆活动，更多的是各类机构层出不穷的新闻发布会、媒体开放日等。这些公共关系案例通过媒体报道，非常生动而真实地上演在所有人的面前，只要用心就可以看到、学习到。公关策划人员要做有心人，在日常工作中，要注意关注这样的事情，主动地观摩这样的活动，自然可以学习到很多处理公关策划活动的新方法，公关策划的水平必然会节节提高。

第三节 社会实践锻炼

公关策划工作是一项具有创意性、创造性、创新性的工作，要求公关策划人员必须具有丰富的生活经历与人生体验，能够对自然、对社会、对人生始终怀有高度的敏锐性与童心般的敏感心，热爱生活，意志坚定，不畏惧失败，富有吃苦耐劳的品质，始终对未来充满信心。这种能力的培养不是与生俱来的，是需要公关策划人员主动锻炼自身，积极感受生活的各种经历获得的。成为一名优秀的公关策划人员需要具备丰沛的生活体验，获得广泛的游历与探险经历，经得起多样的社会实践体验。

一、经历游历与探险

当年，司马迁游遍大江南北，获得了丰富的人生体验，为《史记》的撰写提供了重要的创作养料，成就了“史家之绝唱，无韵之离骚”的千古名作。今天，公关策划人员要能在公共关系活动中始终保持高昂的创意热情与创意灵感，十分需要游历祖国山川、了解国外风土人情，勇于探索自然世界，深入社会了解人生，感悟生活真知，体察民间甘苦，为公关策划积累深厚的创作土壤。

（一）拥抱自然，才能创意生活

人的才智既来自于前人的记载，更来自于现实社会。书本知识的获得对公关策划才能的增强不可或缺，但读万卷书不如行万里路，在物质条件允许的情况下，经常走向自然，从大自然中、从生活中获取创意灵感，这样才可能在开展公关策划工作时超越书本与他人范例，获得全新的创意思路，为高质量的公关策划方案铺设基础。在信息社会，信息冲击着系统的知识，使很多创意方案如一盘什锦菜，仅有色香味形即花架子，唯独没有营养，浮躁与功利指导下的策划方案，看似很漂亮，但内涵苍白，企业文化雷同，缺乏高品位的价值追求，形式虚伪低俗，留给人的是一大堆废物。一个热爱自然的人，才会真正热爱人生，热爱生活，才会倾心创想鲜活、独特的创意方案，给组织、给公众、给社会带来美与享受。

职场案例观摩

《乡村八记》概述

《乡村八记》是清华大学新闻与传播学院二年级学生李强利用寒假回乡调查所写的调查报告，全文共4万多字。这里择其主要内容和观点予以简要概述。

第一记：一户农家的年收支明细账。

这个村大部分人家以农业为主。有一家种着13亩地，种植作物主要为玉米和黄豆，种的小杂粮和菜主要用于自食，还有半亩万寿菊。家有农用机械车一辆，平时跑跑运输，做些买卖。

从一笔笔明细账中，可以清楚地看到：这个农户的收入来自农业、副业和工商业，支出主要是税费支出、家庭吃用支出、教育医疗费用支出和农机支出。这个农户在村里算是情况比较好的，可是辛劳一年竟然入不敷出！究其原因，主要在于教育支出过于庞大。供养三人同时上学对于一户农家显然压力过大。高中教育的花销对于农民家庭来说，仍然是一笔相当大的开支，更不必说大学教育。教育成本之高，已使一部分农家子弟望而却步，使大部分农家不堪重负。

中国的现代化进程，归根结底要取决于农村现代化的进程，而教育是提高农民素质的最重要的手段。的确，办教育需要钱，但是我们也要充分考虑农民的承受能力，毕竟教育是一项有没有钱都要办的事业。

……

后记：写这篇调查报告时，我总是带着一种极其饱满的感情，一种不吐不快的感觉始终占据着我的大脑，而眼前也总是呈现着一幅画面：一个处于社会转型期的乡村世界的形象——它太需要人们去关注了，因为它始终是中国社会的主体，事实上、物质上的主体。没有它的现代化，我们所谓的现代化将永远是观念上的现代化，局部的现代化。

《人民日报》编者的话：要特别说明的是，这篇文章的作者是清华大学新闻传播学院二年级的学生。他利用春节假期，回家乡调查，形成了长篇调查报告，我们节选了其中最平实、精彩的一部分。拿到厚厚一摞文稿，我们受感动的，不只是这些文字，更难得的是，学子对土地、对父老乡亲那份厚重的情义。要了解中国的现状、了解中华民族的现状，必须了解中国乡村的现状。我们希望有越来越多的有志青年，关注农村，了解农村。

资料来源：《人民日报》，2005年6月16日，第1版

（二）勇于探险，才有灵动创想

公关策划活动是一项具有极强创新性的工作，公关策划人员如果能够在早期及工作休闲时，参加过一些探险性的活动，也是激发创意的重要途径。探险活动在安全保障的情况下，增加一些新的人生体验，十分有利于激发公共关系的策划思维。当然，探险不是冒险，不顾身体与物质条件的限制，一味猎奇冒险，实际上是一种不负责任的行为，自然无助于提升公关策划素质。只有大胆而谨慎、细心而冷静、激情而沉稳的探险活动，才能为公共关系创意灵感带来丰厚的素材。

二、积累经验与教训

在实际工作中，公关策划人员要善于积累工作经验，随时注意总结失败的教训，不断提升公共关系工作能力。组织培养公关策划人员的工作能力时，要注意通过经验交流会、教训总结大会的形式来提高全体人员的工作能力与专业素质，这是十分必要的。失败是成功之母，对公关策划工作素质的培养，了解失败的案例比获知成功的喜悦更为重要。善于总结经验教训是公关策划人员不断进步、可持续发展的基本能力。因此，公关策划人员应该自觉地把工作经历中的经验与教训予以及时总结，使之成为今后进步的重

要指导。

（一）大胆工作，主动积累经验

公关策划人员在自我素质提升的过程中，要主动把自己抛在职场上，去跌打滚爬，大胆工作是快速进步的基本条件。经验的积累靠的是扎扎实实的工作，容不得投机取巧，而工作的畏首畏尾、谨小慎微，只能延缓进步的脚步。虽然公关策划工作需要举重若轻的谨慎，也更强调大幕拉开前准备工作的严密，但主动请缨，积极地把各项工作做好，才能通过大型公共关系活动锻炼能力，积累经验，尽快成为称职的公关策划人员。

（二）不怕失败，试错赢得成功

公关策划工作是一项具有较高难度的创造性工作，很多时候都需要大胆创新，做前人没有做过的事，走前人没有走过的路，因此，难免遭遇失败，但是，畏惧失败就不会获得成功，试错可能是公关策划工作中必上的一节课。这里的试错，并非视一次真正的公共关系活动为儿戏，而是在创意过程中，不断地进行探索与比较，努力寻求最佳的公关策划方案，以推动组织公共关系目标的实现，只有在不怕失败、追求完美的过程中，才会赢得前无古人的优秀方案，否则瞻前顾后、保守顾虑，最终损失的不仅是组织的金钱，更有千金难买的声誉。

研究与演练

一、理论研究

1. 阅读名人传记，思考成功人士与思想修养的关系
2. 一个人的人文素养如何来培养？
3. 行万里路，增长人生阅历，回忆你难忘的旅行生活。

二、实践演练

1. 在生活中寻找注意思想修养的老师或同学，与他们聊聊人生的意义。
2. 做一个志愿者，关注他人生活，有意拓展自己看问题的视野。
3. 总结生活中最失败的一次经历。

参 考 文 献

艾伦 J. 2010. 活动策划全攻略. 卢涤非译. 北京：旅游教育出版社

伯内斯 E L. 2014. 舆论的结晶. 胡百精，董晨宇，等译. 北京：中国传媒大学出版社

布鲁姆 G，森特 A，卡特里普 S. 2002. 有效的公共关系. 第八版. 明安香译. 北京：华夏出版社

曹峰. 1991. 先秦政治中的智慧和谋略. 杭州：浙江人民出版社

大龙，王庐霞，尹涛. 2006. 中国式公关. 北京：中信出版社

格里高利 A. 2008. 公共关系实践. 张婧，幸培瑜，王嘉译. 北京：北京大学出版社

格鲁尼格 J，等. 2008. 卓越公关与传播管理. 卫五名，等译. 北京：北京大学出版社

蒋明军. 2008. 公共关系策划. 上海：上海中医药大学出版社

敬一丹. 2015. 我遇到你. 武汉：长江文艺出版社

居延安. 1987. 公共关系学导论. 上海：上海人民出版社

拉铁摩尔 D，巴斯金 A，海曼 S，等. 2006. 公共关系：职业与实践. 朱启文，冯启华译. 北京：北京大学出版社

李普曼 D. 2006. 公众舆论. 阎克文，江红译. 上海：上海世纪出版集团

里斯 A，里斯 L. 2004. 公关第一 广告第二. 罗汉，虞琦译. 上海：上海人民出版社

廖为建. 1989. 公共关系学简明教程. 广州：中山大学出版社

林汉川. 1994. 公关策划学. 上海：复旦大学出版社

鲁迅. 1951. 且介亭杂文. 北京：人民文学出版社

毛泽东. 1964. 关心群众生活，注意工作方法//毛泽东选集. 一卷本. 北京：人民出版社

明安香. 1986. 塑造形象的艺术——公共关系学概论. 北京：科学普及出版社

森特 A，杰克逊 P，史密斯 S，等. 2009. 森特公共关系实务. 第七版. 谢新洲，袁泉，刘畅，等译. 北京：中国人民大学出版社

谭昆智，汤敏慧，劳彦儿. 2009. 公共关系策划. 北京：清华大学出版社

汪秀英. 1991. 公众关系学原理与应用. 北京：中国商业出版社

王乐夫. 1986. 公共关系学. 沈阳：辽宁人民出版社

西泰尔 F P. 2008. 公共关系实务. 第十版. 潘艳丽，陈静，等译. 北京：清华大学出版社

熊源伟. 1990. 公共关系学. 合肥：安徽人民出版社

杨凤城. 2010. 中国共产党历史. 北京：中国人民大学出版社

余明阳，等. 2006. 公共关系策划学. 北京：首都经贸大学出版社

赵驹，王小玲. 2006. 公关策划. 北京：北京大学出版社

附录　历届中国大学生公共关系策划大赛获奖名单

届数	金奖	银奖	铜奖
第一届 （2006年）	中山大学 华中科技大学	中国传媒大学 华中科技大学（二队） 湖南理工学院	澳门大学 上海外国语大学 北京邮电大学 广东外语外贸大学 北京工商大学
第二届 （2008年）	中山大学“盖亚”团队 北京大学“MAKE IT”团队	华中科技大学“红树林 2008”团队 中山大学“Ambition”团队 澳门大学沸才公关公司	暨南大学“Young Fun”团队 上海外国语大学“Gunners”团队 中国传媒大学“天安园”团队 北京邮电大学“翰德”团队 中南大学“龙子印”团队
第三届 （2010年）	中山大学“Sun Shine”团队 华中科技大学“红树林·密码”团队 北京大学“I Ct”团队 中国传媒大学“Mad Men”团队	广东外语外贸大学“FK 公关”团队 北京邮电大学“秘制五仁”团队 澳门大学“纳米工作坊”团队 中南大学“CE”团队	广西财经学院“朱槿花开”团队 浙江传媒学院“Double”团队 北京工商大学“Tri-angle”团队 湖南理工学院“浪潮”团队 西南民族大学“德睿克”团队 上海外国语大学“For Wins”团队 浙江大学城市学院“三颗牙齿”团队
第四届 （2012年）	华中科技大学“红树林·Miracle”团队 国际关系学院“发光的橙子”团队 中山大学“G.D.M”团队 厦门大学“生如厦花”团队	清华大学的“纵力创想”团队 哈尔滨工程大学的“CIA”团队 西安外国语大学的“大胡子公关”团队 西北民族大学的“皮影中国”团队 浙江大学城市学院的“爱阿不都拉”团队 广西财经学院的“灵聚力”团队 华中科技大学的“红树林·木棉合欢”团队	浙江传媒学院的“Time Machine”团队 三亚学院的“新设会”团队 香港浸会大学的“Different”团队 广东外语外贸大学的“Legend”团队 中央财经大学的“MISS FASHION”团队 上海第二工业大学的“五分之一”团队 中国传媒大学的“Lapis”团队 澳门科技大学的“澳门高格文化传播”团队 上海师范大学的“AM ON MY WAY”团队 西南财经大学的“Victoria dreaming”团队
第五届 （2015年）	中山大学“Kalevala”团队 中国人民大学“RUC5sisters”团队 厦门大学“厦门大学荔枝派”团队	华中科技大学“红树林·π”团队 华东师范大学　“零点四一”团队 北京师范大学-香港浸会大学联合国际学院　“北回归线”团队 中山大学“Am é lie”团队 华东师范大学“B221”团队	西南大学“青鸟”团队 国际关系学院“5A”团队 中国人民大学“桃木剑”团队 中山大学南方学院“YES”团队 福建工程学院“I’m Baymax”团队 西北民族大学“正青春”团队 北京邮电大学“We Five”团队 浙江传媒学院“Open”团队